Maximino J. Ruiz Rufino

50 nueces de lengua
y unas notas de gramática

Unipub
2011

© Unipub 2011

ISBN 978-82-7477-526-8

Kontaktinfo Unipub:
T: 22 85 33 00
F: 22 85 30 39
E-post: post@unipub.no
www.unipub.no

Omslagsdesign og sats: Unipub
Trykk og innbinding: AIT e-dit AS

Det må ikke kopieres fra denne boken i strid med åndsverkloven
eller med avtaler om kopiering inngått med KOPINOR,
interesseorganisasjonen for rettighetshavere til åndsverk.

> En ti los ríos cantan y mi alma en ellos huye
> como tú lo desees y hacia donde tú quieras.
> Márcame mi camino en tu arco de esperanza
> y soltaré en delirio mi bandada de flechas.
>
> Pablo Neruda, *Veinte poemas de amor
> y una canción desesperada* (poema 3)

Introducción

Son muchas las preguntas que surgen cuando estudiamos o enseñamos español: ¿por qué se dice así? ¿Qué otras formas podemos utilizar? ¿En qué posiciones puede aparecer este elemento en la oración? ¿Por qué se emplea este tiempo verbal aquí? ¿Cuáles son las funciones sintácticas en una oración? ¿Cómo debe ser el sujeto de esta oración? ¿Por qué no es necesario el subjuntivo en este caso, pero en este otro sí? ¿Cómo puedo explicar el uso de este subjuntivo?

Los libros de gramática pueden dar respuesta de manera amplia a estas preguntas y a otras muchas más, pero en la mayoría de los casos lo suelen hacer de forma estática, sin soltar la *bandada de flechas* del poeta y sin exigir del lector otro esfuerzo que el de entender el razonamiento y asimilar la exposición. Es decir, sin poner necesariamente en marcha un proceso de reflexión que nos marque el camino y nos lleve a descubrir la respuesta por nosotros mismos o a ordenar nuestros conocimientos frente a una situación concreta.

Precisamente con esta última idea, la de iniciar una reflexión gramatical que permita llegar a una respuesta mediante una aproximación inductiva a la teoría, nació la bitácora *El Cascanueces de gramática*[1] y es también el principio que está detrás de este libro.

A través de 50 *nueces de lengua* o pequeños problemas de lengua, este libro invita al lector a reflexionar sobre algunos de los temas más relevantes en gramática española de forma activa, o sea, exigiendo primero un pequeño esfuerzo propio. De este modo, cada nuez intenta poner en marcha un proceso que permita entender la teoría a partir de un análisis práctico. Además, para saber aplicar después este conocimiento a situaciones concretas, las nueces se acompañan de unos ejercicios de apoyo que ejercitan la destreza del lector, tanto práctica como teórica.

Las 50 nueces se agrupan en 18 temas para crear una estructura y establecer una progresión en el libro. Dentro de cada tema, las diferentes nueces examinan los aspectos que, desde la experiencia profesional, se han considerado más significativos. El libro se completa con unas *notas de gramática* que explican de forma concisa todos los términos que aparecen continuamente marcados en negrita. Estas breves explicaciones, que se exponen alfabéticamente ordenadas, constituyen el soporte teórico necesario para resolver todas las actividades sin grandes dificultades y pretenden servir también de aliciente o puerta de entrada para que el

---

[1] *El Cascanueces de gramática*, blog de lengua: http://spa2101.blogia.com

INTRODUCCIÓN

lector consulte otras obras más especializadas y más extensas. Al final del libro, el lector podrá encontrar también la solución a todas las nueces.

Ni son veinte, ni son poemas, pero esperamos que las 50 nueces que ahora presentamos manifiesten el amor a la lengua sin que las notas de gramática se conviertan necesariamente en una canción desesperada.

Muchas gracias a todos los que me habéis ayudado, especialmente a Rocío Ballarín y a Anette Nordal por las correcciones y sugerencias, a Julián Cosmes-Cuesta por la generosidad y la franqueza, a los estudiantes de español de la Universidad de Oslo, a Eva Rief y Anders Skogheim Liane en Unipub y, por supuesto, a los que siempre estáis ahí y tenéis que soportarme.

Indice

Introducción 3

Tema I: Ortografía 7
    Nuez-1: La tilde 7
    Nuez-2: Signos de puntuación 12
    Nuez-3: Sobre mayúsculas, números romanos y cursiva 17

Tema II: Unidades sintácticas 24
    Nuez-4: Las unidades sintácticas y su clasificación 24
    Nuez-5: Proposiciones y oraciones subordinadas 29
    Nuez-6: Sintagmas por transposición 34
    Nuez-7: La sustitución y la permutación 39

Tema III: El sustantivo 46
    Nuez-8: Complementos del sustantivo 46
    Nuez-9: Derivación y composición 52
    Nuez-10: Préstamos lingüísticos 58

Tema IV: Pronombres y determinativos 64
    Nuez-11: Los pronombres personales átonos y su posición en la oración 64
    Nuez-12: Leísmo, laísmo y loísmo 73
    Nuez-13: Los indefinidos y la negación 78
    Nuez-14: Funciones de *lo* 84

Tema V: Los relativos 92
    Nuez-15: Relativos y proposiciones adjetivas 92
    Nuez-16: Equivalencias entre relativos 102
    Nuez-17: Proposiciones de relativo sin antecedente 109

Tema VI: La oración 116
    Nuez-18: Sujeto + Predicado 116
    Nuez-19: Oraciones enunciativas, interrogativas y exclamativas 123

Tema VII: El sujeto 132
    Nuez-20: La concordancia 132
    Nuez-21: El sujeto y la impersonalidad 137

Tema VIII: El predicado nominal 142
    Nuez-22: Verbos copulativos 142
    Nuez-23: Verbos semicopulativos 149

Tema IX: El predicado verbal 155
    Nuez-24: Verbos predicativos transitivos 155

INDICE

    Nuez-25: Verbos predicativos intransitivos 163
    Nuez-26: La alternancia transitivo/intransitivo 169
    Nuez-27: Reflexiones en torno al predicado 174

Tema X: Los verbos *ser* y *estar* 179
    Nuez-28: Oraciones copulativas de caracterización 179
    Nuez-29: Oraciones copulativas de identificación y variantes enfáticas 187
    Nuez-30: Oraciones predicativas con *ser* y *estar* 195

Tema XI: El núcleo del predicado 199
    Nuez-31: Las perífrasis verbales 199
    Nuez-32: Las locuciones verbales 205

Tema XII: Los tiempos verbales 210
    Nuez-33: El presente 210
    Nuez-34: El pasado 216
    Nuez-35: El futuro y el condicional 229

Tema XIII: Oraciones compuestas 235
    Nuez-36: Oraciones simples y oraciones compuestas 235
    Nuez-37: Oraciones compuestas complejas 240
    Nuez-38: Grupos oracionales por yuxtaposición y coordinación 248
    Nuez-39: Grupos oracionales por subordinación 252

Tema XIV: El subjuntivo 259
    Nuez-40: Las proposiciones y el subjuntivo 259
    Nuez-41: Grupos oracionales por subordinación 270
    Nuez-42: Las oraciones independientes, las pseudoindependientes y el subjuntivo 278

Tema XV: Los adjuntos 285
    Nuez-43: Los adjuntos internos 285
    Nuez-44: Los adjuntos externos 290

Tema XVI: Transformaciones sintáctico-semánticas 295
    Nuez-45: Las construcciones con *se* impersonales y la pasiva perifrástica 295
    Nuez-46: Construcciones medias 301
    Nuez-47: Oraciones impersonales semánticas 306

Tema XVII: El orden sintáctico en la oración 312
    Nuez-48: Orden sintáctico no marcado 312
    Nuez-49: Orden sintáctico marcado 317

Tema XVIII: Repaso de términos lingüísticos 322
    Nuez-50: Crucigrama gramatical 322

NOTAS DE GRAMÁTICA 324

SOLUCIONES A LAS NUECES 363

Tema I: Ortografía

 ## Nuez-1: La tilde

En 2009, en México D.F, Pablo Zulaica[2] puso en marcha una iniciativa de carácter lúdico y didáctico. Con ayuda de tildes adhesivas que, además, explican las reglas de acentuación, este joven empezó a corregir los anuncios públicos que carecían de la **tilde**[3] o la tenían mal colocada.

Esta idea se ha extendido a otros muchos países. Si escribes "acentos perdidos" en un buscador de internet, encontrarás blogs en diferentes países de habla hispana de otras muchas personas que comparten el interés común por escribir correctamente. Además, podrás ver más fotografías con correcciones.

Algunas de las personas que escriben en estos blogs se definen a sí mismas como *frikis*[4] de la ortografía y de la corrección. ¡Nosotros también lo somos y queremos ayudarte para que tú también lo seas!

Cuando decimos en voz alta cualquier palabra del español con más de una sílaba, nos damos cuenta de que no todas las sílabas suenan de igual manera. Siempre hay una sílaba que se pronuncia con mayor intensidad que las otras: *ca-mi-se-ta*.

Esta sílaba sobre la que recae el **acento** de la palabra recibe el nombre de sílaba tónica. El resto de sílabas que componen la palabra se llaman sílabas átonas.

a) Subraya la sílaba tónica de estas palabras:

jamón, caracol, lápiz, mesa, murciélago, regálanoslo

Como ves, el español es una lengua de acento libre ya que la posición que ocupa la sílaba tónica puede variar de una palabra a otra. De acuerdo con ese criterio, clasificamos las palabras en agudas (si la última sílaba es la tónica), llanas (si la penúltima sílaba es la tónica), esdrújulas (si la antepenúltima sílaba es la tónica) y sobresdrújulas (si la sílaba anterior a la antepenúltima es la tónica).

---

2 Blog de Pablo Zulaica: http://acentosperdidos.blogspot.com/
3 Recuerda que en las **Notas de gramática** encontrarás una explicación de todos los términos escritos en negrita.
4 Sobre el uso de palabras como blog y *friki*, consulta la nuez-10.

TEMA I: ORTOGRAFÍA

b) Clasifica las palabras anteriores a partir de la posición de su sílaba tónica:

Agudas	Llanas	Esdrújula	Sobresdrújula

En algunos casos, la vocal de la sílaba tónica se acentúa, es decir, debe llevar una **tilde** o acento gráfico que siempre se representa inclinado hacia la derecha (´).

c) ¿Qué palabras agudas deben acentuarse?

....

d) ¿Qué palabras llanas deben acentuarse?

....

e) ¿Cuándo se acentúan las palabras esdrújulas y sobreesdrújulas?

....

A las reglas anteriores hay que añadir otras dos observaciones más: la tilde en palabras que contienen un hiato y la **tilde diacrítica**.

El hiato es el contacto en una palabra de dos vocales que pertenecen a sílabas diferentes. Si en un hiato, las vocales *i/u* son tónicas, siempre deben llevar tilde.

f) ¿Cuáles de estas palabras con hiato deben acentuarse?

Maria, roedor, hindues, buho, azahar, pua, dehesa, caida

Ahora, fíjate en estos ejemplos de tilde diacrítica: *si/sí, de/dé, el/él, cuando/cuándo*

g) ¿Qué es la tilde diacrítica?

....

Para terminar, vuelve a fijarte en la fotografía de esta nuez y en la tilde adhesiva:

h) ¿Por qué debe llevar tilde la palabra *papelería*?

....

8

Ejercicios de apoyo[5]

1) Clasifica las palabras siguientes en agudas, llanas, esdrújulas o sobresdrújulas:

tractor, melón, azúcar, teléfono, vosotros
trópico, carácter, ecológico, caballo, examen
café, cáncer, atrás, vacaciones, cómpranoslos

Agudas	Llanas	Esdrújulas	Sobresdrújulas

2) Coloca el acento gráfico donde sea necesario:

compramelos, acciones, quimico, matematico, profesor, lampara
ultimo, profesion, profesiones, corazon, mañana, domingo
pesca, animal, sabado, persona, vacaciones, pescador
ultimamente, articulo, pescar, accion, felizmente, animales
ejemplo, derecha, periodista, adjetivo, periodico, despues
lapiz, silaba, morfema, actuar, rapidamente, joven
consonante, Angel, Europa, Paris, Moscu, coche

3) En muchas palabras se produce un contacto entre dos vocales. Si estas vocales forman parte de la misma sílaba, decimos que hay un diptongo. Si las vocales forman parte de sílabas distintas, hablamos de hiato.

Las palabras con diptongo siguen la regla general de acentuación y, en el caso de que la sílaba con diptongo deba acentuarse, la tilde recae siempre sobre la vocal abierta (*a, e, o*) o sobre la segunda vocal cerrada (*i, u*).

Las palabras con hiato siempre llevan tilde cuando las vocales *i/u* son tónicas.

Ponle la tilde a las palabras que lo necesiten:

Javier, cruel, cien, fue, autor, ciudad, hablais, recien, interviu, clientes, huesped, dialogo,

accion, acuifero, cria, mania, prohibe, desvie, loado, caer, reactor, cooperar, aorta.

---

5 Julián Cosmes-Cuesta ha aportado material para la elaboración de estos ejercicios.

TEMA I: ORTOGRAFÍA

a. Clasifica las palabras anteriores en la siguiente tabla:

EJEMPLOS DE PALABRAS			
CON DIPTONGO		CON HIATO	
Con tilde	Sin tilde	Con tilde	Sin tilde

b. ¿Puedes añadir otras palabras a la tabla?

4) La tilde puede también diferenciar clases de palabras, y por lo tanto significados. En estos casos hablamos de **tilde diacrítica**. Identifica la **clase de palabra** a la que pertenecen las siguientes palabras.

Ejemplo:
él <u>Pronombre personal</u>
el <u>Artículo determinativo</u>

tú	*aún*	*dónde* ....
tu	*aun*	*donde* ....
qué	*cómo*	*quién* ....
que	*como*	*quien* ....
sí	*sé*	*cuál* ....
si	*se*	*cual* ....
cuándo	*té*	*dé* ....
cuando	*te*	*de* ....
más	*mí*	*¿por qué?* ....
mas	*mi*	*porque* ....
		porqué ....

5) Justifica con tus propias palabras la aparición o la no aparición de la tilde en las palabras siguientes:

solo: ....

dígame: ....

fue: ....

característica: ....

dime: ....

teórico-práctico: ....

balonmano: ....

rápidamente: ....

hueso: ....

guion: ....

portátil: ....

fútbol: ....

anticongelante: ....

bahía: ....

huérfano: ....

TEMA I: ORTOGRAFÍA

 # Nuez-2: Signos de puntuación

Se cuenta que la princesa Trenzarrubia, agobiada por su padre el rey para que se casara pronto, envió una noche el siguiente correo electrónico. Sin embargo, para ahorrar tiempo, lo envió sin **signos de puntuación** y sin utilizar los signos de interrogación y exclamación, es decir, sin tener en cuenta las posibles consecuencias:

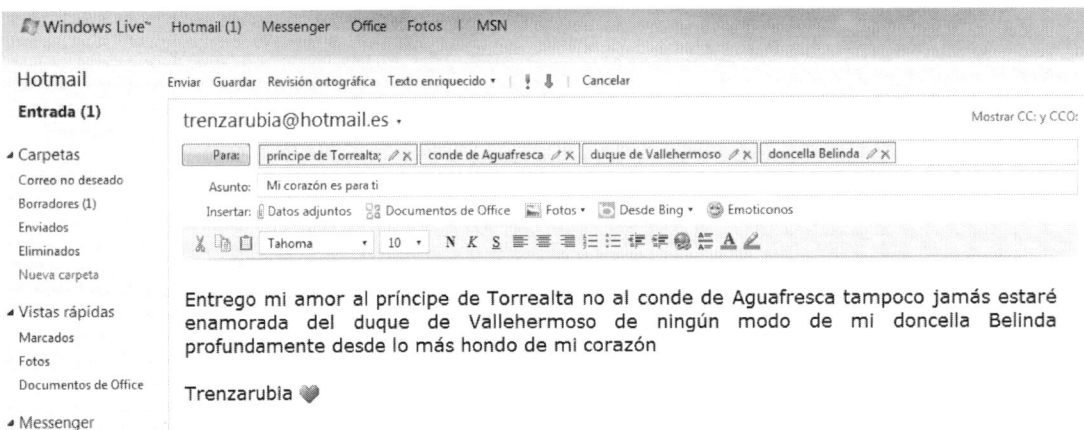

El príncipe de Torrealta, el conde de Aguafresca y el duque de Vallehermoso añadieron los signos de puntuación al mensaje, pero lo hicieron de tal manera que cada uno estaba totalmente convencido de ser el elegido.

¿De qué manera puntuó cada uno de ellos? Reescribe el mensaje en las tres versiones.

a) Versión del príncipe de Torrealta:

....

....

....

....

NUEZ-2: SIGNOS DE PUNTUACIÓN

b) Versión del conde de Aguafresca:

....

....

....

....

c) Versión del duque de Vallehermoso:

....

....

....

....

A la mañana siguiente, se encontraron en el jardín de palacio y la alegría de cada uno se tornó rápidamente en una profunda tristeza. Confundidos, decidieron acudir a la única persona que ninguno de los tres consideró como un rival. La doncella Belinda los recibió y emocionada les leyó el correo electrónico de la siguiente manera:

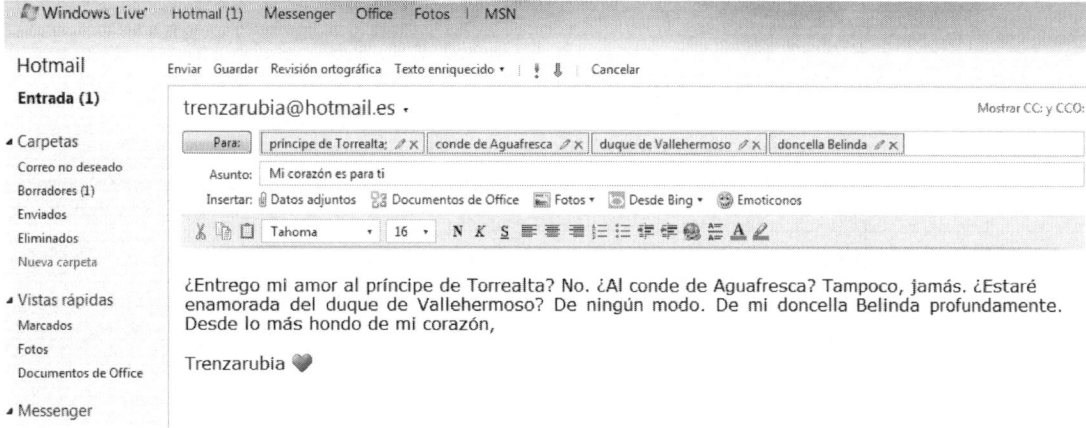

TEMA I: ORTOGRAFÍA

Ejercicios de apoyo:

1) Como has podido ver en la nuez anterior, los signos de puntuación permiten fijar el significado de un texto. Así, en muchos casos, el empleo de los signos de puntuación no responde a unas reglas concretas y depende del significado que queramos transmitir con el mensaje.

Utiliza la coma (,) en la segunda oración de cada par para que tenga un significado diferente a la primera oración:

    a. *No es verdad.*
       No es verdad.

    b. *Lo hice como me pidieron.*
       Lo hice como me pidieron.

    c. *Juan, el estudiante y yo recibimos el correo electrónico.*
       Juan, el estudiante y yo recibimos el correo electrónico.

    d. *Lo hizo lamentablemente.*
       Lo hizo lamentablemente.

    e. *Se busca empleado. Inútil presentarse sin referencias.*
       Se busca empleado inútil presentarse sin referencias.

2) Hay casos en los que el empleo de los signos de puntuación es obligatorio. A continuación, te damos algunas reglas sobre la coma obligatoria en español. Aplica cada regla a los ejemplos y coloca la coma donde sea necesario.

- Para delimitar dentro de un **enunciado** la información complementaria:
    a. *Juan tu hermano no ha llamado todavía.*
    b. *El televisor extraplano y de última generación estaba en el centro de la habitación.*
    c. *Los estudiantes que aún no conocían la noticia reaccionaron con sorpresa.*
    d. *Todos incluido yo nos llevamos las manos a la cabeza.*

- Para delimitar los miembros de una enumeración:
    a. *Nos lo contó a mí a Juan a tu vecina y a su nueva amiga.*
    b. *Los nuevos vecinos son de Suecia simpáticos tienen tres hijos y nunca hacen ruido.*
    c. *Pensando hablando con alguien pidiendo ayuda así solucionamos los problemas.*

- Para aislar en el enunciado los elementos con independencia sintáctica:
  a. *Desde luego nunca dejas de sorprenderme.*
  b. *Me dijo ¡vaya por Dios! que no había escuchado nada.*
  c. *Primero debes leer el enunciado y después responder a las preguntas.*
  d. *Debería dedicarse a otra cosa evidentemente.*
  e. *El nuevo modelo en cambio no tiene tantos detalles.*
  f. *No responde al teléfono es decir todavía sigue trabajando.*
  g. *Confías en mí ¿no?*

- Para aislar, en **grupos oracionales**, las oraciones coordinadas adversativas y las copulativas con sujetos diferentes:
  a. *Me ha invitado a la fiesta pero aún no sé lo que haré.*
  b. *Tu padre está en el jardín y tu hermano está jugando con el ordenador.*
  c. *Ni lo sé ni me interesa.*
  d. *Le aconsejé que no lo hiciera y no hizo caso.*

- Para aislar la **oración subordinada** que aparece antepuesta a la **oración principal**:

  a. *Cuando no sé qué hacer llamo a mis amigos.*
  b. *Si tuviera más tiempo haría más viajes.*
  c. *Como ya te dije no creo que sea buena idea.*
  d. *Para no tener que perder más tiempo deberíamos empezar ya.*
  e. *Al ir a la cafetería me encontré con Rosa.*

3) Hay también algunos casos en los que la coma es opcional, ya que no implica cambios semánticos o sintácticos. Señala en los siguientes ejemplos las comas que podrían eliminarse:

Ejemplo:
Por las mañanas(,) suelo desayunar tarde, aunque me despierto temprano.

1. *Si estoy aburrido, a veces, llamo a algún amigo.*

2. *En verano, suelo viajar a España, si los billetes no son muy caros.*

3. *Me dijo que vendría, pero, al final, cambió de opinión.*

4. *Todos los días, a las doce, suenan las campanas.*

5. *Durante las vacaciones, en las ciudades, apenas hay gente.*

TEMA I: ORTOGRAFÍA

4) Señala la oración que sigue una puntuación correcta:

1.
   Juan y yo, iremos al cine.
   Juan, y yo, iremos al cine.
   Juan y yo iremos al cine.

2.
   Mis padres, mis hermanos, mis tíos me han felicitado.
   Mis padres, mis hermanos y mis tíos me han felicitado.

3.
   Quien no haya enviado la solicitud no será atendido.
   Quien no haya enviado la solicitud, no será atendido.

4.
   También, tienes que pasar el aspirador por el salón.
   También tienes que pasar el aspirador por el salón.

5.
   Ese libro lo he leído ya.
   Ese libro, lo he leído ya.
   Ese libro lo he leído, ya.

6.
   «Oye, qué hora es?. ¿Nos vamos ya? »
   «Oye, ¿qué hora es?. ¿Nos vamos ya? »
   «Oye, ¿qué hora es? ¿Nos vamos ya? »

7.
   «Entonces, me dijo: "deberías escuchar lo que te digo."»
   «Entonces, me dijo: "Deberías escuchar lo que te digo." ».
   «Entonces, me dijo: "Deberías escuchar lo que te digo". »

8.
   Me ofreció varias cosas (café, chocolate, té...) Sin embargo, no le pedí nada.
   Me ofreció varias cosas (café, chocolate, té...). Sin embargo, no le pedí nada.
   Me ofreció varias cosas (café, chocolate, té)... . Sin embargo, no le pedí nada.

Nuez-3: Sobre mayúsculas, números romanos y cursiva

Las mayúsculas, los números romanos y la cursiva comparten un rasgo especial: a pesar de su importante valor distintivo, tienen un uso bastante limitado.

Por este motivo, puede llamarnos la atención que aparezcan al mismo tiempo y sean protagonistas en la estructura de algunos libros o en sus índices.

Es lo que ocurre, por ejemplo, con la novela *La sombra del Caudillo* del mexicano Martín Luis Guzmán[6]:

Libro primero PODER Y JUVENTUD	I ROSARIO
	II LA MAGIA DEL AJUSCO
	III TRES AMIGOS
	IV BANQUETE EN EL BOSQUE
	V GUIADORES DE PARTIDO
Libro segundo AGUIRRE Y JIMÉNEZ	I UNA ACLARACIÓN POLÍTICA
	II UN CANDIDATO A PRESIDENTE
	III LOS RIVALES
Libro tercero CATARINO IBÁÑEZ	I TRANSACCIÓN
	II CONVENCIÓN
	III MANIFESTACIÓN
	IV BRINDIS
Libro cuarto EL ATENTADO	I LOS HOMBRES DEL FRONTÓN
	II CAMINO DEL DESIERTO
	III EL CHEQUE DE LA «MAY-BE»
	IV ÚLTIMOS DÍAS DE UN MINISTRO
	V ZALDÍVAR
	VI FRUTOS DE UNA RENUNCIA
Libro quinto PROTASIO LEYVA	I EL COMPLOT
	II LA CAZA DEL DIPUTADO OLIVIER
	III LA MUERTE DE CAÑIZO
	IV BATALLA PARLAMENTARIA
Libro sexto JULIÁN ELIZONDO	I SÍNTOMAS DE REBELIÓN
	II CANDIDATOS Y GENERALES
	III EL PLAN DE TOLUCA
	IV *EL GRAN DIARIO*
	V MANUEL SEGURA
	VI TRÁNSITO CREPUSCULAR
	VII UNOS ARETES

---

6 Martín Luis Guzmán (1887-1976) es considerado uno de los pioneros de la novela revolucionaria, género literario inspirado en la Revolución mexicana de 1910. *La sombra del Caudillo* (1929) trata la corrupción política en México. La fotografía muestra la edición de ALCA XX

TEMA I: ORTOGRAFÍA

1) Sobre la mayúscula:

a) En la estructura de la novela que acabamos de presentar, ¿para qué se utiliza la mayúscula?

....

b) Si todo lo que está escrito en mayúscula en la tabla que presenta la estructura de la novela lo escribiéramos en minúscula, ¿qué palabras deberían comenzar con mayúscula? ¿Por qué? Señala estas palabras en la tabla.

....

c) Completa la siguiente tabla con las palabras en mayúscula acentuadas y no olvides lo que ya hemos visto en la nuez-1:

ESDRÚJULA	LLANA	AGUDA

d) ¿Qué observación podemos realizar sobre las palabras escritas en mayúscula y el empleo de la **tilde**?

....

e) Justifica el empleo de la tilde en las palabras llanas de la tabla anterior.

....

2) Sobre los números romanos:

f) ¿Qué función tienen los números romanos (I, II, III, IV...) en la estructura de la novela?

....

3) Sobre la cursiva:

g) El título del capítulo IV del libro sexto aparece escrito en cursiva, ¿por qué está justificado el empleo de la cursiva aquí?

....

h) También en el **texto** introductorio de la nuez aparece una parte en cursiva, ¿sería igual de correcto no utilizar la cursiva es este caso? ¿Por qué?

....

El análisis que acabamos de realizar puede ayudarnos a deducir otra característica de nuestros tres protagonistas: su uso en español no necesariamente coincide en todos los casos en otras lenguas. A veces, estas diferencias pueden ser el origen de algunos errores ortográficos entre hablantes no nativos del español (aunque los hablantes nativos tampoco están exentos de algunos errores). Los siguientes *Ejercicios de apoyo* pueden ayudarte a evitar estos posibles errores y a descubrir más peculiaridades sobre el uso de nuestros protagonistas en español.

Ejercicios de apoyo:

1) No solo la primera letra de la primera palabra de una oración debe escribirse con mayúscula. Señala las palabras en las siguientes oraciones que también deben empezar con mayúscula.

Ejemplo:
En chile se encuentra el pico más alto de los andes.

1. *La última copa del mundo de fútbol fue en suráfrica.*

2. *La mayoría de hispanohablantes vive en américa latina.*

3. *Maradona era ya conocido como el pelusa cuando jugó en el barça.*

4. *El día de nochebuena es siempre el 24 de diciembre.*

5. *Hoy tengo jaqueca, ¿tienes una aspirina?*

6. *El gobierno aumentará el presupuesto para las universidades.*

7. *En la plaza mayor de salamanca siempre hay mucha gente junto al ayuntamiento.*

8. *En su último viaje, el papa visitó varios países del continente africano.*

9. *Con la caída del muro de berlín, la europa del este se abrió a occidente.*

10. *El casco histórico de la habana fue declarado patrimonio de la humanidad por la unesco.*

TEMA I: ORTOGRAFÍA

11. *El amazonas tiene una longitud de más de 6.000 kilómetros.*

12. *En la casa rosada se encuentra el despacho del presidente de la argentina.*

13. *Las plazas de toros se parecen al coliseo de roma.*

14. *El sida aumenta drásticamente en varios continentes.*

15. *Esa exposición del museo del prado fue inaugurada por los reyes y el ministro de cultura.*

16. *El ministerio de cultura es el responsable de los museos, iglesias y catedrales.*

17. *El festival de eurovisión se celebra cada año en primavera.*

18. *El concierto de año nuevo es el programa más visto el 1 de enero.*

19. *El primo rafa y yo nos lo pasamos muy bien jugando a las palas en salobreña.*

2) Comprueba que has realizado correctamente el ejercicio anterior completando la siguiente tabla:

		Ejemplos, ejercicio 1
Se escriben **con** mayúscula	los nombres propios de personas, animales, lugares, obras y eventos;	1,
	los nombres propios de accidentes geográficos (ciudades, ríos, montañas…);	1,
	los nombres propios de calles, edificios y monumentos;	
	los nombres que designan entidades concretas como organismos, instituciones, equipos deportivos..	
	los sustantivos y adjetivos que designan el nombre de una festividad;	
	el artículo que forma parte de un nombre propio;	
Se escriben **sin** mayúscula	los sustantivos que designan cargos o empleos de cualquier rango;	
	los días de la semana, meses y estaciones del año;	
	las palabras que designan unidades de medida y enfermedades;	
	el artículo que precede a los nombres de accidentes geográficos (ríos, mares, montes…) o países.	1,

3) Las palabras que son siglas se escriben siempre con mayúscula, al igual que las abreviaturas de nombres propios. Completa la siguiente tabla con la sigla, la abreviatura o el nombre de la entidad:

NOMBRE	SIGLA
Estados Unidos	*EE.UU.*
....	ONU
Virus de la inmunodeficiencia humana	....
Universidad Nacional Autónoma de México	....
....	UE
....	....
....	....
....	....

    a. Añade a la tabla tres ejemplos más con su sigla o abreviatura correspondiente.

4) Elige la alternativa o alternativas correctas:

Siglo veintiuno/ Siglo 21 / S. XXI / S.IXX

Benedicto 16 /Benedicto XVI

Felipe II /Felipe segundo

Siglo once / Siglo XI / Siglo 11.

Son las siete / Son las 7 / Son las VII

Esa batalla ocurrió en 1812 / Esa batalla ocurrió en MDCCCXII

VII Congreso Internacional / 7. Congreso Internacional

TEMA I: ORTOGRAFÍA

5) En un **texto**, aparecen escritos en cursiva los títulos (de libros, periódicos, canciones, poemas…), las palabras técnicas o de reciente aparición, los apodos o seudónimos y las palabras que se quieren destacar intencionadamente (por ejemplo, porque introducen un nuevo concepto, están tomadas de otro idioma o son palabras de otra persona).

Subraya en las siguientes oraciones lo que debería ir en cursiva:

1. Como decía mi abuelo, "Al mal tiempo, buena cara".

2. La última reunión fue un auténtico show.

3. Las proposiciones sustantivas pueden ser completivas o de infinitivo.

4. Esa noticia la leí en la Gaceta Deportiva.

5. El Pelusa Maradona estableció muchos records durante su carrera deportiva.

6. La mayoría prefiere el streaming al CD.

7. Ernesto Che Guevara participó activamente en la Revolución Cubana.

8. La película Avatar ganó varios premios Oscar.

6) La cursiva es también importante a la hora de elaborar una bibliografía. Señala en el siguiente ejemplo las partes que deberían ir en cursiva:

ALARCOS LLORACH, E. (1994): Gramática de la lengua española, Madrid, Espasa-Calpe.
BOSQUE, I. (dir.) (2004): Redes: diccionario combinatorio del español contemporáneo, Madrid, Ediciones SM.
FAGES GIRONELLA, X. (2005): Gramática para estudiantes, Barcelona, Laertes.
GÓMEZ TORREGO, L. (1992): Valores gramaticales de "SE", Madrid, Arco Libros.
_____ (2002): Ejercicios de gramática normativa, Madrid, Arco Libros.
_____ (2002): Gramática didáctica del español, Madrid, Ediciones SM.
MATTE BON, F. (2004): Gramática comunicativa del español, Madrid, Edelsa.
REAL ACADEMIA ESPAÑOLA / ASOCIACIÓN DE ACADEMIAS DE LA LENGUA ESPAÑOLA, (2009): Nueva gramática de la lengua española, Madrid, Espasa Libros.
_____ (2010): Ortografía de la lengua española, Madrid, Espasa Libros.
RODRÍGUEZ RAMALLE, T. M. (2005): Manual de Sintaxis del Español, Madrid, Castalia Universidad.
SECO, M. (2004): Gramática esencial del español, Madrid, Espasa-Calpe.

7) Intenta leer mentalmente el texto de la izquierda. Si tienes dificultad, inténtalo de nuevo pero haciendo una lectura en voz alta (¡seguro que ahora resulta más fácil!). Después, y para resumir lo que hemos visto sobre la ortografía, reescribe el texto en la columna de la derecha utilizando la tilde, los signos de puntuación adecuados, empleando la mayúscula correctamente y estableciendo los párrafos necesarios:

LAESCRITURAESUNSISTEMADECOMUNICACIONATRAVESDESIMBOLOSGRAFICOSQUEPERMITELACOMUNICACIONADISTANCIAYHACEQUELATRANSMISIONDECONTENIDOSPERDURESEALITERALYNONECESITEINTERMEDIARIOSMientrasqueelhablaesunacapacidadinnatadelserhumanolaescrituraesunfenomenoculturalNotodaslaslenguasquesehablanenelmundotienenunarepresentacionescritaAprendemosahablardemaneraespontaneaperonecesitamosiralaescuelaparaaprenderaescribiryaleerEnlosprimerostextosescritoslaspalabrasaparecianto dasjuntassinespaciosentreellasyporlogeneralenletrasmayusculasNohabiaacentosNadaseparabaunafrasedelasiguienteNohabianipuntosnicomasHastaquesurgieronlossignosortograficosSololalecturaenvozaltapermitiacomprenderelcontenidodeltextoescrito	*La escritura es un sistema*......................
	Los signos ortográficos facilitan la lectura y la comprensión de los textos. Nos indican cómo hay que leer una palabra, marcan dónde empieza y termina una frase, dónde se hace una pausa o dónde concluye la exposición de un argumento. También dan estructura al texto y distinguen entre un enunciado, una pregunta o una exclamación. Su buen uso facilita al lector la comprensión del mensaje.

Tema II: Unidades sintácticas

Nuez-4: Las unidades sintácticas y su clasificación

Las unidades sintácticas son los ladrillos con los que se construye una oración. De este modo, una oración es gramatical cuando contiene todas las unidades sintácticas exigidas y seleccionadas (tanto por su forma como por su contenido semántico) por el **núcleo oracional**.

El siguiente ejemplo con el núcleo oracional *vendrá* puede ayudarnos a reflexionar sobre las unidades sintácticas y los criterios para clasificarlas:

*Mi amigo <u>de Noruega</u> <u>que estudia español</u> **vendrá** <u>esta tarde.</u>*
                 C   D   E
          A   B

En este análisis aparecen subrayadas todas las unidades sintácticas. Fíjate bien y responde a las preguntas:

a) ¿Qué es una unidad sintáctica?

....

Las unidades sintácticas pueden definirse por su estructura:

b) ¿Qué unidades sintácticas del ejemplo son **sintagmas**?

....

c) ¿Qué unidad sintáctica es una **proposición**?

....

d) ¿Cuál es la diferencia entre un sintagma y una proposición?

....

Otro tipo de unidad sintáctica son las oraciones subordinadas:

e) Añade a nuestra oración una **oración subordinada** que exprese causa:

Mi amigo de Noruega que estudia español vendrá esta tarde ....
                Oración principal   Oración subordinada causal

f) ¿Qué es lo que diferencia a las oraciones subordinadas del resto de unidades sintácticas?

....

Ejercicios de apoyo:

1) Completa las siguientes oraciones con la unidad sintáctica que se propone (consulta la nuez-36 si necesitas más ayuda):

Ejemplo:
La película   *que vi ayer*   *no me gustó nada.*
              Proposición adjetiva

1. *Tu amiga quiere* ....
              Sintagma nominal

2. *Iré a México* ....
              Proposición adverbial

3. *Aún no sé lo que voy a hacer* ....
              Oración subordinada

4. *La televisión*..........................
              Sintagma verbal

5. *Sus amigas no desean* ....
              Proposición sustantiva

6. ...., *podemos salir a dar un paseo.*
              Oración subordinada

7. .... *me entregan las llaves del piso.*
   Sintagma adverbial

8. *El café........................ es el mejor de todos.*
   Sintagma adjetivo

9. *El café........................ es el mejor de todos.*
   Proposición adjetiva

10. *Este coche ....*
    Sintagma verbal

2) Sustituye los sintagmas subrayados por una proposición (no es necesario que los significados coincidan entre ambas unidades sintácticas). Indica en tu oración qué tipo de proposición tenemos en cada caso y consulta la nuez-37 si necesitas más información:

Ejemplo:
Quiero un café.   *Quiero tomar un café.*
   S. Nominal   *Proposición sustantiva*

1. *Haré estos ejercicios más tarde.* ....
   S. Adverbial

2. *El deporte es necesario.* ....
   S. Nominal

3. *El libro ese me resultó interesante.* ....
   S. Adjetivo

4. *Te espero en la biblioteca.* ....
   S. Adverbial

5. *No necesito más problemas* ....
   S. Nominal

3) Subraya la oración principal y la oración subordinada en los siguientes ejemplos (consulta la nuez-39 si necesitas más ayuda):

Ejemplo:
<u>En el supuesto de que suene la alarma</u>, <u>contacte con la recepción</u>.
    Oración subordinada   Oración principal

1. *Decidió dejar su cargo porque estaba cansado de tantas críticas.*

2. *Como no hagas los ejercicios, me enfadaré contigo.*

3. *Como esquío mucho en invierno, estoy en forma todo el año.*

4. *Con objeto de vender más discos, las discográficas han aumentado la publicidad.*

5. *De haberlo sabido, no le hubiera regalado una videoconsola.*

6. *En vista de que no deja de llover, tendremos que quedarnos en casa.*

7. *Con el fin de alcanzar un acuerdo, las autoridades han enviado otra propuesta.*

8. *Envíale un mensaje, aunque sea tarde.*

9. *Para ser martes, está bien que haya venido tanta gente.*

10. *Por muy enfadado que estés, debes perdonar a tu hermana.*

11. *Si tuviera tiempo, haría más deporte.*

12. *Te ayudaré, siempre y cuando tenga tiempo.*

13. *Voy a fregar los platos para que estén limpios a la hora de comer.*

4) Por el significado que aportan a la oración principal, las oraciones subordinadas se clasifican en causales, finales, condicionales y concesivas. Sigue el ejemplo y clasifica las oraciones subordinadas del ejercicio anterior con ayuda de la siguiente tabla (consulta la nuez-39 si tienes dudas):

Oraciones subordinadas	
Causales	1,
Finales	4,
Condicionales	2,
Concesivas	8,

5) Escribe un nuevo ejemplo con cada una de las estructuras propuestas:

1. Oración principal + Oración subordinada causal

   ....

2. Oración principal + Oración subordinada final

   ....

3. Oración subordinada condicional + Oración principal

   ....

4. Oración subordinada concesiva + Oración principal

   ....

Nuez-5: Proposiciones y oraciones subordinadas

Éste es el libro <u>del que te hablé</u>.

Me lo han recomendado <u>porque tiene una parte teórica y otra práctica</u>.

La **unidad sintáctica** subrayada en la primera oración es una **proposición**. Sin embargo, la unidad subrayada en la segunda oración es una **oración subordinada**.

Si nos fijamos en la estructura, estas dos unidades sintác- son muy diferentes:

a) ¿Qué características estructurales comparten las propo- subordinadas?

....

Si atendemos a la función, existen unas diferencias claras entre ambas unidades sintácticas:

b) ¿A qué palabra complementa la proposición de la oración 1? ....

c) ¿A qué palabras complementa la oración subordinada de la oración 2? ....

La función sirve además para clasificar las proposiciones:

d) En la oración 1 tenemos una proposición adjetiva, ¿por qué?

....

e) ¿De qué otros dos tipos de proposiciones podemos hablar? (Consulta la nuez-37 si tienes alguna duda)

....

TEMA II: UNIDADES SINTÁCTICAS

Sin embargo, las oraciones subordinadas se clasifican por el significado que expresan:

f) En la oración 2 tenemos una oración subordinada causal, ¿por qué?

....

g) ¿De qué otros tipos de oraciones subordinadas podemos hablar? (Consulta la nuez-39 si tienes dudas).

....

Ejercicios de apoyo:

1) Completa las siguientes oraciones con una proposición y clasifícala después en sustantiva, adjetiva o adverbial según la función que realice:

Ejemplo:
Antes de sentarte a la mesa, debes lavarte las manos.
Proposición *adverbial*

1. *Tus amigas me han pedido* ....
   Proposición ....

2. .... *es lo que más nos gusta.*
   Proposición ....

3. *El libro* .... *no es tan interesante.*
   Proposición ....

4. *Hemos quedado a las cinco* ....
   Proposición ....

5. *Volvimos a comer en el restaurante* ....
   Proposición ....

6. *Debes hacer estos ejercicios* ....
   Proposición ....

7. ...., *debes comprar las entradas.*
   Proposición ....

8. *Dame la botella ....*
   Proposición ....

2) Sigue el ejemplo y crea una sola oración utilizando una proposición adjetiva. Ten en cuenta que puede haber varias posibilidades:

Ejemplo:
Ayer compré un libro. Ya lo he leído.
Ya he leído el libro que compré ayer.

1. *El CD no me ha gustado. El CD me lo han prestado.*

   ....

2. *Le han robado el coche. Juan solo habla de su coche.*

   ....

3. *Cuento con una persona. La persona eres tú.*

   ....

4. *Dispongo de mucho tiempo. El tiempo lo dedico a leer novelas.*

   ....

5. *Aún no he escaneado el artículo. El artículo acaba de publicarse.*

   ....

6. *Me irritan las moscas. Las moscas entran por la ventana.*

   ....

7. *El dinero lo he utilizado en una bicicleta. El dinero me lo dieron mis abuelos.*

   ....

8. *El tranvía no ha parado. El tranvía acaba de pasar.*

   ....

TEMA II: UNIDADES SINTÁCTICAS

3) Completa la tabla con ejemplos que contengan una oración principal y una oración subordinada introducida por los nexos propuestos. Después escribe el tipo de oración subordinada que tenemos en cada caso:

Nexos	Ejemplos	Tipo de oración subordinada
porque *como* + indicativo *en vista de que*	*Ayer no te llamé porque no tuve tiempo.*	
para que *no sea que* *a fin de que*		
si *como* + subjuntivo *siempre que*		
aunque *a pesar de que* *por muy*+adjetivo/ adverbio+*que*		

4) En los siguientes ejemplos aparecen subrayadas las oraciones subordinadas. A diferencia de las que has utilizado en el ejercicio anterior, estas oraciones subordinadas no tienen el verbo en forma personal. ¿Qué clase de oración subordinada tenemos en cada caso?

Ejemplo:
Diciendo esas cosas, no tendrás muchos amigos.
Or. Subordinada *condicional*.

1. *Para ser inglés*, habla muy bien el alemán.
   Or. Subordinada ....

2. *Aún sabiendo que se iba a enfadar*, subió el volumen del equipo de música.
   Or. Subordinada ....

3. *De haberlo sabido*, no lo habría invitado.
   Or. Subordinada ....

4. *Dicho así*, su propuesta parece muy acertada.
   Or. Subordinada ....

5. *Llamé a Clara, <u>con el fin de hacer las paces</u>.*
    Or. Subordinada ………..

6. *Debes ir al cine <u>a ver la última película de Almodóvar</u>.*
    Or. Subordinada ………..

7. *<u>Por hacerte caso</u>, me he vuelto a equivocar.*
   Or. Subordinada ………..

8. *<u>De tanto hablar</u>, tengo la garganta muy reseca.*
    Or. Subordinada ………..

5) Escribe cinco nuevos ejemplos que contengan una oración subordinada con el verbo en una forma no personal (infinitivo, participio o gerundio):

1. ……………………………………………………………………………………………
2. ……………………………………………………………………………………………
3. ……………………………………………………………………………………………
4. ……………………………………………………………………………………………
5. ……………………………………………………………………………………………

TEMA II: UNIDADES SINTÁCTICAS

 ## Nuez-6: Sintagmas por transposición

Fíjate en las **unidades sintácticas**[3] subrayadas:

1) *El móvil no tiene cobertura en esta habitación.*

2) *La cobertura del móvil es muy pequeña.*

3) *El móvil viejo tiene mejor cobertura.*

a) En la oración 1, la unidad *El móvil* es un **sintagma** nominal, ¿por qué?

....

b) En la oración 3, ¿qué tipo de unidad sintáctica es *viejo*? ¿Por qué?

....

Ahora, presta especial atención a la unidad *del móvil* de la oración 2:

c) Por su forma, esta unidad puede relacionarse con la unidad sintáctica *El móvil* de la oración 1, ¿por qué?

....

d) Por su función, está más próxima a la unidad sintáctica *viejo* de la oración 3, ¿por qué?

....

Algo parecido ocurre con *viejo* en la siguiente oración:

4) *El viejo tiene mejor cobertura.*

e) La palabra *viejo* sigue siendo un adjetivo, pero sintácticamente ¿se comporta la unidad *El viejo* como un sintagma adjetivo? ¿Por qué?

....

Una solución para analizar la unidad sintáctica **del móvil** en la oración 2 y *El viejo* en la oración 4 es decir que, en ambos casos, tenemos un **sintagma por transposición**:

f) ¿Qué clase de sintagma por transposición tendríamos en cada caso?

....

g) ¿Qué es entonces un sintagma por transposición?

....

Ejercicios de apoyo:

1) Escribe dentro del paréntesis la **clase de palabra** a la que corresponde cada uno de los términos propuestos. Después, completa las oraciones con cada término y determina el tipo de sintagma que tenemos en cada caso.

Ejemplo:
Libro (*sustantivo*)
Dame tu libro
     Sintagma *nominal*
Han arrancado las páginas de este libro.
                     Sintagma *adjetivo por transposición*

Escaleras (......................)

   1. *Acércame* ....
             Sintagma ....

   2. *Tu hermana pequeña se ha caído* ....
             Sintagma ....

   3. *La barandilla* .... *está recién pintada.*
             Sintagma ....

Delgada (......................)

   1. *Tiene dos hijas y* .... *es la mayor.*
             Sintagma ....

TEMA II: UNIDADES SINTÁCTICAS

    2. *Tu amiga se ha quedado* ....
                         Sintagma ....

Emilio (......................)

    1. *El coche* .... *está aparcado ahí.*
              Sintagma ....

    2. .... *tiene también una moto.*
               Sintagma ....

Semana (......................)

    1. .... *tiene siete días.*
               Sintagma ....

    2. .... *iremos de excursión a la montaña.*
               Sintagma ....

2) Reescribe los siguientes ejemplos sustantivando el sintagma adjetivo subrayado, es decir, transformando los sintagmas adjetivos en sintagmas nominales por transposición (consulta la nuez-14 si necesitas más ayuda):

Ejemplo:
La camisa <u>fucsia</u> te queda mucho mejor.
<u>La fucsia te queda mucho mejor.</u>

    1. *Los animales <u>más rápidos</u> que he visto son los guepardos.*

        ....

    2. *Dile que los muebles <u>nuevos</u> llegarán esta tarde.*

        ....

    3. *Dame el libro <u>de gramática</u>.*

        ....

    4. *Los coches <u>deportivos</u> me vuelven loco.*

        ....

5. Las vacaciones *de verano* son las más largas.

   ....

3) Al igual que los sintagmas adjetivos, las proposiciones adjetivas también pueden sustantivarse. Sigue el ejemplo y sustantiva las proposiciones adjetivas subrayadas (consulta la nuez-17 si tienes dudas):

Ejemplo:
El móvil que compré ayer estaba de oferta.
El que compré ayer estaba de oferta.

1. Los jugadores *que fueron expulsados* no jugarán el próximo partido.

   ....

2. No he vuelto a ver a la chica *que me presentaste*.

   ....

3. La televisión *que estaba de oferta* era de plasma.

   ....

4. No vi al vecino *que estaba cortando el césped*.

   ....

5. No encuentro en las tiendas el café *que siempre tomo para desayunar*.

   ....

TEMA II: UNIDADES SINTÁCTICAS

4) Fíjate en los sintagmas subrayados. Identifica el tipo de sintagma en cada ejemplo y señala en qué casos se trata de un sintagma por transposición:

Ejemplo:
A mi amigo Juan lo visitaré *el próximo verano*.
Sintagma nominal   Sintagma adverbial por transposición

1. *Tu hermana* alquila *su casa de tres plantas*.

2. La casa *de tu hermana* tiene *dos dormitorios* *en cada planta*.

3. *Esta mesa* es *muy barata*.

4. *Esa mesa* es *de plástico*.

5. *Mis padres* llegaron *a la hora prevista*.

6. *Lo más interesante* está *cerca*.

7. *En esta biblioteca* hay *mucho ruido*.

8. *Lo justo* sería pedirle *disculpas* *pronto*.

9. *Juan* ha olvidado *las gafas* *en la mesa*.

Nuez-7: La sustitución y la permutación

Como podemos ver en la fotografía, la sustitución consiste en cambiar un elemento por otro (en este caso, dos jugadoras de voleibol).

También en sintaxis, la sustitución puede ser un recurso muy práctico. Por ejemplo, a la hora de identificar las **unidades sintácticas** de una **oración** y establecer una jerarquía entre ellas:

<u>Una jugadora</u> levanta <u>el número once</u> <u>con el brazo derecho</u>. > <u>Ella</u> levanta <u>eso</u> <u>con eso</u>.
     1   2   3   1   2   3

Una jugadora, el número once y *con el brazo derecho* son unidades sintácticas porque semánticamente pueden sustituirse respectivamente por *ella, eso* y *con eso* (y porque cada uno de estos grupos de palabras, como veremos en otras nueces, realiza una función sintáctica determinada en la oración).

Por su parte, la permutación consiste en realizar un cambio de posición entre dos elementos. Por ejemplo, una jugadora de ataque puede pasar a la defensa o viceversa. De igual manera, las unidades sintácticas de una oración que están al mismo nivel sintáctico pueden permutar su posición:

<u>Una jugadora</u> levanta <u>el número once</u> <u>con el brazo derecho</u>.
     1   2   3

<u>Con el brazo derecho</u>, levanta <u>una jugadora</u> <u>el número once</u>.
     1   2   3

<u>El número once</u> lo levanta <u>con el brazo derecho</u> <u>una jugadora</u>.
     1   2   3

Esta prueba nos puede servir para afirmar que *una jugadora, el número once* y *con el brazo derecho* son unidades sintácticas, que están al mismo nivel sintáctico y que, por eso, pueden permutar su posición en la oración.

TEMA II: UNIDADES SINTÁCTICAS

Fíjate ahora en la siguiente oración:

Las jugadoras que aparecen en la fotografía se saludan de manera afectuosa cuando son cambiadas.

a) ¿Qué parte de la oración puede sustituirse por el pronombre *Estas*?

....

b) ¿Qué tipo de unidad sintáctica es esta parte de la oración?

....

c) En el interior de esta unidad sintáctica, ¿qué tipo de unidad sintáctica es *"que aparecen en la fotografía"*?

....

d) ¿Qué parte de la oración puede sustituirse por el adverbio *así*? ¿Por qué es posible esta sustitución?

....

e) ¿Qué parte de la oración puede sustituirse por el adverbio *ahora*? ¿Por qué es posible esta sustitución?

....

f) Reescribe ahora la oración de tres maneras diferentes para ilustrar que las unidades sintácticas que has sustituido por *estas*, *así* y *ahora*, al estar al mismo nivel sintáctico, pueden permutar su posición en la oración:

Posibilidad 1: ....

Posibilidad 2: ....

Posibilidad 3: ....

Como puedes observar, y como veremos con más detalle en el tema XVII al tratar el orden sintáctico en la oración, existe una estrecha relación entre la permutación y la importancia para el mensaje que puede adquirir la información de una determinada función sintáctica (¡no te olvides de esto cuando trabajes con la nuez-49!).

Ejercicios de apoyo:

1) Las unidades sintácticas subrayadas en las siguientes oraciones pueden sustituirse por un demostrativo, un pronombre personal o un adverbio. Escribe debajo de cada unidad sintáctica el demostrativo, el pronombre personal o el adverbio adecuados (ten en cuenta los casos en los que es necesario mantener la preposición).

Ejemplo:
En verano visitaré el museo de arte contemporáneo.
                                          ese
Entonces   *esto*

1. Mi abuela escribía largas cartas todo el tiempo.

2. A María la llamaré esta noche.

3. Al llegar a casa, Miguel preparó la cena y comió en la cocina.

4. Tu hermano no quiere salir esta noche.

5. Cuando tengas tiempo, puedes ayudar a tu hermano con estos ejercicios.

6. A tus amigas no les gusta la idea que has tenido.

7. El perro se enfadó cuando le quitaron la comida.

8. El partido que vimos ayer estuvo muy emocionante.

2) Vuelve a las oraciones del ejercicio anterior y señala qué unidades sintácticas subrayadas son un sintagma (nominal, adjetivo o adverbial) o una proposición (sustantiva, adjetiva o adverbial).

Ejemplo:
En verano visitaré el museo de arte contemporáneo.
                                        ese (**Sintagma adjetivo**)
Entonces   *esto*
(*Sintagma adverbial*)   (*Sintagma nominal*)

TEMA II: UNIDADES SINTÁCTICAS

3) Sustituye cada demostrativo, pronombre o adverbio marcados en negrita por la unidad sintáctica indicada.

Ejemplo:
Esto es lo mejor.   ~~*Esquiar en invierno*~~ es lo mejor.
                      Proposición sustantiva

1. *Ella prefiere **eso**.* .... *prefiere* ....
               Sintagma nominal   Proposición sustantiva

2. ***Aquí** nos gusta **esto**.* .... *nos gusta* ....
               Sintagma adverbial   Sintagma nominal

3. ***Aquí** nos gusta **esto**.* .... *nos gusta* ....
               Sintagma adverbial   Proposición sustantiva

4. *El teléfono **ese** permite **eso**. El teléfono* .... *permite* ....
                                   Proposición adjetiva   Proposición sustantiva

5. ***Ahora**, **ellas** salieron de **ahí**.* ...., ... *salieron de* ....
               Proposición adverbial   Sintagma nominal Sintagma adverbial

6. ***Ellos** comprarán **eso** **entonces**.* .... *comprarán* ....
               Sintagma nominal   Sintagma nominal   Proposición adverbial

7. ***Ellos** nos dijeron **eso**.* .... *nos dijeron* ....
               Sintagma nominal   Sintagma nominal

8. ***Ellos** nos dijeron **eso**.* .... *nos dijeron* ....
               Sintagma nominal   Proposición sustantiva

4) Las oraciones subordinadas no pueden sustituirse por una sola palabra. En estos casos podemos utilizar la siguiente combinación: nexo + *eso*.

Sigue el ejemplo y sustituye *eso* por una oración. Después clasifica la oración subordinada en condicional, concesiva, causal o final (consulta la nuez-39 si tienes dudas).

NUEZ-7: LA SUSTITUCIÓN Y LA PERMUTACIÓN

Ejemplo:
Si eso, puedes venir a mi casa.
Si quieres ver el partido, puedes venir a mi casa.
Oración subordinada condicional

1. No iré a tu casa *porque eso*.

   ....

2. *Aunque eso*, debes llamar a tus padres.

   ....

3. *Si eso*, mejor te quedas en casa.

   ....

4. *Para eso*, deberíamos visitar al médico.

   ....

5. Te llamaré *a pesar de eso*.

   ....

6. Iremos a su casa *a eso*.

   ....

7. *Siempre y cuando eso*, te dejaré mi coche.

   ....

8. *A fuerza de eso*, terminó sacando buenas notas en los exámenes.

   ....

TEMA II: UNIDADES SINTÁCTICAS

5) Reescribe las siguientes oraciones permutando la posición de las unidades sintácticas subrayadas (consulta la nuez-49 si necesitas más ayuda):

Ejemplo:
En verano visitaré el museo de arte contemporáneo.
Visitaré el museo de arte contemporáneo en verano.

1. Vamos a esquiar *siempre que nieva*.

   ....

2. *Esquiar en el bosque* es *lo más divertido.*

   ....

3. Compré ese cuadro *en un viaje a Perú*.

   ....

4. *Aunque estés cansado,* termina estos ejercicios.

   ....

5. *Ayer* comenzó *el campeonato de natación.*

   ....

6. *La impresora* se ha vuelto a estropear.

   ....

6) A la hora de realizar permutaciones en una oración, es necesario tener en cuenta lo siguiente: la unidad sintáctica que funciona como **complemento directo** o **complemento indirecto** debe duplicarse por su pronombre personal átono correspondiente cuando aparece antepuesta al verbo (consulta la nuez-11 si necesitas más explicaciones).

Ejemplo:
Compré *ese cuadro* en un viaje a Perú. > *Ese cuadro lo compré en un viaje a Perú.*
    Complemento directo

44

NUEZ-7: LA SUSTITUCIÓN Y LA PERMUTACIÓN

Identifica en las siguientes oraciones la unidad sintáctica que funciona como complemento directo. Reescribe después la oración anteponiendo esta unidad sintáctica al verbo (no olvides la duplicación con el pronombre correspondiente).

1. *Debes terminar estos ejercicios ahora.*

   ....

2. *Entregaré estos discos en la biblioteca.*

   ....

3. *He cocinado al horno el pescado que me regalaste.*

   ....

4. *Al salir, debes dejar cerrada la ventana.*

   ....

5. *Hace unos años robaron ese cuadro de Munch.*

   ....

6. *Tu amiga encontró las llaves que había perdido.*

   ....

7) Escribe cinco nuevos ejemplos en los que el complemento directo o el complemento indirecto aparezcan antepuestos al verbo:

   1. ....

   2. ....

   3. ....

   4. ....

   5. ....

Tema III: El sustantivo

Nuez-8: Complementos del sustantivo

Cleopatra es el centro de todo lo que ocurre en la película del mismo nombre. Lo mismo pasa con el sustantivo en un **sintagma** nominal.

En el sintagma nominal, como Elizabeth Taylor en la película, el sustantivo puede aparecer solo o acompañado de otros elementos. Pero, ¿quiénes pueden ser los Richard Burton y los Rex Harrison del sustantivo?

Fíjate en el sustantivo *actriz* y en los elementos subrayados:

1. *Esta* **actriz** *inolvidable* nació en 1932.

2. Fue *una* **actriz** *que ganó tres Premios Óscar*.

3. *La* **actriz** *de origen británico* desarrolló su carrera en Estados Unidos.

Como ves, cuando el sustantivo es el núcleo de un sintagma nominal podemos encontrar la siguiente estructura:

Actualizador + **Sustantivo** + Modificador

a) ¿Qué **clase de palabra** desempeña el papel de **actualizador**?

....

b) ¿Qué función tiene el actualizador?

....

c) ¿Qué estructura presenta el **modificador** en cada una de las oraciones anteriores?

....

d) ¿Cuál es la función del modificador en un sintagma nominal?

....

Por la manera como pueden completar el significado del sustantivo, los modificadores pueden ser especificativos o explicativos:

Modificadores especificativos	Modificadores explicativos
Esta **actriz** <u>inolvidable</u> nació en 1932.	Esta <u>inolvidable</u> **actriz** nació en 1932.
Fue una **actriz** <u>que ganó tres Óscar</u>.	Esta **actriz**, <u>que ganó tres Óscar</u>, murió en 2011. Esta **actriz**, <u>ganadora de tres Óscar</u>, murió en 2011.
La **actriz** <u>de origen británico</u> desarrolló su carrera en Estados Unidos.	La **actriz**, <u>de origen británico</u>, desarrolló su carrera en Estados Unidos.

e) El modificador especificativo, ¿con qué tipo de información completa siempre el significado del sustantivo?

....

f) ¿Y el modificador explicativo? ¿Qué tipo de información aporta al sustantivo?

....

g) ¿Qué recursos podemos utilizar en la oración para indicar que un modificador es explicativo?

....

Al igual que Liz Taylor, el sustantivo no es la única palabra que puede tener el papel principal. También los pronombres y el infinitivo pueden ser los protagonistas en un sintagma nominal, aunque con más limitaciones respecto al actualizador y el modificador:

1. ***Tú**, que también eres actor, conocerás muy bien las películas clásicas.*

2. ***Aquella** de la que te hablé está ya en formato DVD.*

TEMA III: EL SUSTANTIVO

3. ¿*Quién* de todos los actores es tu favorito?

4. El *recordar* películas clásicas es muy nostálgico.

h) A partir de los ejemplos anteriores, ¿de qué núcleo (o núcleos) hablamos en cada caso? ¿Pronombre personal, pronombre demostrativo, pronombre interrogativo o infinitivo?

1. Nunca admite actualizador	
2. Solo admite un actualizador masculino singular	
3. Permite un modificador con estructura oracional	
4. Puede tener un modificador introducido por preposición	

Ejercicios de apoyo:

1) Añade un actualizador (artículo o determinativo) en los casos que sea necesario:

Aprendí a leer a …… cinco años, en …… clase del hermano Justiniano, en …… Colegio de la Salle, en Cochabamba (Bolivia). Es …… cosa más importante que me ha pasado en …… vida. Casi setenta años después recuerdo con …… nitidez cómo esa magia, traducir …… palabras de …… libros en imágenes, enriqueció …… vida, rompiendo …… barreras del tiempo y del espacio y permitiéndome viajar con …… capitán Nemo veinte mil leguas de viaje submarino, luchar junto a d'Artagnan, Athos, Portos y Aramís contra …… intrigas que amenazan a …… Reina en los tiempos del sinuoso Richelieu, o arrastrarme por …… entrañas de París, convertido en …… Jean Valjean, con …… cuerpo inerte de Marius a cuestas[7].

---

7   Comienzo del discurso Nobel de Vargas Llosa (07.12.2010).
    http://nobelprize.org/nobel_prizes/literature/laureates/2010/vargas_llosa-lecture_sp.pdf

NUEZ-8: COMPLEMENTOS DEL SUSTANTIVO

2) Con ayuda del ejercicio anterior, completa las siguientes observaciones sobre el uso del actualizador:

	Verdadero	Falso
Con nombres propios, el actualizador solo se utiliza cuando el nombre propio va acompañado de un modificador.		
Con nombres comunes, el actualizador es siempre obligatorio.		
El actualizador es siempre obligatorio cuando el nombre común aparece con un modificador.		
Con un determinativo demostrativo tenemos que utilizar siempre un artículo.		
Los nombres comunes que denotan cargos nunca llevan actualizador.		
Los nombres comunes siempre llevan actualizador cuando aparecen introducidos por una preposición.		

3) Completa las oraciones con el adjetivo entre paréntesis y colocándolo en una de las posiciones propuestas:

1. El .... ganado .... ha sufrido varias enfermedades. (vacuno)

2. Estas .... placas .... son muy efectivas. (solar)

3. Hay mucha .... gente .... en ese lugar. (rubio)

4. Su .... amiga .... no pudo asistir. (único)

5. Los .... precios .... de ese país son una desventaja. (elevado)

6. Su .... decisión .... fue un golpe para todos. (lamentable)

7. Nos bajamos en la .... estación .... (próximo)

8. Todos los .... estudiantes .... acudieron a la ceremonia. (simpático)

9. Ya han realizado varias .... acciones............ (policial)

4) A partir del significado, los adjetivos pueden clasificarse en calificativos (si denotan una cualidad o propiedad del sustantivo), relacionales (si derivan de sustantivos mediante un sufijo y vinculan al sustantivo con algo externo a su propia naturaleza) y adverbiales (si ubican temporal o modalmente al sustantivo).

TEMA III: EL SUSTANTIVO

Clasifica los adjetivos que hemos utilizado en el ejercicio 3:

Adjetivos		
Calificativos	Relacionales	Adverbiales

5) Existe una relación entre el tipo de adjetivo (calificativo, relacional o adverbial) y su posición respecto al sustantivo (antepuesto o pospuesto).

Completa los siguientes esquemas con ayuda de los ejercicios 3 y 4:

> Sustantivo + Adjetivos .... / Adjetivos ....
>
> Adjetivos .... / Adjetivos .... + Sustantivo

a. ¿Qué tipo de adjetivos pueden aparecer pospuestos o antepuestos según sean modificadores especificativos o explicativos?

....

b. Los otros dos tipos de adjetivos, ¿qué tipo de modificador son normalmente?

....

6) Escribe oraciones con el sustantivo y el tipo de adjetivo propuestos. Intenta emplear adjetivos que no se hayan utilizado ya en ejercicios anteriores.

1. (Adjetivo adverbial + *decisión*)

....

2. (Adjetivo adverbial + *autor de los hechos*)

....

3. (Adjetivo calificativo + *coches de carreras*)

....

NUEZ-8: COMPLEMENTOS DEL SUSTANTIVO

4. (*chicos* + adjetivo relacional)

   ....

5. (*conferencia* + adjetivo relacional)

   ....

6. (*coches de carreras* + adjetivo calificativo)

   ....

7) Añade a los sustantivos subrayados un modificador con una de las siguientes estructuras: preposición + Sintagma nominal o proposición adjetiva:

1. *He devuelto los libros*..............................

2. *¿Me prestas el móvil*..............................?

3. *Tus amigos* .... *no pudieron venir a la cena.*

4. *El ordenador* .... *ha dejado de funcionar.*

5. *Solo me gustan los pasteles*..............................

6. *Esta taza* .... *me la regaló mi hermano.*

a. ¿Por qué los modificadores con la estructura preposición + Sintagma nominal son especificativos?

   ....

b. ¿Cómo pueden ser los modificadores que tiene una proposición adjetiva como estructura?

   ....

TEMA III: EL SUSTANTIVO

Nuez-9: Derivación y composición

Seguro que conoces la popular canción mexicana *Cielito lindo*. Aquí tienes el famoso estribillo para que cantes a plena voz como un auténtico mariachi:

¡Ay! ¡ay! ¡ay! ¡ay!, ¡canta y no llores!
Porque cantando se alegran,
cielito lindo, los corazones.

Si ya has terminado de cantar o no quieres que empiece a llover, podemos fijarnos en el sustantivo *cielito*. Esta palabra es una **palabra derivada** porque se ha formado añadiendo un **sufijo** a una palabra base.

a) Completa el siguiente esquema:

...................+...................=........*cielito*..........
Palabra base   Sufijo apreciativo   Palabra derivada

b) El resultado que hemos obtenido, *cielito*, es un diminutivo. Pero, ¿expresa este diminutivo únicamente tamaño?

....

Mientras que el sufijo en *cielito* es apreciativo, otros sufijos (por ejemplo, *-teca*) son siempre formativos porque sirven para crear una nueva palabra:

c) Completa el nuevo esquema:

...................+.......*-teca*..........=...................
Palabra base   Sufijo formativo   Palabra derivada

d) En otros casos, la palabra derivada no se crea con ayuda de un sufijo. ¿Qué estructura sigue, por ejemplo, el sustantivo *superhombre*?

...................+...................=........*superhombre*..........
         Palabra base   Palabra derivada

52

Otro recurso para crear palabras con un significado nuevo es la **composición**:

Rompecorazones	Caja fuerte
Aguafiestas	Hombre rana

e) ¿De qué dos maneras pueden crearse palabras compuestas?
- ....
- ....

Ejercicios de apoyo[8]:

1) A continuación, te ofrecemos los **sufijos** formativos más frecuentes agrupados según la **clase de palabra** a la que pertenece la palabra derivada y con el significado que aportan en cada caso.

Busca una palabra base que pueda combinarse con los sufijos propuestos y escribe en la tabla la palabra derivada correspondiente:

	Sufijos formativos		
	Sufijo	**Significado**	**Palabra derivada**
Sustantivos	-ado, -aje, -al, -ar, -edo/-a	Conjunto o colectividad	
	-ada, -aje, -ción, -mento/-miento	Acción	
	-ura, -dura, -tura	Acción y efecto	
	-dad, -ez/-a, -ía, -ismo, -ncia	Cualidad	
	-ero, -ería, -teca, -dor	Lugar	
	-ero/a, -ista	Profesión o cargo	
	-dor/a, -nte, -or	Agente	
	-ismo	Doctrina o movimiento	

---

8 Julián Cosmes-Cuesta ha aportado material para la elaboración de estos ejercicios.

TEMA III: EL SUSTANTIVO

Adjetivos	-ano/a, -eno/a, -í, -ol/-a	Origen y procedencia	
	-al, -ario/-a, -ero/-a, -ico/-a	Relativo a	
	-ista	Partidario de	
	-ario/-a, -ble, -iento/-a, -oso/-a	Cualidad	
	-dor/-a, -nte,	Agente	
	-izo/-a, -dizo/-a	Que tiende a	
Verbos	-ear	Acción reiterada	
	-ecer	Valor incoativo	
	-ar, -ificar, -izar	Hacer + base	
Adverbios	-mente	Modo	

2) Con ayuda de un sufijo, crea el adjetivo correspondiente para estos sustantivos:

1. *Gobierno* > ....

2. *Artificio* > ....

3. *Política* > ....

4. *España* > ....

5. *Religión* > ....

6. *Educación* > ....

7. *Música* > ....

8. *Volcán* > ....

9. *Sangre* > ....

10. *Reflexión* > ....

NUEZ-9: DERIVACIÓN Y COMPOSICIÓN

3) Como hemos visto en la nuez-8, los adjetivos del ejercicio anterior se llaman relacionales y siempre aparecen pospuestos al sustantivo.

Escribe cuatro oraciones utilizando distintos adjetivos del ejercicio anterior que sean modificador de un sustantivo:

1. ....

2. ....

3. ....

4. ....

4) Ahora, te presentamos los sufijos apreciativos más usuales.
   Busca una palabra base que pueda combinarse con los sufijos propuestos y escribe en la tabla la palabra derivada correspondiente:

Sufijos apreciativos	-azo/a, -ón/a, -ote/a	Aumentativo (aportan valores de aumento, rechazo, desprecio o cariño)	
	-ito/a, -illo/a, -ete/a	Diminutivo (aportan valores de reducción, cariño, emoción…)	
	-ico/a, -ín/a	Formas dialectales del diminutivo	
	-ucho/a, -ajo/a, -ejo/a	Despectivo (desprecio y, a veces, afecto)	
	-ísimo/a, -érrimo/a	Superlativo (expresa el grado más alto de una escala)	

5) Identifica los **prefijos** correspondientes a partir de las palabras derivadas propuestas:

Prefijo	Significado	Palabras derivadas
	Temporal	*prenatal, anteayer, exnovia, posguerra*
	Relacionado con localización	*inmigrante, expatriar, extraoficial, interurbano, intravenoso, prólogo, retrovisor, subterráneo, superponer, infrahumano*
	Oposición o negación	*apolítico, ilegal, antinuclear, desnatado, disculpa*
	Relacionado con cantidad o tamaño	*bisabuelo, hipertenso, hipotenso, triángulo*
	Repetición	*rehacer, remover*
	Que cumple con la función de…	*vicepresidente, vizconde, virrey*
	Intensificador	*archiconocido, extraplano, hipermercado, reguapa, requeteguapa, superguapa*

6) Identificar una palabra como derivada puede ayudarnos a entender su significado, aunque sea la primera vez que la escuchamos (por ejemplo, porque sean términos propios de una determinada zona geográfica).

Presta atención a la palabra base y al sufijo de las siguientes palabras derivadas y escribe una definición o un sinónimo.

Definición o sinónimo	Palabras derivadas
Persona que lleva las bebidas a las mesas en un bar o restaurante. Camarero	Mesero (Chile, México)
	Cacaotal (América Central)
	Fontanero (España)
	Entretención (Chile)
	Noviar (Puerto Rico)
	Botador (Ecuador, Puerto Rico)
	Conversón (Ecuador, Colombia)
	Enterradero (Argentina)
	Pulpería (América)
	Molestoso (América)
	Ahorititica (América Central)
	Juerguero (Nicaragua)
	Boletería (América)

7) La **composición** es el recurso que permite crear palabras nuevas combinando palabras que pueden funcionar de manera aislada e independiente. Los términos creados mediante este procedimiento reciben el nombre de palabras compuestas.

NUEZ-9: DERIVACIÓN Y COMPOSICIÓN

Sigue el ejemplo y analiza las siguientes palabras compuestas. Cuando se trate de un sustantivo o un adjetivo, escribe su plural:

Ejemplo: *cumpleaños*: cumple (verbo) + años (sustantivo). Sustantivo singular/plural

1. *aguardiente*: ....
2. *bocabajo*: ....
3. *bocarriba*: ....
4. *caja fuerte*: ....
5. *canción protesta*: ....
6. *casa flotante*: ....
7. *contraventana*: ....
8. *cubrecama*: ....
9. *cuentagotas*: ....
10. *malcasada*: ....
11. *pinchadiscos*: ....
12. *piso piloto*: ....
13. *rompehielos*: ....
14. *sacacorchos*: ....
15. *sobrenatural*: ....
16. *terrateniente*: ....
17. *todopoderoso*: ....
18. *vaivén*: ....

Nuez-10: Préstamos lingüísticos

No existe lengua alguna que tenga un vocabulario tan extenso y completo que pueda cubrir todas las necesidades expresivas de sus hablantes.

Si la lengua fuese una persona y, por ejemplo, necesitara un préstamo económico, podría recurrir a la familia, a un amigo o a un banco. Pero, ¿a dónde recurre una lengua cuando necesita una nueva palabra, es decir, cuando necesita un **préstamo lingüístico**?

Lo más fácil, como seguro que ya has pensado, es acudir a otra lengua y tomar prestada la palabra. Cuando esto ocurre, estos préstamos lingüísticos reciben el nombre de préstamos léxicos.

a) Lee el siguiente **texto** y subraya los préstamos léxicos:

> *Los yuppies son gente muy fashion y unos frikis del trabajo. Siempre con un blazer de última moda, un scooter de diseño, una babysitter en casa y mucho estrés. Nunca pierden un vuelo por overbooking o un file en el trabajo. Todo les sale bien porque siempre tienen un back-up.*

b) ¿Qué préstamos léxicos podrías sustituir por las siguientes palabras?

Jóvenes ejecutivos > ....

Modernos > ....

Fanáticos > ....

Ciclomotor > ....

Niñera > ....

Sobreventa > ....

Archivo > ....

Plan alternativo > ....

c) ¿Crees que todos los préstamos léxicos que se emplean en español son siempre necesarios?

....

d) ¿Qué préstamos léxicos debemos evitar en español?

....

Ejercicios de apoyo:

1) Existen muchos préstamos léxicos que están tan adaptados en su uso y en su morfología al español que puede costar trabajo identificarlos como préstamos lingüísticos.

Con ayuda de un diccionario, señala la lengua de origen de los sustantivos que te proponemos y completa la tabla escribiendo su plural:

Lengua de origen	Singular	Plural
	líder	
	sándwich	
	penalti	
	hippie	
	turista	
	túnel	
	cruasán	
	chalé	
	jardín	
	jamón	
	peluca	
	etiqueta	

TEMA III: EL SUSTANTIVO

	espaguetis	
	novela	
	concierto	
	soprano	
	fiordo	
	esquí	
	tatuaje	
	brindis	
	espía	

2) Entre los préstamos léxicos adaptados más numerosos en español, encontramos los procedentes del árabe y de lenguas autóctonas de América.

a. Completa los campos semánticos propuestos con ejemplos de préstamos léxicos del árabe:

Préstamos léxicos del árabe					
Plantas y frutos	Agricultura	Oficios	Casa y ciudad	Matemáticas

b. Con ayuda del diccionario, identifica el origen de los siguientes préstamos. Añade a la tabla otros ejemplos que conozcas.

aguacate, ají, alpaca, ananás, batata, cacao, cacique, cancha, canoa, caoba, chicle, chocolate, guateque, jaguar, loro, maíz, mate, pampa, piragua, puma, tiburón, tomate

Préstamos léxicos de lenguas americanas				
Araucano	Náhuatl	Quechua	Tupí guaraní	Zona del Caribe

Archivo > ....

Plan alternativo > ....

c) ¿Crees que todos los préstamos léxicos que se emplean en español son siempre necesarios?

....

d) ¿Qué préstamos léxicos debemos evitar en español?

....

Ejercicios de apoyo:

1) Existen muchos préstamos léxicos que están tan adaptados en su uso y en su morfología al español que puede costar trabajo identificarlos como préstamos lingüísticos.

Con ayuda de un diccionario, señala la lengua de origen de los sustantivos que te proponemos y completa la tabla escribiendo su plural:

Lengua de origen	Singular	Plural
	líder	
	sándwich	
	penalti	
	hippie	
	turista	
	túnel	
	cruasán	
	chalé	
	jardín	
	jamón	
	peluca	
	etiqueta	

TEMA III: EL SUSTANTIVO

	espaguetis	
	novela	
	concierto	
	soprano	
	fiordo	
	esquí	
	tatuaje	
	brindis	
	espía	

2) Entre los préstamos léxicos adaptados más numerosos en español, encontramos los procedentes del árabe y de lenguas autóctonas de América.

    a. Completa los campos semánticos propuestos con ejemplos de préstamos léxicos del árabe:

Préstamos léxicos del árabe				
Plantas y frutos	Agricultura	Oficios	Casa y ciudad	Matemáticas

    b. Con ayuda del diccionario, identifica el origen de los siguientes préstamos. Añade a la tabla otros ejemplos que conozcas.

    aguacate, ají, alpaca, ananás, batata, cacao, cacique, cancha, canoa, caoba, chicle, chocolate, guateque, jaguar, loro, maíz, mate, pampa, piragua, puma, tiburón, tomate

Préstamos léxicos de lenguas americanas				
Araucano	Náhuatl	Quechua	Tupí guaraní	Zona del Caribe

NUEZ-10: PRÉSTAMOS LINGÜÍSTICOS

3) Otros préstamos léxicos, generalmente los de reciente incorporación, están aún poco adaptados al español. Estos préstamos reciben el nombre de extranjerismos porque están tomados en su forma original y no han sufrido ningún tipo de modificación o unas modificaciones muy ligeras.

Como hemos visto en esta nuez, algunos de estos extranjerismos son innecesarios porque no aportan nada nuevo (ya existe una palabra en español con el mismo significado). Completa la tabla con más ejemplos de extranjerismos:

Extranjerismos	
Necesarios	**Innecesarios**
Déjà-vu	Babysitter (niñera)

4) Estrechamente relacionados con los préstamos léxicos están los cultismos. Los cultismos son palabras tomadas del latín o del griego que se incorporaron al español sin apenas adaptaciones.

Señala el origen de los siguientes cultismos:

Latín	Cultismo	Griego
	amnistía	X
	análisis	
	antídoto	
	circunloquio	
	exclamación	
	idioma	
	observar	
	paréntesis	
	quimera	
	residuo	

5) Con frecuencia, los cultismos coinciden etimológicamente con palabras patrimoniales (es decir, palabras que han seguido la evolución fonética esperada desde el latín a nuestros días).
Completa los ejemplos de la tabla:

Palabra latina	Palabra patrimonial	Cultismo
rapidum	raudo	rápido
animam		
sextam		
frigidum		
cathedram		
clavem		

6) A veces, el préstamo lingüístico es solamente semántico. En estos casos, una palabra determinada sufre una extensión semántica, es decir, toma prestado el significado que una palabra paralela tiene en otra lengua. El resultado es un calco semántico.

Escribe las dos definiciones para las siguientes palabras (entre paréntesis aparece el término original del que se ha tomado prestado el nuevo significado):

	Significado original	Extensión semántica (calco semántico)
ratón (mouse)	Pequeño mamífero roedor.	Pequeño aparato conectado al ordenador para mover el cursor.
canal (channel)		
archivo (file)		
cumbre (summit)		
estrella (star)		
duro (tough/hard)		
herramientas (tools)		
bitácora (weblog)		

7) También por influencia de otra lengua, pueden producirse calcos léxicos, es decir, la traducción directa de palabras de otra lengua. En este caso, se crea una nueva palabra y se evita incorporar un préstamo léxico.

¿Cuál es el calco léxico en español de las siguientes palabras?

Palabra original	Calco léxico en español
1. Happy hour	Hora feliz
2. Week-end	
3. Serial killer	
4. Kindergarten	
5. Science-fiction	
6. Football	
7. Basketball	
8. Count-down	
9. Sky-scraper	
10. Selfservice	
11. Mountain bike	
12. Greenhouse effect	
13. Data base	
14. Fast food	
15. Welfare state	

a. ¿Eres capaz de completar la tabla con más ejemplos?

Tema IV: Pronombres y determinativos

Nuez-11: Los pronombres personales átonos y su posición en la oración

Los pronombres personales átonos pueden aparecer en oraciones cuyo verbo exige un **complemento directo**, un **complemento indirecto** o ambos complementos:

La escuché.
Le di un beso.
Se lo regalé.

Sin embargo, todos los pronombres átonos necesitan un referente para adquirir un contenido semántico:

1. *Todavía no **lo** he leído.*
2. ***Les** gusta el fútbol.*

a) ¿Cuál es el referente del pronombre *lo* en la oración 1?

....

b) ¿Cuál es el referente del pronombre *les* en la oración 2?

....

En ocasiones, el pronombre átono y su referente pueden aparecer en la misma oración:
*Ese libro **lo** he leído ya.*
*A mí también **me** gusta el fútbol.*

NUEZ-11: LOS PRONOMBRES PERSONALES ÁTONOS Y SU POSICIÓN EN LA ORACIÓN

c) Subraya el referente en las dos oraciones anteriores.

Pero, ¿qué posición ocupan los pronombres personales átonos en la oración? A continuación te damos la respuesta, pero para que esta explicación esté completa tienes que escribir los ejemplos correspondientes.

1) Cuando el referente no aparece en la oración:

   a. antepuestos al verbo:

Ha traído el pan > ....

He entregado el libro a María > ....

   b. pospuestos al verbo y formando una sola palabra, cuando el verbo es un imperativo morfológico:

Come el brócoli > ....

¡Presta los cómics a tu hermana! > ....

   c. antepuestos al verbo o pospuestos al verbo y formando una sola palabra:
- en perífrasis de infinitivo o gerundio:

¿Puedes abrir la ventana? > .... o ....

Debes hacer estos ejercicios .... o ....

Acabó diciendo la verdad > .... o ....

Estoy estudiando japonés > .... o ....

- con *saber* + infinitivo o *querer* + infinitivo:

Quiero escuchar lo que pasó > .... o ....

¿Sabes preparar una tortilla? > .... o ....

TEMA IV: PRONOMBRES Y DETERMINATIVOS

2) Cuando el referente aparece en la oración:

    a. siempre antepuestos al verbo y obligatorios cuando el referente está antepuesto al verbo:

*A María vi en la estación > ....

*Este libro he leído ya > ....

*A Juan regalé una bufanda > ....

*A mí gusta el helado de fresa > ....

    b. cuando el referente es un complemento indirecto que aparece pospuesto al verbo:
- antepuestos al verbo y obligatorios si el referente es *a + mí, ti,* él...

*Han pedido a ella que lo diga > ....

- antepuestos al verbo y optativos cuando el complemento indirecto es un sintagma nominal, o formando una sola palabra con el verbo en imperativo:

He entregado el libro a María o ....

Presta los cómics a tu hermana o ....

Ejercicios de apoyo[9]:

1) Has hecho limpieza en tu casa y han aparecido muchas cosas, algunas interesantes y otras no tanto.

    Utiliza *ir a* + infinitivo o *pensar + hacer* para realizar preguntas. Después, responde utilizando los pronombres átonos correspondientes. Los siguientes verbos pueden ayudarte en tu respuesta: *tirar/botar, vender, regalar, guardar...* aunque también puedes utilizar otros muchos verbos.

---

9 Julián Cosmes-Cuesta ha aportado material para la elaboración de estos ejercicios.

NUEZ-11: LOS PRONOMBRES PERSONALES ÁTONOS Y SU POSICIÓN EN LA ORACIÓN

	Preguntas	Respuestas
	¿Qué vas a hacer con los libros viejos? ¿Qué piensas hacer con los libros viejos?	Voy a regalárselos a mi hermano. Los voy a guardar.

TEMA IV: PRONOMBRES Y DETERMINATIVOS

2) Coloca el pronombre o los pronombres personales que sean necesarios:

Ejemplo:
Él ha dado los libros a nosotras.
Los libros nos los ha dado a nosotras.
A nosotras (él) nos ha dado los libros.

1. *He visto a Ana en la biblioteca.*

   A Ana .... he visto en la biblioteca.

2. *Sus padres han comprado este apartamento.*

   Este apartamento .... han comprado sus padres.

3. *Ha vendido el barco a sus vecinos.*

   El barco .... ha vendido a sus vecinos.

   A sus vecinos .... ha vendido el barco.

   .... ha vendido el barco a sus vecinos.

4. *Terminaron el trabajo la semana pasada.*

   El trabajo .... terminaron la semana pasada.

5. *Conocimos a tus hermanas el sábado pasado en una fiesta.*

   A tus hermanas .... conocimos el sábado pasado en una fiesta.

6. *A Carmen le gustó mucho esta película.*

   Esta película .... gustó mucho a Carmen.

7. *Yo te devolví el dinero ayer.*

   El dinero .... devolví ayer.

8. Carlos y Alberto nos han recomendado este restaurante.

   Este restaurante .... han recomendado Carlos y Alberto.

   A nosotros .... han recomendado este restaurante Carlos y Alberto.

   Este restaurante .... han recomendado Carlos y Alberto.

9. Edvard Munch pintó estos cuadros en 1893.

   Estos cuadros .... pintó Edvard Munch en 1893.

10. *Dio estos libros a vosotros.

    .... dio estos libros a vosotros.

    A vosotros .... dio estos libros.

    Estos libros .... dio a vosotros.

11. *Yo he comprado estas entradas a ti.

    Yo .... he comprado estas entradas a ti.

    Estas entradas .... he comprado yo.

    A ti .... he comprado yo estas entradas.

    Estas entradas .... he comprado yo.

TEMA IV: PRONOMBRES Y DETERMINATIVOS

3) Piensa en un referente para los pronombres marcados en negrita y escribe la nueva oración:

Ejemplo:
Le gusta mucho jugar al fútbol.
A mi amigo Tore le gusta mucho jugar al fútbol.

1. ¿Te **lo** doy ya?

   ....

2. **Se lo** dijeron ayer.

   ....

3. **Le** sorprendió lo que le contaron.

   ....

4. ¿No **lo** has traído?

   ....

5. Regása**selo**.

   ....

6. ¿**Lo** quieres saber?

   ....

7. Juan estaba leyéndo**lo** ayer.

   ....

8. Le han dicho a **ella** que no vuelva a llamar.

   ....

NUEZ-11: LOS PRONOMBRES PERSONALES ÁTONOS Y SU POSICIÓN EN LA ORACIÓN

4) Elabora un diálogo entre dos personas (A y B) siguiendo el modelo propuesto. Elige entre las diferentes posibilidades que ofrece este ejemplo:

Ejemplo: *tomarse las pastillas, tú*
A: *¿Te has tomado las pastillas?*
B: *No, no me las he tomado.*
A: *Pues, tendrías que tomártelas porque...*
...te las tendrías que tomar / deberías tomártelas / te las deberías tomar.
Pues, tómatelas ahora mismo.

1. comprar el regalo a tu amiga Line, tú

    A: ....

    B: ....

    A: ....

2. decir a Line que no vais a ir el sábado al cine, vosotros

    A: ....

    B: ....

    A: ....

3. cortarse el pelo, tú

    A: ....

    B: ....

    A: ....

4. terminar de escribir el informe, vosotros

    A: ....

    B: ....

    A: ....

TEMA IV: PRONOMBRES Y DETERMINATIVOS

5. leerse el libro, tú

   A: ....

   B: ....

   A: ....

6. recomendar esta película a Carmen, vosotros

   A: ....

   B: ....

   A: ....

7. reservar una habitación para Ole, tú

   A: ....

   B: ....

   A: ....

Nuez-12: Leísmo, laísmo y loísmo

La relación gramatical entre el pronombre personal átono de tercera persona y su referente puede presentar algunas dificultades:

		Referente	Pronombre personal átono	
			C. directo	C. indirecto
Persona	Masculino	*Juan* / *Juan y Miguel*	*Lo* / *Los*	*Le* / *Les*
Persona	Femenino	*María* / *María y Pepa*	*La* / *Las*	*Le* / *Les*
Cosa	Masculino	*Partido* / *Partidos*	*Lo* / *Los*	*Le* / *Les*
Cosa	Femenino	*Canción* / *Canciones*	*La* / *Las*	*Le* / *Les*

Como puedes ver en la tabla anterior, no existe una correspondencia exacta entre las características gramaticales del referente (persona/cosa y masculino/femenino) y la formas que integran la serie de pronombres personales átonos. Es decir, una misma forma pronominal puede identificarse con referentes con diferentes características gramaticales.

La consecuencia es que ejemplos como los siguientes pueden tener una interpretación ambigua:

Lo vi ayer.	*La* escuché ayer.
Los vi ayer.	*Las* escuché ayer.

a) A partir de los referentes que hemos utilizado en la tabla, ¿cuál puede ser el referente de *lo* y *los* en las oraciones anteriores?

....

b) ¿Y de *la* y *las*?

....

c) ¿Qué problema presentan los pronombres personales átonos que funcionan como complemento directo?

....

TEMA IV: PRONOMBRES Y DETERMINATIVOS

Algo parecido ocurre con los pronombres personales átonos de complemento indirecto:

Le di una patada.
Les di una patada.

d) ¿Cuál puede ser el referente de *le* y *les* en las oraciones anteriores?

....

e) ¿Qué problema presentan los pronombres personales átonos que funcionan como complemento indirecto?

....

Este tipo de confusiones entre los pronombres personales átonos y su referente son el origen de tres fenómenos gramaticales: el **leísmo**, el **laísmo** y el **loísmo**.

Presta ahora atención a las siguientes fotografías:

f) *El vino **le** llevo yo*, ¿qué se ha intentado hacer con el uso de *le* en esta oración?

....

g) ¿Qué nombre recibe este fenómeno?

....

h) *Di**la** que ya has llegado*, ¿qué características gramaticales tiene *la*?

....

i) ¿Qué nombre recibe este fenómeno?

....

j) Si en este cartel, el pronombre tuviera como referente una persona masculina y el que escribe fuera loísta, ¿qué oración tendríamos?

....

Ejercicios de apoyo[10]:

1) Indica si el uso del pronombre en las siguientes oraciones es correcto o incorrecto. En el caso de ser incorrecto, señala si se trata de leísmo, laísmo o loísmo.

	Uso de los pronombres átonos	
	Correcto	Incorrecto
1. A Carlos **le** vi con Ana en el comedor de la universidad.	X	
2. A Carlos **lo** vi con Ana en el comedor de la universidad.		
3. A tus hermanos **les** vi ayer.		
4. A tus hermanos **los** vi ayer.		
5. **Le** di el libro a Carlos.		
6. **Lo** di el libro a Carlos.		
7. **La** di el libro a Ana.		
8. Quisiera agradecer**les** a ustedes su amabilidad.		
9. **Le** di el libro a Ana.		
10. El libro **lo** olvidé en casa.		
11. El libro **le** olvidé en casa.		
12. ¿Quién **la** regaló flores a Ana?		
13. ¿Quién **le** regaló flores a Ana?		
14. A Carmen **la** llaman por teléfono.		
15. A Carmen **le** llaman por teléfono.		
16. A María **la** duele la cabeza.		
17. A Carlos **lo** regalaron un disco.		
18. **La** dije a Ana que no iba a ir a la reunión del jueves.		
19. **Le** dije a Ana que no iba a ir a la reunión del jueves.		
20. ¿Necesita usted ayuda? Yo puedo ayudar**le**.		
21. A tu madre **le** ayudé con las bolsas de la compra.		
22. **Les** daré las llaves cuando lleguen.		
23. En cuanto llamó, **la** pedí perdón.		
24. ¿**Le** echas una mano?		
25. **Le** llamaré esta noche.		

---

10 Julián Cosmes-Cuesta ha aportado material para la elaboración de estos ejercicios.

TEMA IV: PRONOMBRES Y DETERMINATIVOS

2) Con ayuda de los ejemplos del ejercicio anterior, completa los huecos de las dos tablas con la forma correcta de los pronombres personales átonos de tercera persona.

Pronombres personales átonos de 3ª persona						
En función de complemento directo						
Referente	Persona		Cosa		2ª persona (forma de cortesía)	
	Masculino	Femenino	Masculino	Femenino	Masculino	Femenino
Singular						
Plural						

Pronombres personales átonos de 3ª persona				
En función de complemento indirecto				
Referente	Persona y cosa		2ª persona (forma de cortesía)	
	Masculino	Femenino	Masculino	Femenino
Singular				
Plural				

3) Utiliza un ejemplo del ejercicio 1 y otro de tu creación y completa la siguiente información sobre el leísmo, el laísmo y el loísmo:

Leísmo aceptado:

    a. uso de *le* (complemento directo de persona masculino) en lugar de *lo*:

        • ....

        • ....

    b. uso de cortesía de *le/les* (complemento directo de persona) en lugar de *te/os* (leísmo de cortesía):

        • ....

        • ....

NUEZ-12: LEÍSMO, LAÍSMO Y LOÍSMO

Leísmo no aceptado, aunque de uso frecuente: uso de *les* (complemento directo de persona masculino) en lugar de *los*:

- *..
- *..

Leísmo no aceptado:

a. a) uso de *le* (complemento directo de persona femenino) en lugar de *la*:

- *..
- *..

b. b) uso de *le* (complemento directo de cosa) en lugar de *lo*:

- *..
- *..

Laísmo: empleo de *la, las* (complemento indirecto femenino) en lugar de *le, les*. **Uso no aceptado:**

- *..
- *..

Loísmo: empleo de *lo, los* (complemento indirecto masculino) en lugar de *le, les*. **Uso no aceptado:**

- *..
- *..

Nuez-13: Los indefinidos y la negación

Alguien, algo, alguno (algún), nadie, nada y *ninguno (ningún)* forman una serie. Y una serie bastante compleja: sin expresar su medida exacta (**1**), sirven para aludir a la existencia (**2**) o inexistencia (**3**) de una persona o cosa (**4**) y no realizan una única función sintáctica (**5**).

A partir de estos 5 puntos, podemos señalar las siguientes características para todos los integrantes de esta serie:

(1) son cuantificadores indefinidos;
(2) son cuantificadores indefinidos existenciales;
(3) son cuantificadores indefinidos existenciales positivos (*alguien, algo, alguno-algún*) o negativos (*nadie, nada, ninguno-ningún*);
(4) hay unas formas que solo hacen referencia a personas (*alguien, nadie*), otras que solo hacen referencia a cosas (*algo, nada*) y otras que pueden hacer referencia a persona o cosa según el contexto (*alguno-algún, ninguno-ningún*);
(5) unos son siempre pronombres (*alguien, nadie*), otros pueden ser pronombres o adverbios (*algo, nada*), otros solo son adjetivos (*algún, ningún*) y otros pueden ser pronombres o adjetivos (*alguno, ninguno*).

Pero, ¿qué ocurre con el empleo de los indefinidos en contextos de negación? En principio, en oraciones que niegan alguna realidad podemos emplear los cuatro indefinidos negativos (*nadie, nada, ninguno-ningún*). Hasta aquí ningún peligro:

> **Nunca** llamo por teléfono a **nadie** después de las diez.
> **No** quiero **nada**, gracias.
> **Tampoco** he escrito a **ninguno** de mis amigos.

Sin embargo, en algunos contextos de negación es posible la alternancia entre indefinidos negativos e indefinidos positivos sin que haya un cambio de significado en la oración. Y, a partir de aquí, empezamos a movernos en un terreno más escabroso donde conviene prestar atención a cada curva.

NUEZ-13: LOS INDEFINIDOS Y LA NEGACIÓN

Fíjate en los ejemplos, pon atención a las palabras marcadas en negrita o subrayadas y completa cada explicación:

1) *Debes estar en cama **sin** hacer esfuerzo **alguno***
   *Debes estar en cama **sin** hacer **ningún** <u>esfuerzo</u>.*

   a. *Alguno* puede alternar con *ningún* cuando aparece ....

2) ***Nunca** vengas **sin** enviar **algo** primero.*
   ***Nunca** vengas **sin** enviar **nada** primero.*

   ***Jamás** se va a dormir **sin** llamar a **alguien** antes.*
   ***Jamás** se va a dormir **sin** llamar a **nadie** antes.*

   a. *Algo* y *alguien* pueden alternar con *nada* y *nadie* cuando en la oración aparecen dos
   ....

3) *¿No tienes **algo** que decirme?*
   *¿No tienes **nada** que decirme?*

   *¿No conoces a **alguien** que pueda ayudarme?*
   *¿No conoces a **nadie** que pueda ayudarme?*

   a. *Algo* y *alguien* también pueden alternar con *nada* y *nadie* en oraciones interrogativas.............

4) *No <u>vayas a pedir</u> **algo**.*
   *No <u>vayas a pedir</u> **nada**.*

   *No <u>vayas a decirle</u> esto a **alguien**.*
   *No <u>vayas a decirle</u> esto a **nadie**.*

   *No te <u>vayas a meter</u> en lío **alguno**.*
   *No te <u>vayas a meter</u> en **algún** lío.*
   *No te <u>vayas a meter</u> en **ningún** lío.*

   a. *Algo*, *alguien* y *alguno* pueden alternar con *nada*, *nadie* y *ninguno* en oraciones imperativas negativas construidas con ....

TEMA IV: PRONOMBRES Y DETERMINATIVOS

Ejercicios de apoyo[11]:

1) Responde negativamente a las siguientes preguntas. Escribe varias posibilidades cuando sea posible:

Ejemplo:
¿Tienes algún libro en francés?
No, no tengo ninguno. / No, no tengo ningún libro en francés.

1. ¿Necesitas algo más?

   ....

2. ¿Quieres algo de comer?

   ....

3. ¿Tienes algún hermano menor que tú?

   ....

4. ¿Tienes algún disco de Juanes?

   ....

5. ¿Hay alguien que pueda ayudarme?

   ....

6. ¿Alguien te ha regalado alguna vez algo de mucho valor, un anillo de oro, por ejemplo?

   ....

7. ¿Has tenido alguna vez problemas con alguno de tus vecinos?

   ....

8. ¿Quieres hacer algo especial el próximo fin de semana?

   ....

---

11 Julián Cosmes-Cuesta ha aportado material para la elaboración de estos ejercicios.

9. ¿Hay algún médico aquí?

   ....

10. ¿Ha invitado usted alguna vez a sus vecinos a cenar?

    ....

11. ¿Comprendéis algo?

    ....

12. ¿Hay algún programa bueno esta noche en la televisión?

    ....

13. ¿Has hecho algo interesante últimamente?

    ....

14. ¿Llamó alguien mientras yo estaba fuera?

    ....

15. ¿Puedes prestarme algo de dinero hasta el viernes próximo?

    ....

16. ¿Estás enfermo/-a? ¿Te duele algo?

    ....

17. ¿Algún problema?

    ....

18. ¿Ningún problema?

    ....

TEMA IV: PRONOMBRES Y DETERMINATIVOS

2) Combina los indefinidos adecuados con los adverbios *siempre/nunca* y escribe una oración afirmativa y otra negativa a partir de las siguientes propuestas:

Ejemplo:
Recibir ayuda
Siempre recibo ayuda de alguien.
Nunca recibo ayuda de alguien / nadie.

1. Prestar libros

   ....

   ....

2. Comprar regalos

   ....

   ....

3. Llamar por teléfono

   ....

   ....

4. Escribir postales

   ....

   ....

5. Enviar felicitaciones

   ....

   ....

NUEZ-13: LOS INDEFINIDOS Y LA NEGACIÓN

6. Regalar flores

   ....

   ....

3) Completa las oraciones con el indefinido adecuado:

Ejemplo:
A: *¿Por qué no viniste a la reunión informativa?*
B: *Porque a mí nadie me dijo nada, ni siquiera Rosario.*

1. A: *¿Qué te dijo el médico?*
   B: *Que debo quedarme en casa sin hacer .... esfuerzo.*
      - *Que debo quedarme en casa sin hacer esfuerzo...............*

2. A: *Te lo digo a ti, pero no vayas a decírselo a .... /............... del trabajo.*
   B: *No te preocupes. No le diré .... a ....*

3. A: *¿Supongo que les habrás traído .... de tu viaje a Nicaragua?*
   B: *Pues no. La verdad es que no le he traído .... a .... No tuve tiempo de comprar ....*

4. *Ten muchísimo cuidado. ¡No vayas a romper .... /...............!*

5. A: *Karina, ¿no fuiste a la fiesta el viernes?*
   B: *No, estaba .... cansada y no me apetecía .... ir.*

6. A: *En el correo electrónico que mandaste escribiste .... muy importante que deberías habernos comunicado. ¿Sabes a qué me refiero, verdad?*
   B: *No estoy completamente seguro.*

7. A: *Te pasas el día en el sofá. ¿No tienes .... /............... mejor que hacer?*
   B: *Pues no, la verdad.*

8. *El refrán "............... es profeta es su tierra" existe en muchos idiomas.*

Nuez-14: Funciones de *lo*

En Noruega, *LO* es una organización sindical. En español, no es tan fácil decir lo que es *lo*. De este modo, una característica de ambos *lo* es que son capaces de causar más de un quebradero de cabeza.

En esta nuez solo te proponemos un análisis que te permita seguir reflexionando sobre *lo* en español.

Foto: http://www.lo.no/

1) Hay casos en los que *lo* no presenta demasiados problemas:

Lo vi en la estación.
Me lo dio ayer.

    a. ¿A qué **clase de palabra** pertenece *lo* en los ejemplos anteriores? (Consulta la nuez-11 si tienes alguna duda).

       ....

    b. ¿Cuál es siempre su función sintáctica?

       ....

    c. ¿Cuál es el contenido semántico de este *lo*?

       ....

2) Más dificultad presentan los siguientes casos:

Lo bueno es siempre caro / Los buenos son siempre caros.
Prefiero lo fácil / Prefiero las fáciles.

Si comparas estos dos ejemplos con los del punto anterior:

    a. ¿Pertenecen ahora *lo*, *los* y *las* a la misma clase de palabra que en la pregunta 1?

       ....

b. ¿Cuál es la función de *lo*, *los* y *las* en las estructuras subrayadas? (Consulta la nuez-6 si necesitas más ayuda).

....

c. ¿Para qué casos está reservado el empleo de la forma *lo*?

....

3) Existe otro caso parecido al anterior pero aún más complicado:

Te daré lo que quieras / Te daré las que quieras.
Lo que me pidas no es importante / El que me pidas no es importante.

a. El *lo* que ahora analizamos, ¿está más próximo al primer tipo de *lo* o al segundo? ¿Por qué?

....

b. ¿Cuál es entonces tu análisis para este tercer tipo de *lo*?

....

4) Finalmente, existe un *lo* enfatizador. Estas oraciones coinciden por su significado con una oración exclamativa introducida por *qué*:

Lo alto que se ha puesto tu hijo / ¡Qué alto está tu hijo!
Lo tarde que se ha hecho / ¡Qué tarde se ha hecho!

a. En este tipo de oraciones, ¿con qué clases de palabra es solo posible utilizar la forma *lo*?

....

b. ¿Qué ocurre con el artículo si queremos enfatizar un sustantivo? En este ejemplo puede ayudarte:
El coche que se ha comprado / ¡Qué coche se ha comprado!

....

TEMA IV: PRONOMBRES Y DETERMINATIVOS

Ejercicios de apoyo:

1) Completa las siguientes oraciones con el pronombre personal átono de complemento directo correspondiente:

Ejemplo:
Ayer vi a tus amigos. ¿Los has llamado ya?

1. *Juan estuvo en la fiesta y …… vi muy alegre y animado.*

2. *Si me acercas el vaso, te …… lleno de agua.*

3. *Aquí está el libro para que …… devuelvas a la biblioteca.*

4. *Mario es especial y, por eso, …… quiero mucho.*

5. *Tus amigos son muy simpáticos. Puedes invitar…… si quieres.*

6. *¡Mira tus manos! Lávate…… ahora mismo.*

7. *Él se acercó y yo …… miré fijamente a los ojos.*

8. *El bebé está inquieto. No …… dejes solo.*

2) En algunos casos, el pronombre *lo* de complemento directo puede alternar con la forma *le*:

   a. Señala estos casos en las oraciones del ejercicio 1 (consulta la nuez-12 para más detalles).

   b. ¿Cuándo es aceptada la alternancia *lo/le*?

   ....

   c. ¿Qué nombre recibe este fenómeno lingüístico?

   ....

3) Reescribe las siguientes oraciones convirtiendo los sintagmas adjetivos subrayados en sintagmas nominales por transposición, es decir, sustantivándolos:

Ejemplo:
Las canciones romànticas nunca pasan de moda. Las románticas nunca pasan de moda.

1. *Las películas americanas suelen ser entretenidas.* ....
2. *Tráeme el vaso roto.* ....
3. *Solo les apetecen los platos calientes.* ....
4. *Los árboles del jardín han crecido mucho.* ....
5. *La mesa de madera me ha gustado más.* ....
6. *Dame el libro de la estantería.* ....
7. *Preferimos los coches deportivos.* ....
8. *Los pantalones azules te quedan mejor.* ....

4) Identifica las proposiciones adjetivas en los siguientes ejemplos. Después, vuelve a escribir cada oración sustantivando la proposición mediante artículo + *que*:

Ejemplo:
Recuerdo a los amigos que conocí en el colegio. Recuerdo a los que conocí en el colegio.

1. *La tarjeta que te di ya no vale.*

   ....

2. *Ya me he comprado los pantalones que vi en esa tienda.*

   ....

3. *El niño que quiera puede llamar por teléfono.*

   ....

TEMA IV: PRONOMBRES Y DETERMINATIVOS

4. *El libro que estoy leyendo es muy entretenido.*

   ....

5. *Las cosas que te dijo no son tan importantes.*

   ....

6. *Mandaré un mensaje a los amigos que conozco mejor.*

   ....

7. *La película que me han prestado es conocida.*

   ....

8. *La chica que imaginas no me ha llamado aún.*

   ....

5) Fíjate en tus respuestas del ejercicio anterior e identifica los tres ejemplos en los que también podríamos utilizar una **proposición sustantiva** con *quien/quienes*. Escribe las nuevas oraciones:

Ejemplo:
Recuerdo a quienes conocí en el colegio.

1. ....

2. ....

3. ....

a. ¿En qué casos es solo posible la alternancia entre estos dos tipos de proposiciones?

   ....

NUEZ-14: FUNCIONES DE LO

6) Sustituye los sintagmas subrayados por la construcción *lo* + adjetivo o *lo* + proposición adjetiva:

Ejemplo:
No me gustaron las cosas que dijo.   No me gustó lo que dijo.

1. *Las cosas buenas son siempre caras.*

   ....

2. *El tema interesante está por llegar.*

   ....

3. *Preferimos las cosas sencillas y auténticas.*

   ....

4. *No te fíes de las cosas fáciles.*

   ....

5. *A Juan siempre se le ocurren las cosas más raras.*

   ....

6. *Me gusta el chocolate que tú sabes.*

   ....

7. *El cd que me regalaron me hizo mucha ilusión.*

   ....

8. *Déjame ver los zapatos que acabas de comprar.*

   ....

9. *¿Puedes repetirme la historia que te han contado?*

   ....

TEMA IV: PRONOMBRES Y DETERMINATIVOS

10. *El asunto que estamos tratando* es muy interesante.

   ....

   a. Si comparas los ejemplos del ejercicio con los que tú has escrito, ¿qué diferencia de significado hay cuando se emplea *lo* + adjetivo o *lo* + proposición adjetiva?

   ....

7) A partir de los pares propuestos, escribe una oración con el artículo enfatizador y una oración exclamativa con *qué*:

Ejemplo:
guapa / Teresa
¡Lo guapa que está/es Teresa! / ¡Qué guapa está/es Teresa!

1. *mala / esa película*

   .... / ....

2. *tranquilo / estar en la montaña*

   .... / ....

3. *pesada / esa bicicleta*

   .... / ....

4. *lenta / bici*

   .... / ....

5. *calor / hoy*

   .... / ....

6. *mala noche / hoy*

   .... / ....

NUEZ-14: FUNCIONES DE LO

7. *rápido / tu moto*

   .... / ....

8. *estudiosos / los estudiantes*

   .... / ....

9. *tranquilo / mi perro*

   .... / ....

10. *complicada / mi compañera de trabajo*

    .... / ....

Tema V: Los relativos

Nuez-15: Relativos y proposiciones adjetivas

Los relativos pueden plantear algunas dudas y generar algunos errores. Pero no hace falta ser Einstein, ni pensar en su famosa teoría, para tener algunas cosas claras... aunque todo es relativo.

A continuación, te ofrecemos una guía de cuatro puntos que siempre debemos observar para comprender el funcionamiento y el diferente uso de los relativos.

Las siguientes oraciones y los relativos marcados en negrita nos servirán para ilustrar los cuatro puntos que vamos a plantear:

1. La película **que** vi ayer me gustó mucho.
2. La película en la **que** siempre pienso es "Star Wars".
3. Juan es la persona en **quien** más confío.
4. El motivo por **el cual** te llamo es que no podré asistir a la reunión.
5. Mi amigo, **que** se llama Pedro, es de Jaén.
6. Ayer vino una amiga, **la cual** nos contó lo que había pasado.
7. Desde aquí puedo ver todo **cuanto** ocurre.

8. En un lugar de La Mancha, de **cuyo** nombre no quiero acordarme, no...
9. Tomó **cuantas** medidas creyó necesarias.

10. Esa es la cafetería **donde** nos conocimos.
11. Está ahí, en el lugar **donde** tú lo dejaste.
12. Los meses, **cuando** viví en el extranjero, no se me olvidarán nunca.
13. El año **cuando** Sevilla organizó la Exposición Universal fue 1992
14. Debes hacerlo de la manera **como** dicen las instrucciones.
15. Intento retrasar la decisión todo **cuanto** puedo.

NUEZ-15: RELATIVOS Y PROPOSICIONES ADJETIVAS

Punto 1: Todos los relativos introducen una **oración**. Estas oraciones son **proposiciones**.

a. Subraya la proposición en los ejemplos anteriores.

b. Si observas la función que realiza, ¿qué tipo de proposición tenemos en todos los casos? ¿Por qué?

....

c. Señala la palabra en cada ejemplo que es modificada por la proposición y que, además, está representada semánticamente en el relativo.

d. ¿Qué nombre recibe esta palabra modificada y representada semánticamente en el relativo?

....

Punto 2: Las proposiciones adjetivas introducidas por un relativo contienen una información que, o bien delimita el significado del antecedente (proposiciones especificativas), o bien amplía una característica inherente del antecedente (proposiciones explicativas).

a. Por la información que aporta, ¿qué ejemplos de nuestra lista tienen una proposición explicativa?

Proposición explicativa: ejemplos, ..., ..., ..., ... y ....

b. ¿Qué rasgo ortográfico presentan las proposiciones de relativo explicativas?

....

Punto 3: Dentro de la proposición, el relativo se comporta de acuerdo con su naturaleza gramatical.

a. Clasifica los diez relativos por su naturaleza gramatical:

Relativos		
Pronombres	Adjetivos	Adverbios

TEMA V: LOS RELATIVOS

b. El pronombre relativo *quien* presenta una forma para el plural. ¿Cuál es esta forma?

....

c. ¿Qué dos pronombres relativos presentan variaciones de género y número? ¿Cuáles son todas las formas de cada uno de ellos?

....

....

d. Los dos adjetivos relativos presentan variaciones de género y número. ¿Cuáles son todas las formas de estos dos relativos?

....

....

e. ¿Qué relativos son invariables?

....

Punto 4: Dentro de la proposición, el verbo puede exigir un complemento introducido por una preposición. Si este complemento está desempeñado por un relativo, la preposición precede siempre al relativo.

a. En las oraciones anteriores, ¿qué verbos dentro de la proposición exigen un complemento introducido por una preposición?

.............., ... , ... y ....

b. ¿Qué palabra debemos siempre utilizar cuando *que* va introducido por una preposición?

preposición + ... + relativo *que*

Ejercicios de apoyo[12]:

En estos ejercicios de apoyo nos centraremos en el empleo de los relativos más frecuentes. Antes de empezar, es preciso recordar que el uso de los diferentes relativos depende principalmente de tres cosas:

a. lo que expresa el **antecedente** del relativo (persona, cosa, lugar, tiempo, modo o cantidad);
b. el tipo de proposición (especificativa o explicativa);
c. la estructura de la proposición (introducida o no por una preposición).

1) Completa las proposiciones adjetivas explicativas utilizando el pronombre relativo adecuado. Escribe todas las alternativas posibles.

1. *Los jugadores, ... habían estado concentrados dos semanas, ganaron el partido.*

2. *La mujer, ... es madre de María, no volvió a decir nada.*

3. *Esta mesa, ... es bastante vieja, tiene polillas.*

a. ¿Cuál es el pronombre relativo que podemos utilizar en todos los casos y que, además, es el que se emplea con más frecuencia?

....

b. Cuando es posible utilizar *quien/quienes*, ¿qué expresa siempre el antecedente?

....

c. Cuando es posible utilizar *el cual*, ¿qué puede expresar el antecedente?

....

2) Crea una sola oración utilizando una proposición adjetiva especificativa introducida por el pronombre relativo *quien/quienes* (presta atención a los casos en los que el relativo debe ir precedido de preposición):

1. *He saludado a tu amiga. Yo hablé de tu amiga ayer.*

....

---

12 Julián Cosmes-Cuesta ha aportado material para la elaboración de estos ejercicios.

TEMA V: LOS RELATIVOS

2. *Aquellos chicos estudian medicina. Con aquellos chicos estuvimos ayer.*

   ....

3. *La persona es mamá, no tú. Para esta persona compré un ramo de flores.*

   ....

4. *Petra y Luisa son las chicas. Con estas chicas fuimos al cine ayer.*

   ....

Fíjate en las oraciones que has escrito:

   a. ¿Qué expresa siempre el antecedente de *quien/quienes*?

   ....

   b. Siempre que utilizamos el pronombre relativo *quien/quienes* en una proposición especificativa, ¿qué palabra debe introducir siempre a este relativo?

   ....

3) Crea una sola oración utilizando una proposición adjetiva especificativa introducida por el pronombre relativo *el cual* (presta atención a los casos en los que el relativo debe ir precedido de preposición):

1. *Estos son temas privados. De estos temas no quiero hablar.*

   ....

2. *La obra de teatro era bastante mala. Con esa obra de teatro debutó esa actriz.*

   ....

3. *Tengo muchos discos. Entre estos discos hay algunos muy antiguos.*

   ....

4. *Las tijeras son un instrumento. Con este instrumento puedes cortar muchas cosas.*

   ....

5. *La razón es que estoy enfermo. Por esta razón te llamo.*

   ....

6. *He saludado a tu amiga. Yo hablé de tu amiga ayer.*

   ....

7. *Aquellos chicos estudian medicina. Con aquellos chicos estuvimos ayer.*

   ....

8. *La persona es mamá, no tú. Para esta persona compré un ramo de flores.*

   ....

9. *Petra y Luisa son las chicas. Con estas chicas fuimos al cine ayer.*

   ....

Fíjate en las oraciones que has escrito:

   a. ¿Qué puede expresar el antecedente de *el cual*?

   .... o ....

   b. Cuando utilizamos el pronombre relativo *el cual* en una proposición especificativa, ¿qué palabra debe introducir siempre a este relativo?

   ....

4) Crea una sola oración utilizando una proposición adjetiva especificativa o explicativa introducida por el pronombre relativo *que* (no olvides el artículo cuando el relativo deba ir precedido de preposición):

1. *Aquella chica es María. Aquella chica está sentada en un banco.*

   ....

2. *Nunca olvides a todos los amigos. Aquellos amigos siempre te han ayudado.*

   ....

TEMA V: LOS RELATIVOS

3. He saludado a una persona. Esta persona vive en Brasil.

   ....

4. La gente debe protestar ante las medidas. Las medidas no son necesarias.

   ....

5. He saludado a tu amiga. Yo hablé de tu amiga ayer.

   ....

6. Aquellos chicos estudian medicina. Con aquellos chicos estuvimos ayer.

   ....

7. La persona es mamá, no tú. Para esta persona compré un ramo de flores.

   ....

8. Petra y Luisa son las chicas. Con estas chicas fuimos al cine ayer.

   ....

9. Estos son temas privados. De estos temas no quiero hablar.

   ....

10. La obra de teatro era bastante mala. Con esa obra de teatro debutó esa actriz.

    ....

11. Tengo muchos discos. Entre estos discos hay algunos muy antiguos.

    ....

12. Las tijeras son un instrumento. Con este instrumento puedes cortar muchas cosas.

    ....

NUEZ-15: RELATIVOS Y PROPOSICIONES ADJETIVAS

13. *La razón es que estoy enfermo. Por esta razón te llamo.*

   ....

14. *Hay una pizzería muy famosa en la calle. Yo vivo en esa calle.*

   ....

15. *Granada es la ciudad maravillosa. En esa ciudad nací.*

   ....

16. *Vivo en un piso. Desde ese piso puedo ver muchas iglesias.*

   ....

Fíjate en las oraciones que has escrito:

   a. Cuando aparece sin preposición, ¿qué expresa siempre el antecedente de *que*?

   .... o ....

   b. Cuando aparece con preposición, ¿qué otros significados puede expresar el antecedente de *que*?

   ....

   c. ¿En qué tipos de proposiciones adjetivas puede emplearse el pronombre relativo *que*?

   .... y ....

5) El adjetivo relativo *cuyo* expresa posesión, aparece entre dos sustantivos y concuerda siempre en género y número con el segundo sustantivo.
   Crea una sola oración utilizando la forma correcta del adjetivo relativo *cuyo*:

Ejemplo:
La prensa es un servicio público. Su misión es reforzar la democracia.
La prensa es un servicio público cuya misión es reforzar la democracia.

1. *Me gustan todas las películas. El argumento de las películas es de intriga.*

   ....

TEMA V: LOS RELATIVOS

2. *Déjame el libro. En la portada del libro hay una foto de nueces.*

   ....

3. *Hemos leído un libro. El tema del libro es la desaparición de los dinosaurios.*

   ....

4. *Este es el niño. De los padres de este niño te he hablado ya.*

   ....

5. *He visto a Juan. El hermano de Juan vive en Islandia.*

   ....

6) Completa las proposiciones adjetivas de cada oración con el adverbio relativo adecuado (*donde, cuando, como,* o *cuanto*):

   1. *Hay una pizzería muy famosa en la calle .... vivo.*

   2. *Granada es la ciudad maravillosa .... nací.*

   3. *Vivo en un piso desde .... puedo ver muchas iglesias.*

   4. *En el instante .... empezó a hablar saltó la alarma.*

   5. *Prepara el gazpacho de la forma .... explica la receta.*

   6. *Debes hacerlo de la manera .... te han dicho.*

   7. *Te daremos todo .... nos pidas.*

Fíjate en las oraciones que has escrito:

   a. Cuando el antecedente expresa lugar, la proposición adjetiva va introducida por el adverbio relativo ....

   b. Cuando el antecedente expresa tiempo, la proposición adjetiva va introducida por el adverbio relativo ....

c. Cuando el antecedente expresa modo, la proposición adjetiva va introducida por el adverbio relativo ....

d. Cuando el antecedente expresa cantidad, la proposición adjetiva va introducida por el adverbio relativo ....

7) Las siguientes oraciones son agramaticales porque no se emplea el relativo de manera adecuada. Escribe la oración correcta:

1. *Ana la cual había visto la película ya nos contó el final.

   ....

2. *Los chicos quienes conocimos ayer son de Bergen.

   ....

3. *Hay personas que solo les interesa el fútbol.

   ....

4. *Hay un chico en que no has pensado.

   ....

5. *Compré la casa que sus ventanas daban al parque.

   ....

6. *Dame el lápiz que el extremo tiene una goma de borrar.

   ....

7. *Fue hace una semana que estuve en el médico.

   ....

TEMA V: LOS RELATIVOS

Nuez-16: Equivalencias entre relativos

Con carne, con pescado, en sopas, en tortilla... la patata es como uno de nuestros relativos: va bien con casi todo.

Si quieres saber cuál es este relativo, presta atención al análisis que te proponemos a continuación.

1) Alternancia entre pronombres relativos (*que, el cual, quien*):

- Uso sin preposición:

    El profesor, <u>quien trató detenidamente este tema</u>, presentó nuevas teorías.
    El profesor, <u>el cual trató detenidamente este tema</u>, presentó nuevas teorías.
    El profesor, <u>que trató detenidamente este tema</u>, presentó nuevas teorías.

    Los libros, <u>que se salvaron del incendio</u>, serán expuestos próximamente.
    Los libros, <u>los cuales se salvaron del incendio</u>, serán expuestos próximamente.

    a. Fíjate en el relativo de las oraciones anteriores, su **antecedente** y el tipo de **proposición** adjetiva. Después, completa los siguientes esquemas con los relativos adecuados:

    <u> persona </u> , ... / .... / .... ,
    Antecedente   **Proposición   adjetiva   explicativa**

    <u>   cosa   </u> , ... / .... ,
    Antecedente   **Proposición   adjetiva   explicativa**

    b. Aunque en las proposiciones adjetivas explicativas es posible utilizar diferentes pronombres relativos, ¿cuál es el pronombre relativo más frecuente?

    ....

- Uso con preposición:

   La persona <u>a quien le entregué el libro</u> se puso muy contenta.
   La persona <u>a la cual le entregué el libro</u> se puso muy contenta.
   La persona <u>a la que le entregué el libro</u> se puso muy contenta.

   Olvidé traer los libros <u>de los cuales te hablé</u>.
   Olvidé traer los libros <u>de los que te hablé</u>.

   c. Fíjate en las oraciones y completa el siguiente esquema:

   <u>persona</u>   preposición + ... / .... / ....
   Antecedente   Proposición   adjetiva   especificativa

   <u>persona o cosa</u>   preposición + ... / ....
   Antecedente   Proposición   adjetiva   especificativa

   d. Aunque la preposición puede introducir diferentes pronombres relativos, ¿cuál es el pronombre relativo más frecuente?

   ....

2) Equivalencias entre el adjetivo relativo *cuanto* y otras soluciones sintácticas:

   Tomó <u>todas las medidas que</u> creyó necesarias.
   Visitó <u>todas las tiendas de zapatos que</u> había en la ciudad.

   a. Vuelve a escribir las oraciones anteriores utilizando *cuanto* en lugar de la parte subrayada:

   ....

   ....

   b. ¿Qué solución sintáctica puede utilizarse en lugar del adjetivo relativo *cuanto*?

   ....

TEMA V: LOS RELATIVOS

3) Alternancia entre adverbios relativos (*donde*, *cuando*, *como*) y preposición + pronombre relativo:

Esta no es la calle <u>por donde hemos venido</u>.
Esta no es la calle <u>por la que/la cual hemos venido</u>.

Llamó en el momento <u>cuando estaba más interesante la película</u>.
Llamó en el momento <u>en el que/en el cual estaba más interesante la película</u>.

Hazlo de la manera <u>como te han contado</u>.
Hazlo de la manera <u>en la que/en la cual te han contado</u>.

    a. Compara los diferentes pares de oraciones y completa el siguiente esquema:
        <u>Lugar, tiempo o modo</u>   <u>adverbio relativo o preposición + .../............</u>
        Antecedente   **Proposición adjetiva**

    b. Aunque en el esquema anterior aparecen dos pronombres relativos, ¿cuál es el que se emplea con más frecuencia junto a una preposición?

    ....

4) Equivalencias entre el adverbio relativo *cuanto* y otras soluciones sintácticas:
Le pidió que llorara todo <u>lo que</u> quisiera.
Fue a visitarla todo <u>lo que</u> pudo.

    a. Vuelve a escribir las oraciones anteriores utilizando *cuanto* en lugar de la parte subrayada:

    ....

    ....

    b. ¿Qué solución sintáctica puede utilizarse en lugar del adjetivo *cuanto*?

    ....

5) Si tienes en cuenta el análisis que acabamos de realizar, ¿cuál es el relativo que, como la patata, podemos emplear casi siempre?

....

NUEZ-16: EQUIVALENCIAS ENTRE RELATIVOS

Ejercicios de apoyo[13]:

1) Señala si en las siguientes oraciones solo puede emplearse *que* o si es posible utilizar también otro relativo:

	Solo *que*	*Que* u otros relativos
1. Te invito a comer un pastel de carne *que* hice ayer.	X	
2. Tienen un ordenador con el *que* hacen mejor su trabajo.		
3. Mira, aquella chica *que* está sentada ahí es Ana.		
4. He visto al chico del *que* me hablaste ayer.		
5. El tema del *que* nunca hablo es la familia.		
6. Los trabajadores *que* protestaron fueron despedidos.		
7. La casa *que* compramos no es nueva, pero está muy bien.		
8. En la calle en la *que* vivía había un restaurante muy bueno.		
9. La chica a la *que* llamé ayer ha venido hoy.		
10. La obra con la *que* debutó esa actriz era bastante mala.		
11. Los chicos con los *que* estuvimos ayer estudian filosofía.		
12. Ellas, *que* siempre llegan tarde, perdieron el avión.		
13. Tengo muchos libros entre los *que* hay alguno antiguo.		
14. El jefe es la persona con la *que* tienes que hablar.		
15. La persona para la *que* compré estas flores es mamá, no tú.		
16. Me gustó más la película *que* me recomendó Karina.		
17. Los estudiantes, *que* llegaron tarde, no hicieron el examen.		
18. Todos los *que* viven aquí son muy felices.		

2) Elige ocho oraciones del ejercicio anterior en las que sea posible utilizar un relativo diferente a *que* y escribe la nueva oración:

1. ....

2. ....

3. ....

4. ....

5. ....

6. ....

---

13 Julián Cosmes-Cuesta ha aportado material para la elaboración de estos ejercicios.

TEMA V: LOS RELATIVOS

7. ....

8. ....

3) Identifica el tipo de *que* empleado en cada oración (relativo, conjunción, interrogativo o exclamativo):

	Tipo de *que*
1. Me dijo Juan **que** había venido.	
2. Está claro **que** Juan no quiere que vayamos a su fiesta.	
3. Juan, **que** sigue enfadado, no nos ha invitado a su fiesta.	
4. La película **que** vimos ayer me gustó mucho.	
5. Me gusta **que** quieras venir al cine conmigo.	
6. El año **que** viene iremos de vacaciones a Cuba.	
7. ¡**Qué** calor debe de hacer ahora en Cuba!	
8. Me dijo **que** el próximo año iría de vacaciones a Cuba.	
9. Me pregunto **qué** estarán haciendo ahora mis hijos.	
10. ¿**Qué** te gustaría cenar esta noche?	

4) Sustituye el relativo *el cual* por otro pronombre relativo:

Ejemplo:
Los amigos **a los cuales** he llamado llegarán a las cuatro.
Los amigos a los que / a quienes he llamado llegarán a las cuatro.

1. La periodista con **la cual** me escribo regularmente es de Bergen.

   ....

2. La periodista, **la cual** me escribe regularmente, es de Bergen.

   ....

3. Los chicos con **los cuales** estuve ayer en el cine eran mexicanos.

   ....

4. No me gustó nada el libro **del cual** me hablaste la semana pasada.

   ....

5. Carlos y Maite, **los cuales** estaban de viaje, no vinieron a mi boda.

   ....

6. El motivo por **el cual** te llamo es que no puedo ir a la reunión mañana.

   ....

7. Los vecinos, **los cuales** estaban a favor del proyecto, votaron en contra.

   ....

8. El reglamento mediante **el cual** se administra el centro es del año 1964.

   ....

5) Señala los casos en los que *el cual* es obligatorio y no puede alternar con otro relativo:

   1. Solo tres personas han leído la información del foro, **lo cual** me preocupa un poco.

   2. En el curso hay 20 estudiantes, la mayoría de **los cuales** van a hacer el máster.

   3. Alquilamos un apartamento en Mallorca, **el cual** estaba cerca de la playa.

   4. Hoy hemos ganado el partido, con **lo cual** estamos a dos puntos del ascenso.

   5. Se me han ocurrido varias ideas para el curso, acerca de **las cuales** quiero hablarte.

   6. Gustavo dijo que había ido a la reunión, **lo cual** no es cierto.

   a. El relativo *el cual* no alterna con otros relativos cuando su antecedente es toda una oración, pero en estos casos ¿qué forma presenta siempre este relativo?

   ....

TEMA V: LOS RELATIVOS

6) Sustituye la parte subrayada por un adverbio relativo:

1. *1970 es el año <u>en el que</u> nací.*

   ....

2. *El balcón desde <u>el cual</u> puedes ver el parque está cerrado.*

   ....

3. *El camino por <u>el que</u> has venido es muy peligroso.*

   ....

4. *En el instante <u>en el que</u> comenzó la película se fue la luz.*

   ....

5. *Escribe la carta de la manera <u>en la que</u> has aprendido en el colegio.*

   ....

6. *La casa <u>en la que</u> vivíamos estaba cerca del bosque.*

   ....

Nuez-17: Proposiciones de relativo sin antecedente

A diferencia de lo que ocurre en la vida civil, los relativos no son culpables de ningún delito por tener antecedentes.

De hecho, el empleo de los relativos con o sin **antecedente** es igual de frecuente y habitual, aunque este último uso esté limitado a determinadas formas.

Fíjate en los pronombres y adverbios relativos que aparecen en estas oraciones:

1. *Los **estudiantes** que quieran pueden entregar sus ejercicios.*
2. *Las **chicas** a quienes más les gusta esta música son bastante jóvenes.*
3. *Dale **todo** cuanto te pida.*
4. *La vi en el **momento** cuando lanzó la piedra.*
5. *Fueron hasta la **casa** donde mi abuela vivía.*
6. *Se quedará **así** como está.*

a) Subraya la **proposición** de la que forma parte el relativo en cada oración.

b) ¿Qué relación tiene cada relativo con la palabra marcada en negrita en la oración?

....

c) ¿Qué tipo de proposición tenemos en todos estos ejemplos?

....

TEMA V: LOS RELATIVOS

d) Completa esta tabla teniendo en cuenta las respuestas anteriores y los ejemplos iniciales:

Relativos		con antecedente en la oración
Pronombres		Proposición ....
Adverbios		

e) Vuelve a reescribir las oraciones anteriores eliminando el antecedente:

1. ....

2. ....

3. ....

4. ....

5. ....

6. ....

En las nuevas oraciones, ninguna de las proposiciones es adjetiva. Ahora, la nueva proposición está en estrecha relación con la naturaleza gramatical del relativo (consulta la nuez-16 si necesitas más información):

f) ¿En qué casos la proposición es sustantiva?

....

g) ¿En qué casos la proposición es adverbial?

....

h) ¿Qué relativo debe ir siempre introducido por el artículo (*el, la, los, las*) cuando se emplea sin antecedente?

....

NUEZ-17: PROPOSICIONES DE RELATIVO SIN ANTECEDENTE

i) Completa la siguiente tabla a modo de resumen:

Relativos		con antecedente en la oración	sin antecedente en la oración
Pronombres		Proposición	Proposición ....
Adverbios			Proposición ....

j) En la tabla solo aparecen seis relativos, ¿por qué no aparecen el resto de relativos?

....

Hay casos en los que las proposiciones adverbiales introducidas por los relativos *cuando* y *donde* no se relacionan con un antecedente determinado:

Me compraré una cabaña en el bosque cuando tenga dinero.
Cuando lo veas, le das el recado.

Iré donde me digas.
Te buscaré donde estés.

k) Frente a los casos en los que puede pensarse en un antecedente, ¿qué diferencia de significado expresan estas proposiciones adverbiales?

....

Ejercicios de apoyo[14]:

1) Elimina el antecedente de las proposiciones adjetivas y escribe la nueva oración.

Ejemplo:
*La **chica** que vino ayer era muy alta.*
La que vino ayer era muy alta / Quien vino ayer era muy alta.

1. *El **estudiante** que sepa la respuesta, que conteste a mi pregunta.*

....

---

14 Julián Cosmes-Cuesta ha aportado material para la elaboración de estos ejercicios.

TEMA V: LOS RELATIVOS

2. Solo es feliz la **persona** que quiere serlo.

   ....

3. El **ser humano** que tiene el poder suele hacer lo que le da la gana.

   ....

4. Somos varios los **participantes** que pensamos así.

   ....

5. Quiere **todo** lo que ve.

   ....

6. ¡Y pensar que había **empleados** que criticaban a aquel Director!

   ....

7. Todos los días he pensado ir a visitar a las **personas** que conocí en el viaje.

   ....

8. ¿Sabes el **dinero** que cuesta una habitación en ese hotel?

   ....

9. Luisa le dijo al **chico** que se sentaba a su lado que la dejara en paz.

   ....

10. Nieves se casó con el **chico** que tenía el despacho justo al lado del suyo.

    ....

11. Las **personas** que bien te quieren te harán llorar.

    ....

12. *Los **cuadros** que están arriba a la derecha son de Edvard Munch.*

   ....

13. *Las **personas** que no puedan venir mañana, que se lo digan a Anna.*

   ....

14. *Invita a **todos** cuantos veas.*

   ....

15. *La **persona** que mal anda, mal acaba.*

   ....

16. *¡El **estudiante** que tenga dudas, que levante la mano!*

   ....

2) Hay construcciones enfáticas con el verbo *ser* en las que es necesario emplear una **proposición sustantiva** o adverbial introducida por un relativo (consulta también la nuez-29).

Sigue el ejemplo y escribe una construcción enfática para cada oración (ten en cuenta que estas oraciones pueden tener varias formas).

Ejemplo:
*Los hijos de Antonio **llegaron tarde**.*
Fueron los hijos de Antonio los que/quienes llegaron tarde. Los que/quienes llegaron tarde fueron los hijos de Antonio.

1. *Ellas **no entregaron los ejercicios**.*

   ....

2. *Mi madre **es un poco gorda**, pero muy simpática.*

   ....

3. ***Estuve de viaje** en las vacaciones de otoño.*

   ....

TEMA V: LOS RELATIVOS

4. Los estudiantes **deben protestar** si no están de acuerdo.

   ....

5. **Debes hacerlo** así.

   ....

6. No **vais a solucionar el problema** llorando.

   ....

7. **Nos conocimos** jugando al fútbol.

   ....

8. **Todos los problemas empezaron** hace dos años.

   ....

9. **Debes pedir perdón** a ella, no a mí.

   ....

10. **Quiero hablar** contigo, no con tu hermano.

    ....

11. **Te llamo** por este motivo concreto.

    ....

12. **Me rompí el brazo** esquiando.

    ....

13. **Te has olvidado de avisar** a Pedro.

    ....

14. *Las llaves están* encima de la mesa.

 ....

15. *La vi por última vez* el verano pasado.

 ....

3) Sustituye el complemento circunstancial subrayado por una proposición adverbial introducida por un adverbio relativo:

Ejemplo:
Iremos <u>a tu fiesta</u>.
<u>Iremos a donde tú sabes.</u>

1. Déjalo <u>así</u>.

 ....

2. Hazlo <u>de esta manera</u>.

 ....

3. Nos encontraremos <u>en el parque</u>.

 ....

4. Os visitaré <u>mañana</u>.

 ....

5. Quédate <u>aquí</u>.

 ....

6. Vendrá <u>el próximo lunes</u>.

 ....

Tema VI: La oración

Nuez-18: Sujeto + Predicado

Oración es un ejemplo de palabra polisémica, es decir, una palabra con varios significados:

oración. *Artículo enmendado*

(Del lat. *oratio, -ōnis*).

1. f. Obra de elocuencia, razonamiento pronunciado en público a fin de persuadir a los oyentes o mover su ánimo. *Oración deprecatoria, fúnebre, inaugural.*

2. f. Súplica, deprecación, ruego que se hace a Dios o a los santos.

3. f. Elevación de la mente a Dios para alabarlo o pedirle mercedes.

4. f. Hora de las oraciones.

5. f. *Gram.* Palabra o conjunto de palabras con que se expresa un sentido gramatical completo.

6. f. *Rel.* En la misa, en el rezo eclesiástico y rogaciones públicas, deprecación particular que incluye la conmemoración del santo o de la festividad del día.

7. f. pl. Primera parte de la doctrina cristiana que se enseña a los niños, donde se incluye el padrenuestro, el avemaría, etc.

8. (Porque en ese momento se tocaba en las iglesias la campana para que los fieles rezaran el avemaría). f. pl. Punto del día en que está anocheciendo.

9. f. pl. El mismo toque de la campana, que en algunas partes se repetía al amanecer y al mediodía.

Foto: http://rae.es/rae.html

Como ya habrás adivinado, la oración de la que vamos a hablar ahora es la que aparece con el significado número cinco:

Palabra o conjunto de palabras con que se expresa un sentido gramatical completo.

Esta definición es muy amplia y puede precisarse o delimitarse un poco más. Por ejemplo, en el Tema II (nueces 4-7), caracterizamos las unidades sintácticas como los ladrillos con los que se construye una oración.

NUEZ-18: SUJETO + PREDICADO

a) Escribe una oración con el verbo *comer* que siga este esquema:

    Alguien + *comer* + algo + en algún lugar

....

b) Subraya en tu oración las diferentes unidades sintácticas e identifícalas por su estructura (vuelve a las nueces del Tema II, si tienes alguna duda).

c) ¿Cómo debe aparecer el verbo en tu oración? Es decir, ¿qué características formales presenta el verbo de una oración?

....

d) ¿Cuál es el **sujeto** de tu oración?

....

e) ¿Cuál es el **predicado** de tu oración?

....

f) Si tienes en cuenta tus respuestas a las preguntas anteriores, podemos completar la definición inicial de oración, añadiendo una nueva oración:

> ***Oración:*** *palabra o conjunto de palabras con que se expresa un sentido gramatical completo. La oración contiene un verbo .... y se organiza normalmente en torno a un .... y un ....*

Fíjate ahora en esta oración y en el verbo marcado en negrita:

    *Ya **tengo** más claro lo que es una oración*

En casos como el anterior, podemos decir que el sujeto de la oración es implícito:

g) ¿Qué es un **sujeto implícito**?

....

TEMA VI: LA ORACIÓN

Ejercicios de apoyo:

Como has podido ver en esta nuez, existe una relación entre las diferentes unidades sintácticas y su función en la oración. En los ejercicios que te proponemos a continuación seguiremos profundizando en esta relación.

1) Completa las oraciones con la unidad sintáctica indicada y señala el tipo de sintagma o proposición que tenemos en cada caso:

Ejemplo:
Me alegra que puedas venir el lunes.
　　　Proposición *sustantiva*

1. .... *tiene cuatro puertas.*

   Sintagma ....

2. *Me asustan* ....

   Sintagma ....

3. *Me asusta* ....

   Proposición ....

4. *Es justo* ....

   Proposición ....

5. .... *no han ido a clase hoy.*

   Sintagma ....

6. *¿Vienen al viaje* ....*?*

   Sintagma ....

7. .... *va demasiado deprisa.*

   Sintagma ....

8. .... *me gusta mucho.*

   Proposición ....

a. ¿Cuál es la función sintáctica en la oración de todos estos sintagmas o proposiciones?

   ....

2) Subraya el sintagma verbal en las siguientes oraciones:

Ejemplo:
<u>Me alegran</u> las vacaciones de verano.
<u>Sintagma verbal</u>

1. *Tus amigos no han llamado todavía.*

2. *Me gusta el chocolate con almendras.*

3. *El chocolate con almendras es mi favorito.*

4. *Las películas que hay ahora en el cine son muy interesantes.*

5. *Pareces muy cansado hoy.*

6. *Todavía no sé nada de ese puesto de trabajo.*

7. *Esas plantas necesitan más agua.*

8. *Nos alegró mucho la noticia.*

9. *No es justo que tengamos que trabajar tanto.*

10. *Me dijo que llamaría más tarde.*

a. ¿Cuál es la función sintáctica de estos sintagmas verbales en la oración?

   ....

TEMA VI: LA ORACIÓN

3) Identifica el sujeto y el predicado en las siguientes oraciones:

Ejemplo:
Me alegran las vacaciones de verano.
Predicado   Sujeto

1. Los trabajadores están haciendo mucho ruido.

2. Me apetecería hacer una excursión al bosque.

3. Es importante que trabajes con estos ejercicios.

4. Tus amigos son muy simpáticos y amables.

5. La botella que he traído no es de plástico.

6. Mi vecino acaba de comprarse un nuevo equipo de música.

7. Las flores que me regalaron ya se han marchitado.

8. Lola no me ha vuelto a llamar.

9. El regalo que me hicieron me gustó mucho.

10. Pedro, María y todos los demás te envían muchos saludos.

4) Vuelve a fijarte en los tres primeros ejercicios y completa esta afirmación:

El sujeto es siempre un sintagma nominal o una .... y es la parte de la oración de la que se dice algo en el predicado. El predicado es siempre un .... y es la parte de la oración que .... del sujeto.

5) El sujeto de una oración puede ser explícito o implícito. Lee detenidamente los ejemplos y fíjate en el verbo de la oración y su sujeto. Después, completa la tabla con las afirmaciones que te proponemos al final del ejercicio:

	Afirmaciones
Ya lo haré cuando tenga tiempo. *Deberías llamar a tu madre.* *¿Me pasáis la botella de agua?*	
Juan y María vendrán esta noche. *Tu hermana ha crecido mucho.* *Julián y yo necesitamos vacaciones pronto.*	
Pedro y Lola se casaron el año pasado y ahora quieren tener un hijo. *A Mathilde y a mí nos gustaría viajar, aunque aún no sabemos adónde.*	
Tú no te preocupes, yo lo haré. *Tú deberías saberlo.* *Juan tiene que hacerlo.* *Vosotros teníais que haber llegado hace rato.*	

Afirmaciones:

a. Los sujetos en 3ª persona (singular o plural) y en 1ª persona plural deben ser siempre explícitos cuando dan una información nueva y desconocida para el oyente.

b. Los sujetos en 1ª y 2ª persona del singular (*yo*, *tú*, *vos*, *usted*) y en 2ª persona plural (*vosotros*, *ustedes*) son siempre implícitos cuando no se quieren enfatizar en la oración.

c. Independientemente de la persona y el número, el sujeto de una oración es siempre explícito cuando es una información que intencionadamente se quiere enfatizar.

d. Los sujetos en 3ª persona (singular o plural) y en 1ª persona plural solo son implícitos cuando el oyente los reconoce a través del contexto.

6) Este último ejercicio puede servir para resumir las observaciones realizadas hasta ahora. Completa la tabla sobre la oración, el sujeto y el predicado con las afirmaciones que te proponemos:

Oración	
Sujeto	
Predicado	

Afirmaciones:

a. Es una de las funciones sintácticas que encontramos en la oración.

b. Es otra de las funciones sintácticas en la oración.

c. Es siempre un sintagma nominal o una proposición sustantiva.

d. Es siempre un sintagma verbal.

e. Su núcleo sintáctico es siempre un verbo.

f. Puede ser simple (si tiene un solo predicado) o compuesta (si tiene más de un predicado).

g. Función sintáctica de la cual se dice algo en el predicado.

h. Función sintáctica que dice algo del sujeto.

i. Es siempre un sustantivo o una palabra o estructura que funciona como un sustantivo.

j. Se construye en torno a un núcleo oracional.

k. Es el enunciado que contiene un verbo conjugado y se estructura normalmente sobre un sujeto y un predicado.

Nuez-19: Oraciones enunciativas, interrogativas y exclamativas

Junto a la letra ñ, los signos de interrogación ¿? y los de admiración ¡! son probablemente los rasgos gráficos más característicos del español. Pero, ¿qué son y cómo se construyen las oraciones interrogativas y exclamativas? Y, ¿qué es una oración enunciativa?

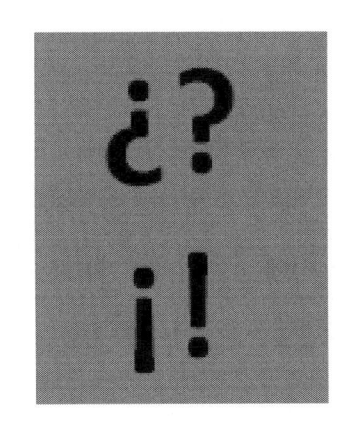

La siguiente **oración** es enunciativa:

Pedro se ha comprado un coche nuevo.

Sobre esta oración enunciativa podríamos obtener las siguientes dos oraciones interrogativas:

¿Quién se ha comprado un coche nuevo?

¿Se ha comprado Pedro un coche nuevo?

a) Cada interrogativa está construida de manera diferente, ¿qué caracteriza a cada una ellas?

....

A partir de la misma oración, podemos obtener también las siguientes oraciones exclamativas:

¡Vaya coche nuevo que se ha comprado Pedro!

¡Ojalá tuviera yo un coche parecido!

b) ¿Qué expresa cada oración exclamativa?

....

TEMA VI: LA ORACIÓN

c) Como ves, por la manera de presentar la información, podemos hablar de tres tipos de oraciones. ¿De qué tipo de oración hablamos en cada caso?

Tipos de oraciones	
Oraciones................................	Son las que describen un hecho real afirmándolo o negándolo.
Oraciones................................	Son las que preguntan por alguien o algo.
Oraciones................................	Son las que expresan una valoración sobre un hecho o estado.

Ejercicios de apoyo:

1) Transforma las siguientes oraciones enunciativas en negativas o afirmativas:

1. *Nunca voy al cine los sábados.* *Siempre voy al cine los sábados.*

2. *Los veo siempre en el autobús.* ....

3. *Quiero saber todo.* ....

4. *Nada me interesa.* ....

5. *A mí también me interesa el fútbol.* ....

6. *No llames a ningún amigo.* ....

7. *Ya me sé algunos temas para el examen.* ....

8. *La llamaré algún día.* ....

9. *Quítate los zapatos al entrar.* ....

10. *No compres tantas películas.* ....

2) Las oraciones interrogativas son parciales cuando, con ayuda de un interrogativo, preguntamos por una información determinada y concreta.

Elabora una oración interrogativa parcial a partir de la información subrayada en cada oración y no olvides utilizar los signos de interrogación (¿?):

NUEZ-19: ORACIONES ENUNCIATIVAS, INTERROGATIVAS Y EXCLAMATIVAS

Ejemplo:
Esta me gusta más. ¿Cuál te gusta más?

1. Me gustaría tomar <u>un café con leche</u>. ....
2. Los que han llamado son <u>Juan y Pedro</u>. ....
3. He visitado <u>muchísimos países</u>. ....
4. De esas novelas, prefiero <u>la de intriga</u>. ....
5. He tomado <u>cuatro vasos de vino</u>. ....
6. Estamos <u>en la biblioteca</u>. ....
7. María llegará <u>esta noche</u>. ....
8. He abierto la lata <u>con un abrelatas</u>. ....
9. A la fiesta fueron <u>unas cuarenta personas</u>. ....
10. Lo hice <u>porque tenía ganas</u>. ....

3) Fíjate en tus ejemplos anteriores y completa la tabla con el interrogativo correspondiente:

Clase de palabra	Significado	Interrogativo
Pronombre	Preguntar por la identidad de una persona o cosa de entre varias posibles.	¿*Cuál* + verbo?
	Preguntar por una cosa	¿............ + verbo?
	Preguntar por una persona	¿............ + verbo?
	Preguntar por la cantidad	¿............ + verbo?
Determinativo	Preguntar por una cosa	¿............ + sustantivo + verbo?
	Preguntar por la cantidad	¿............ + sustantivo + verbo?

TEMA VI: LA ORACIÓN

Adverbio	Preguntar por un lugar	¿............. + verbo?
	Preguntar sobre el tiempo	¿............. + verbo?
	Preguntar sobre el modo	¿............. + verbo?
	Preguntar por la cantidad	¿............. + verbo?
	Preguntar por la causa	¿............. + verbo?

    a. Los pronombres interrogativos *cuál* y *quién* tienen una forma para el plural. Escribe esta forma:

        Cuál / .... + *verbo*   *Quién* / .... + *verbo*

    b. Estos dos pronombres interrogativos (*cuál* y *quién*) pueden acompañarse con sustantivos con ayuda de una preposición. ¿Cuál es esta preposición?

        ¿Cuál .... estos libros prefieres?/ ¿Cuáles .... estas marcas sueles comprar?

        ¿Quién .... los dos vendrá?/ ¿Quiénes .... vosotros puede ayudarme?

    c. El adverbio interrogativo *dónde* puede alternar con una variante con verbos de movimiento como *ir*, *llegar*, *llevar* o *conducir*. ¿Cuál es esta variante que indica dirección o destino?

        ¿Dónde /............. vais ahora?

        ¿Dónde /............. me lleváis?

    d. Un interrogativo posee género y número cuando no es adverbio, ¿cuáles son las cuatro formas de este interrogativo?

        .... / .... /............. /.............

4) Con ayuda de la tabla anterior, subraya la oración correcta de cada par[15]:

1. *¿Qué es tu nombre? / ¿Cuál es tu nombre?*

2. *¿Cuál libro prefieres? / ¿Qué libro prefieres?*

---

15 En este ejercicio hemos considerado la solución *cuál* + sustantivo como incorrecta porque en la mayoría de las zonas se va imponiendo *qué* + sustantivo como el determinativo interrogativo más frecuente.

3. ¿Quiénes llegaron antes? / ¿Cuáles llegaron antes?

4. ¿Dónde has puesto el reloj? / ¿Adónde has puesto el reloj?

5. ¿Cuáles de estas películas has visto ya? / ¿Cuáles películas has visto ya?

6. ¿Quién de tus amigos es de Motril? / ¿Cuál amigo tuyo es de Motril?

7. ¿Cuál es tu número de teléfono? / ¿Qué es tu número de teléfono?

8. ¿Cuáles te doy? / ¿Cuálas te doy?

9. ¿Cuálos quieres? / ¿Cuáles quieres?

10. ¿Adónde habéis estado? / ¿Dónde habéis estado?

5) A veces, la información que pedimos con un interrogativo debe ir introducida por una preposición en la oración. En estos casos, el interrogativo aparece siempre precedido por la preposición. Sigue el ejemplo y elabora la pregunta correspondiente:

Ejemplo:
Esa casa se vendió por un millón. ¿Por cuánto se vendió esa casa?

1. La película trata *de un conflicto familiar*. ....

2. Sólo confío *en mis amigos*. ....

3. Hemos invitado *a mucha gente*. ....

4. Golpeó la pared *con los puños*. ....

5. Ahora venimos *del cine*. ....

6. Tus llaves están *en el cajón*. ....

TEMA VI: LA ORACIÓN

6) En ocasiones, las oraciones interrogativas parciales tienen un carácter retórico ya que contienen su propia respuesta o sugieren una respuesta determinada, es decir, no se emplean con la intención de obtener una información concreta.

Escribe tres ejemplos de **interrogativas parciales retóricas:**

1. ....
2. ....
3. ....

    a. ¿Por qué este tipo de interrogativas pueden considerarse un recurso estilístico?

....

7) Las oraciones interrogativas son totales cuando solo sirven para confirmar una información concreta y pueden responderse con un *sí* o un *no* (o expresiones equivalentes).

Elabora la oración interrogativa total para cada una de estas respuestas.

1. *Sí, llamó anoche.* <u>¿Ha llamado ya Juan?</u>
2. *No, no necesito tu ayuda.* ....
3. *Sí, dame las llaves.* ....
4. *No sé, aún no me he decidido.* ....
5. *Sí, te prestaré esos libros.* ....
6. *No, no quiero que me prestes dinero.* ....
7. *De acuerdo, pero no vengas antes de las 12.* ....
8. *Vale, pero tendrás que invitarme a un café después.* ....

    a. ¿Qué **orden sintáctico** siguen siempre las oraciones interrogativas totales?

....

8) Las oraciones interrogativas totales pueden enfatizarse mediante *que, conque* o *es que*. En estos casos, más que obtener una confirmación, se expresa sobre todo sorpresa o admiración.

Escribe la variante enfática de las interrogativas totales que has escrito en el ejercicio anterior:

1. *¿Conque ya ha llamado Juan?*

2. ……………………………………

3. ……………………………………

4. ……………………………………

5. ……………………………………

6. ……………………………………

7. ……………………………………

8. ……………………………………

9) A continuación te ofrecemos algunos valores que pueden expresar las oraciones exclamativas y las estructuras más frecuentes. Escribe un ejemplo para cada caso (¡no olvides utilizar los signos de exclamación!):

a. **Sorpresa o admiración:**
   - *Qué* + sustantivo/adjetivo/adverbio + verbo (*¡Qué elegante estás hoy!*)
   - Artículo + sustantivo + proposición adjetiva de relativo (*¡El calor que hace hoy!*)
   - *Vaya* + sustantivo (+ proposición adjetiva de relativo) (*¡Vaya calor que hace hoy!*)
   - *Lo* + adjetivo/adverbio + proposición adjetiva de relativo (*¡Lo bien que te veo!*)
   - *Cómo/Cuánto* + verbo (*¡Cómo ha crecido este niño! ¡Cuánto trabajas!*)
   - *Cuánto /-a/-os/-as* + sustantivo (*¡Cuánto tiempo ha pasado!*)

1. ……………………………………………………………

2. ……………………………………………………………

3. ……………………………………………………………

4. ……………………………………………………………

5. ……………………………………………………………

TEMA VI: LA ORACIÓN

6. ....

b. Mandato:
- Con imperativos morfológicos o sintácticos. (*¡Tú te quedas ahí! ¡No te quedes ahí!*)
- Con sustantivos, gerundios o adverbios. (*¡Fuera de aquí!*)
- *Que/no* + subjuntivo (*¡Que te calles! ¡No salgas ahora!*)

1. ....
2. ....
3. ....
4. ....
5. ....
6. ....

c. Deseo:
- *Ojalá (que)/así* + verbo en subjuntivo (*¡Ojalá llame! ¡Así te eliminen!*)
- *Que* + verbo en subjuntivo (*¡Que venga pronto!*)
- *Quién* + verbo en subjuntivo (*¡Quién tuviera un coche así!*)

1. ....
2. ....
3. ....
4. ....
5. ....
6. ....

10) Escribe la exclamación que creas más adecuada para las siguientes situaciones:

Ejemplo:
Sales a la calle y te encuentras con un billete.
¡Vaya suerte la mía!

NUEZ-19: ORACIONES ENUNCIATIVAS, INTERROGATIVAS Y EXCLAMATIVAS

1. Llevas de vacaciones una semana y no para de llover.

   ....

2. Estás enfadado con un amigo y quieres te deje en paz.

   ....

3. Sales del cine y la película no te ha gustado nada.

   ....

4. Dentro de poco es tu cumpleaños y estás pensando en los regalos.

   ....

5. Estás paseando y ves a alguien con la cámara de fotos que te gustaría tener.

   ....

6. En el parque ves un perro enorme.

   ....

7. Tu equipo de fútbol ha vuelto a perder.

   ....

8. Tu mejor amiga ha tenido un hijo y lo estás visitando por primera vez.

   ....

9. Sales a la calle y la temperatura es muy baja.

   ....

10. Después de muchos años, te encuentras de repente con tu primer amor.

    ....

Tema VII: El sujeto

Nuez-20: La concordancia

El **sujeto**, como vimos en la nuez-18, es el **sintagma** nominal, o **proposición sustantiva**, del que se dice algo en el predicado.

Para identificar el sujeto de una oración, suele utilizarse la llamada "prueba de los interrogativos". De este modo, el sujeto es la respuesta que da el verbo de la oración a una pregunta con ¿quién?, ¿qué? o *¿qué cosa?*

a) Completa la tabla utilizando el interrogativo apropiado en cada caso para establecer el sujeto de cada oración:

	Interrogativo	Respuesta	Función
Los vecinos escucharon unos gritos.	¿Quiénes?	*Los vecinos*	Sujeto
Se escucharon unos gritos.			
El director de "Los otros" es Amenábar.			
Mi vecino es un genio.			
Compré un disco de un grupo inglés.			
Esa fábrica explotó el año pasado.			
La pelota ha entrado por la ventana.			

b) Si te fijas en la tabla que has completado, la "prueba de los interrogativos" no es el mejor método para identificar el sujeto de una oración, ¿por qué?

....

Otro método más sencillo y fiable es establecer la concordancia entre el sujeto y el verbo.

c) Escribe las oraciones de la tabla pero cambiando ahora el verbo de cada oración al singular o al plural. Después, compara las nuevas oraciones con las de la tabla y subraya el sujeto:

1. ....
2. ....
3. ....
4. ....
5. ....
6. ....
7. ....

d) ¿Por qué la concordancia pue de ser un buen recurso para identificar el sujeto de una oración?

....

Ejercicios de apoyo:

1) Completa las oraciones con el tiempo, persona y número adecuados de los verbos entre paréntesis.

1. *Mathilde y yo pasaremos las vacaciones en Salobreña. (pasar)*
2. *Tú y ella .... las vacaciones en Oslo. (pasar)*
3. *El resfriado lo .... en cama todo el fin de semana. (dejar)*
4. *La policía .... a dos ladrones. (detener)*
5. *Ambos ladrones .... a la Justicia. (ser entregado)*
6. *Todos .... antes de llegar. (tener que avisar)*
7. *................ una tontería que vayas a la reunión. (ser)*

TEMA VII: EL SUJETO

8. Me .... *el chocolate con almendras.* (gustar)

9. *Mi amigo y su mujer* .... *a un japonés esta noche.* (ir a cenar)

10. *Ambos* .... *muy simpáticos.* (ser)

11. *Mi familia me* .... *siempre.* (ayudar)

12. *Mi hermano y tú* .... *lo que está pasando.* (saber)

a. Subraya el sujeto en las oraciones anteriores.

b. ¿En qué consiste la concordancia ente el sujeto de la oración y el verbo?

....

2) La concordancia puede ser también un recurso para ver la **función sintáctica** en la oración de una **proposición sustantiva**.

- Subraya la proposición sustantiva en cada ejemplo y escribe debajo el pronombre neutro *esto*.
- Reescribe la oración sustituyendo *esto* por su plural, es decir, *estas cosas*.
- A partir de la concordancia en persona y número entre *estas cosas* y el verbo, señala los ejemplos en los que la proposición sustantiva es sujeto de la oración o realiza otra función sintáctica.

	Proposición sustantiva	
	Sujeto	Otra función
Queremos <u>ir al cine.</u> <u>Queremos estas cosas.</u> Esto		X
Me disgusta que lo pienses.		
Decir eso es una mala idea.		
Cree que no la llamará.		
Me gustaría visitar México.		

NUEZ-20: LA CONCORDANCIA

Sería interesante que fueras.		
Me ha prohibido ver esa película.		
Parece que llegará tarde.		
Comer fruta es muy sano.		
Me apetecería estar de vacaciones.		

a. Cuando el sujeto de una oración es una proposición sustantiva, ¿en qué persona y número debe aparecer siempre el verbo?

....

3) Hay algunos casos en los que la concordancia entre el sujeto y el verbo puede plantear alguna dificultad.

Fíjate en los casos que te proponemos, completa las oraciones con la forma correcta del verbo que aparece entre paréntesis y añade un nuevo ejemplo:

1. *El verbo de la oración puede aparecer en singular o en plural cuando el núcleo del sujeto es un nombre que expresa cantidad (mayoría, mitad, tercio, parte, resto...) y va seguido de un modificador introducido por la preposición de:*

    La mayoría de mis amigos vive/viven *en Oslo. (vivir)*

    La mitad de los estudiantes aprobó/aprobaron el examen.

2. *El sujeto no concuerda formalmente con el verbo cuando el hablante se incluye a sí mismo en el sujeto:*

    Los estudiantes .... *mucho.* (trabajar)

    ....

TEMA VII: EL SUJETO

3. *El verbo aparece en singular si el sujeto está compuesto por varias proposiciones, infinitivos o pronombres neutros:*

   Fumar y beber .... perjudicial para la salud. (ser)

   ....

4. *El verbo aparece en singular cuando el sujeto son dos elementos coordinados con una vinculación tan fuerte que forman una unidad de significado:*

   Se .... la carga y descarga de mercancías. (autorizar)

   ....

5. *El verbo aparece en singular cuando el sujeto es un nombre propio en plural que se concibe en singular:*

   Buenos Aires .... la capital de Argentina. (ser)

   ....

6. *El verbo aparece en plural si el núcleo del sujeto es un sustantivo singular ligado a otro sustantivo mediante así como, tanto...como, o con:*

   Mi equipo, como el tuyo, ... la eliminatoria. (pasar)

   ....

7. *El verbo ser aparece en plural cuando su atributo es un sustantivo plural:*

   Eso .... habladurías. (ser)

   ....

Nuez-21: El sujeto y la impersonalidad

Nadie puede acusar a este famoso entrenador de fútbol de ser alguien sin personalidad, es decir, de ser impersonal.

En gramática, también pasa algo parecido con las oraciones: hay oraciones personales y oraciones impersonales.

Sin embargo, la **impersonalidad** en gramática solo tiene que ver con el **sujeto** de la oración: o bien con el sujeto como **función sintáctica**, o bien con la interpretación semántica que podemos hacer del sujeto.

José Mourinho

Presta atención a las siguientes oraciones:

1. *Ya han vendido la casa que tanto te gustaba.*
2. *Hoy no hace tanto frío.*
3. *En esa película se dicen muchas tonterías.*
4. *Uno está siempre agotado después de clase.*
5. *Ya es de noche.*
6. *Se vive bien en Oslo.*

a) Escribe las tres oraciones de la lista anterior que no tienen sujeto sintáctico:

1. ....
2. ....
3. ....

b) ¿Qué nombre reciben estas oraciones impersonales?

....

TEMA VII: EL SUJETO

c) Escribe ahora las tres oraciones de la lista inicial que tienen sujeto sintáctico:

   1. ....

   2. ....

   3. ....

d) ¿Por qué estas tres oraciones son impersonales semánticas?

....

e) Transforma los tres ejemplos anteriores en oraciones personales:

   1. ....

   2. ....

   3. ....

Fíjate ahora en la segunda oración de cada par:

   Juan y María se casaron el año pasado. Ahora quieren tener un hijo.

   ¿Qué quieres tomar? A mí me gustaría tomar una ensalada.

   ¡Aún no has llamado a Pedro! No esperes más.

f) ¿Son estas oraciones personales o impersonales? ¿Por qué?

....

g) Para resumir todo lo que hemos visto, puedes completar el siguiente esquema con el término adecuado:

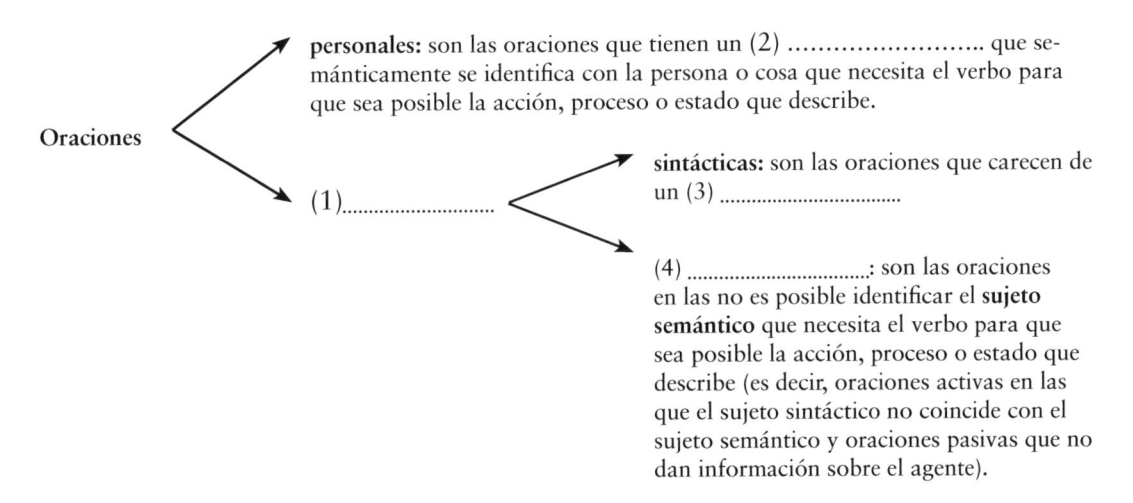

Oraciones
- **personales:** son las oraciones que tienen un (2) .... que semánticamente se identifica con la persona o cosa que necesita el verbo para que sea posible la acción, proceso o estado que describe.
- (1) ....
  - **sintácticas:** son las oraciones que carecen de un (3) ....
  - (4) ....: son las oraciones en las no es posible identificar el **sujeto semántico** que necesita el verbo para que sea posible la acción, proceso o estado que describe (es decir, oraciones activas en las que el sujeto sintáctico no coincide con el sujeto semántico y oraciones pasivas que no dan información sobre el agente).

Ejercicios de apoyo:

En la nuez-47 seguiremos hablando con más detalle de las oraciones impersonales semánticas, y también de fútbol. Ahora nos centraremos únicamente en las oraciones impersonales sintácticas.

1) Las siguientes oraciones son impersonales sintácticas. Fíjate en el verbo y subraya el complemento obligatorio (o complementos) que exige y señala su función sintáctica:

Ejemplo:
No **hay** <u>cervezas frías</u> en la nevera.
      C. directo

1. *Hace diez años, llegué a Oslo.*
2. *Ahora hace bastante calor.*
3. *Vuelve a dormir, aún es muy temprano.*
4. *Basta con que entregues el ejercicio antes de las doce.*
5. *Sobra con que traigas el postre para la cena.*
6. *Ayer olía muy mal aquí.*
7. *Aquí huele a sudor.*
8. *Aquí dice que no podemos fumar.*

TEMA VII: EL SUJETO

9. *Aquí **pone** que debemos estar en silencio.*

10. *En esa película **ocurre** de todo.*

11. *En este libro no **pasa** nada.*

12. *No **había** demasiada gente por las calles.*

2) Escribe una oración impersonal sintáctica con los siguientes verbos: *llover*, *nevar*, *amanecer* y *anochecer*.

1. ....
2. ....
3. ....
4. ....

a. ¿Qué diferencia sintáctica hay entre estos verbos y los del ejercicio 1?

....

3) Otra característica de los verbos que expresan un fenómeno meteorológico, como los del ejercicio 2, es que pueden admitir un sujeto en usos literarios o metafóricos.

Señala el sujeto de estas oraciones:

1. *Le están lloviendo muchas críticas al nuevo entrenador.*

2. *Después de su actuación, le llovieron los aplausos.*

3. *Truenan gritos de guerra.*

4. *Naomi y Julián amanecieron en la playa.*

a. A partir del sujeto, ¿qué tipo de oraciones son los ejemplos anteriores?

....

4) Vuelve a fijarte en las oraciones que hemos utilizado en los ejercicios 1 y 2 y completa la tabla:

	Oraciones impersonales sintácticas
Verbo + complemento obligatorio	1. Haber + <u>C. directo</u>
	2. Hacer + ... o ....
	3. Ser + ...
	4. Bastar/Sobrar + ...
	5. Oler + ... o ....
	6. .... + decir/poner + ...
	7. .... + pasar/ocurrir/suceder + ...
Verbo	1. Llover
	2. Nevar
	3. ....
	4. ....
	5. ....

a. En una oración impersonal sintáctica, ¿en qué persona y número debe aparecer siempre el verbo de la oración?

....

5) Las siguientes oraciones son agramaticales, es decir, incorrectas. Escribe la oración correcta:

1. *No han habido muchas preguntas. ....

2. *Habían muchas personas. ....

3. *Pueden haber algunos problemas. ....

4. *Tienen que haber soluciones para esos problemas. ....

5. *Hacen tres años desde que nos conocimos. ....

6. *Bastan con dos personas. ....

a. ¿Por qué las oraciones propuestas son agramaticales?

....

Tema VIII: El predicado nominal

Nuez-22: Verbos copulativos

El predicado es la parte de la oración que dice algo sobre el sujeto. Por tanto, es también la parte de la oración que contiene el **núcleo oracional**.

En cierta manera, una oración no es muy diferente al modo como está construida una telaraña. En torno al núcleo oracional, como si fuésemos una araña, se va tejiendo el resto de la oración.

Sin embargo, si nos fijamos en el predicado de las siguientes oraciones, podemos observar que no existe un único tipo de núcleo oracional:

La araña no es un insecto.
  Sujeto   **Predicado**

Las arañas tienen ocho patas.
  Sujeto   **Predicado**

a) ¿En cuál de estas oraciones el núcleo oracional es únicamente el verbo?

....

b) *Predicar* significa *decir*. Entonces, estos verbos se llaman predicativos porque

....

c) ¿En cuál de estas oraciones el núcleo oracional está compartido entre un núcleo sintáctico y un núcleo semántico?

....

d) En estas oraciones, ¿cuál es la palabra que siempre funciona como núcleo sintáctico?

....

e) *Copular* significa *unir* o *juntar*. Entonces, estos verbos se llaman copulativos porque ....

....

f) ¿Qué función sintáctica realiza siempre el núcleo semántico en estas oraciones?

....

A partir de las respuestas anteriores:

g) explica qué es un predicado verbal:

....

....

h) explica qué es un predicado nominal:

....

....

Ejercicios de apoyo:

1) Identifica el sujeto y el predicado de las oraciones siguientes. Después, clasifica el predicado en nominal o verbal:

Ejemplo:
Este despacho es muy bonito.
　Sujeto　　Predicado nominal

1. Mi compañero de despacho siempre está leyendo la prensa en internet.

2. Cristina parece muy contenta hoy.

3. Tus amigos me despidieron en la estación.

TEMA VIII: EL PREDICADO NOMINAL

4. *Este cuadro ha sido robado varias veces.*

5. *¡Eres un animal!*

6. *Su amiga está casada con un primo mío.*

7. *Juan y Pepa deberían ser más prudentes.*

8. *Ante estas situaciones, tenemos que estar alerta.*

9. *Sería una buena idea que lo invitaras a la fiesta.*

10. *¿Os apetece dar un paseo?*

2) Escribe una oración con los verbos *escribir, saltar, levantarse* y *trabajar*:

1. ....
2. ....
3. ....
4. ....

a. ¿Por qué las cuatro oraciones que has escrito tienen un predicado verbal?

....

3) Completa las siguientes oraciones con predicado nominal añadiendo un atributo que siga la estructura propuesta:

Ejemplo:
Hoy no estoy demasiado bien.
         Sintagma adverbial

1. Oslo es _____.
          Sintagma nominal determinado[16]

---

16 Un sintagma nominal es determinado cuando hace referencia o se identifica con una unidad específica (*Me he comprado este ordenador*) e indeterminado cuando ocurre lo contrario (*Me he comprado un ordenador*).

2. *Oslo es* _____.
   Sintagma nominal indeterminado

3. *Oslo es* _____.
   Sintagma adjetivo

4. *Juan y yo somos* _____.
   Sintagma nominal introducido por preposición *de*

5. *Es* _____ *salir a pasear al bosque después de que haya llovido.*
   Sintagma adjetivo que expresa opinión

6. *Es* _____ *salir a pasear al bosque después de que haya llovido.*
   Sintagma nominal que expresa opinión

7. *Quien ha venido es* _____.
   Sintagma nominal determinado

8. *Miguel es* _____.
   Proposición adjetiva sustantivada

9. *Aún no estoy* _____.
   Sintagma adjetivo

10. *Gracias, estamos* _____.
    Sintagma adverbial

11. *María estaba* _____.
    Sintagma adjetivo

12. *Mi jefe está* _____.
    Sintagma nominal introducido por preposición *de*

13. *Su nueva chaqueta parece* _____.
    Sintagma adjetivo

14. *Esta mesa parece* _____.
    Sintagma nominal introducido por preposición *de*

15. *Sus amigos parecen* _____.
    Sintagma nominal

TEMA VIII: EL PREDICADO NOMINAL

4) Con ayuda del ejercicio anterior, completa la tabla con el tipo de unidad sintáctica que puede ser atributo de cada uno de los verbos copulativos:

Verbos copulativos	Estructura del atributo
Ser	....
Estar	....
Parecer	....

5) Utiliza la tabla anterior y escribe un nuevo ejemplo con las diferentes estructuras del atributo que puede presentar cada verbo copulativo:

Ser:

1. ....
2. ....
3. ....
4. ....
5. ....
6. ....

7. ....

Estar:

1. ....

2. ....

3. ....

Parecer:

1. ....

2. ....

3. ....

6) Si te fijas en los ejercicios anteriores, el predicado nominal puede tener un significado diferente según el verbo copulativo que se emplee y la estructura de su atributo.

Vuelve a utilizar las diferentes estructuras del atributo del ejercicio 4 y completa esta nueva tabla, pero ahora ten en cuenta también el significado del predicado nominal:

Oraciones copulativas		
Verbos copulativos	**Estructura del atributo**	**Significado del predicado nominal**
Ser		
		Caracteriza al sujeto
		Identifica al sujeto
Estar		Caracteriza al sujeto
Parecer		Caracteriza al sujeto

TEMA VIII: EL PREDICADO NOMINAL

7) A partir de la tabla anterior contesta a estas dos preguntas (consulta las nueces 28 y 29 si necesitas más ayuda):

    a. ¿Qué es una oración copulativa de caracterización y qué características formales presenta?

....

....

    b. ¿Qué es una oración copulativa de identificación y qué características formales presenta?

....

....

Nuez-23: Verbos semicopulativos

Existen algunos verbos que, como los **verbos copulativos**, también exigen un **atributo**:

1. *La cena en tu casa resultó muy divertida.*

2. *Viven muy felices desde que se cambiaron de casa.*

3. *Últimamente andas muy triste.*

4. *Se puso muy contento cuando se lo conté.*

5. *Tu amigo se ha vuelto un charlatán.*

6. *Te has quedado boquiabierto al verla.*

7. *Siempre se hace el sueco cuando se lo recuerdo.*

a) Subraya el atributo en cada una de las oraciones anteriores.

b) ¿Qué tipo de predicado tienen estas oraciones?

....

Sin embargo, por su significado, estos verbos se distinguen de los copulativos.

c) ¿Por qué a estos verbos se les denomina **verbos semicopulativos**?

....

Entre los verbos semicopulativos están los denominados **verbos de cambio de estado**. Las oraciones con estos verbos siguen también la estructura Sujeto + Verbo + Atributo:

TEMA VIII: EL PREDICADO NOMINAL

Sujeto	Verbo de cambio de estado	Atributo
	Volverse *Hacerse* *Ponerse* *Quedarse*	

d) Sigue la estructura oracional propuesta en la tabla y escribe la oración correspondiente (no olvides que existen unas diferencias de significado entre los diferentes verbos semicopulativos de cambio de estado):

....

e) ¿Qué expresa el sujeto en estas oraciones?

....

f) ¿Qué expresa el atributo?

....

g) ¿Por qué estos verbos se llaman de cambio de estado?

....

Ejercicios de apoyo:

1) Identifica las oraciones con predicado nominal y subraya el atributo:

Ejemplo:
Yo soy <u>el que soy</u>.
         Atributo
    Predicado nominal

1. ¿Dónde están todos tus amigos?

2. ¿Por qué se pone siempre tan nerviosa?

3. De un tiempo a esta parte, andas muy alegre.

4. De un tiempo a esta parte, estás muy alegre.

5. De un tiempo a esta parte, solo haces cosas alegres.

6. Han suspendido la representación de esta noche.

7. La película no resultó tan aburrida.

8. Mi mesa nueva es de madera maciza.

9. No ha parado de llover en todo el día.

10. Siempre suele haber alguna pregunta sobre este tema.

2) En las siguientes oraciones encontramos un verbo predicativo y un **complemento predicativo** (C. Pred.), que es una función sintáctica próxima al atributo. Subraya el complemento predicativo en cada oración:

Ejemplo:
Llegamos muy cansados a casa.
     C.Pred.

1. Encontré despierto al bebé.

2. Entregué intactos los discos.

3. Esta mañana me desperté nerviosa.

4. Fueron contentos al colegio.

5. He dormido intranquila toda la noche.

6. Nombró herederas a las hijas de Juan.

7. Puso tristes a todos los asistentes.

TEMA VIII: EL PREDICADO NOMINAL

8. *Su reacción nos dejó inquietos.*

9. *Veo contentos a tus hijos.*

10. *Vinieron cansados de la excursión.*

a. ¿Qué parecidos podemos establecer entre el atributo y el complemento predicativo?

....

b. ¿Por qué es necesario distinguir entre estas dos funciones sintácticas?

....

3) Completa los ejemplos con el verbo semicopulativo de cambio de estado adecuado (*volverse, hacerse, ponerse, quedarse*). ¡No olvides utilizar el tiempo verbal adecuado!:

Ejemplo:
Mis amigos se quedaron muy tranquilos cuando recibieron la noticia.

1. *Con tantas emociones, ... muy nerviosos.*

2. *Con tantas experiencias negativas, ... más reservada.*

3. *Ellos .... de piedra cuando nos dijeron la noticia.*

4. *Los pantalones .... de color verde.*

5. *Mi padre .... calvo muy joven.*

6. *Si los llamas, ... muy alegres.*

7. *Su hija .... profesora.*

8. *Nosotros .... muy generosos.*

9. *Tus amigos .... unos desconfiados.*

NUEZ-23: VERBOS SEMICOPULATIVOS

4) Ten en cuenta el ejercicio anterior y completa cada definición con el verbo semicopulativo de cambio de estado correspondiente:

	Expresa cambios definitivos y el atributo puede ser un adjetivo o un sintagma nominal con o sin preposición.
	Señala cambios definitivos que se llevan a cabo con la voluntad o esfuerzo del sujeto. El atributo puede ser un adjetivo o un sustantivo.
	Indica cambios accidentales, pasajeros, no definitivos y el atributo solo puede ser un adjetivo.
	Muestra cambios accidentales pero estables y el atributo es siempre un adjetivo.

5) Existen otros verbos, además de los semicopulativos que hemos visto, para expresar la idea de cambio de estado del sujeto. Escribe una oración con los verbos propuestos:

1. *Adelgazar*:

   ....

2. *Alegrarse*:

   ....

3. *Engordar*:

   ....

4. *Envejecer*:

   ....

5. *Entristecerse*:

   ....

6. *Convertirse en algo*:

   ....

   a. ¿Por qué estos verbos no pueden considerarse semicopulativos? ¿Cómo podemos clasificar estos verbos?

   ....

TEMA VIII: EL PREDICADO NOMINAL

6) También es posible expresar el cambio de estado mediante una perífrasis con los verbos *ser* o *estar*. Escribe una oración con estas perífrasis:

1. *Llegar a ser:* ....
2. *Pasar a ser:* ....
3. *Pasar a estar:* ....

Tema IX: El predicado verbal

Nuez-24: Verbos predicativos transitivos

A diferencia de los **verbos copulativos** y los **verbos semicopulativos**, los **verbos predicativos** no necesitan un **atributo**. De este modo, son por sí solos el **núcleo oracional**, es decir, son al mismo tiempo el núcleo sintáctico y semántico del predicado y de la oración.

Los verbos predicativos pueden clasificarse en tres grupos: **verbos transitivos, verbos ditransitivos** y **verbos intransitivos**.

Un verbo predicativo es transitivo cuando exige un complemento obligatorio que realiza la función sintáctica de **complemento directo** (CD):

*María **come** pasteles todo el tiempo.*
         CD

*¿**Has dado** el regalo a María?*
              CD

*El niño **metió** la pelota en el salón.*
                CD

*Ya **han informado** a los periodistas de la decisión.*
                        CD

***Habéis dejado** encendidas todas las luces de la casa.*
                                    CD

TEMA IX: EL PREDICADO VERBAL

a) ¿Cómo podemos definir la función sintáctica de complemento directo?

....

Si te fijas en los ejemplos anteriores, en algunos casos el verbo predicativo transitivo exige otro complemento además del complemento directo:

b) Subraya este complemento en las oraciones.

c) ¿Cuál es la función sintáctica que realiza este complemento en cada caso? Escribe esta función debajo de cada complemento.

d) Señala el ejemplo en el que el verbo es ditransitivo. ¿Qué son los verbos ditransitivos?

....

Ejercicios de apoyo:

1) Una característica del complemento directo (CD) es que puede sustituirse por un pronombre personal átono.

Subraya el complemento directo y vuelve a escribir las oraciones utilizando el pronombre personal átono correspondiente.

Ejemplo:
Compré *el pan* en la tienda de la esquina. *Lo compré en la tienda de la esquina.*

1. *Mi hermana quiere vender su coche.* ....
2. *Estoy leyendo el periódico ahora.* ....
3. *No dejes la ventana abierta.* ....
4. *No deberías tirar la colilla al suelo.* ....
5. *¿Estáis pintando la casa?* ....
6. *Ya hemos regado las plantas.* ....
7. *Tienes que arreglar la bicicleta.* ....

8. *Cerró la puerta con un portazo.* ....

9. *Tienes que contarme el secreto.* ....

10. *Anoche reservamos las entradas.* ....

11. *Hemos saludado a sus padres.* ....

12. *Toma esta botella.* ....

13. *Dame las llaves.* ....

14. *Lee este libro antes de mañana.* ....

a. ¿En qué posición suele aparecer el pronombre átono respecto al verbo?

   ....

b. Solo en algunos casos puede aparecer pospuesto al verbo, ¿cuáles son estos casos?

   ....

c. Y en un solo caso aparece siempre pospuesto y formando una palabra con el verbo, ¿cuál es este caso?

   ....

Consulta la nuez-11 si has tenido alguna duda al responder estas tres preguntas.

2) Otra característica del complemento directo es que, en algunos casos, debe ir introducido por la preposición *a*.

Añade la preposición *a* en los casos que sea necesario.

1. *Aún no he visto ..... la película.*

2. *Aún no he visto ..... María.*

3. *Tengo ..... siete hijos.*

4. *Tengo ..... mis siete hijos en casa de mis padres.*

5. *Hay ..... mucha gente en la calle.*

TEMA IX: EL PREDICADO VERBAL

6. *Llevaré ..... una tarta a la fiesta.*

7. *Llevaré ..... unos amigos a la fiesta.*

8. *Llevaré ..... amigos a la fiesta.*

9. *¿Has presentado ..... tu novia a todos tus amigos?*

10. *Todavía no me has presentado ..... tu novia.*

a. ¿En qué casos debe introducirse el complemento directo con la preposición *a*? (Antes de responder, presta especial atención a los últimos cuatro ejemplos).

....

3) Los verbos transitivos que también exigen un complemento indirecto reciben el nombre de ditransitivos.

Escribe una oración con los **verbos ditransitivos** propuestos y subraya en tu ejemplo el complemento directo (CD) y el complemento indirecto (CI):

Ejemplo:
Dar *¿Has dado el regalo a María?*
             CD   CI

1. *Entregar* ....

2. *Prestar* ....

3. *Enviar* ....

4. *Preguntar* ....

5. *Contar* ....

6. *Decir* ....

a. ¿Qué expresa siempre el complemento indirecto?

....

158

4) Los verbos transitivos que expresan un cambio de posición del complemento directo (*meter, colgar, poner, sacar, traer, devolver, acercar, enviar, llevar...*) exigen un segundo complemento obligatorio. Con algunos de estos verbos, este segundo complemento puede ser un complemento indirecto (CI) o un complemento circunstancial (CC). Con otros, es siempre un complemento circunstancial.

Subraya los complementos obligatorios de los siguientes verbos predicativos transitivos e identifica la función sintáctica:

Ejemplo:
*El niño **metió** <u>la pelota</u> <u>en el salón</u>.*
           CD   CC

1. ¿Puedes *llevar* el postre a la cena?

2. Este libro lo *saqué* de la biblioteca.

3. No *acerques* las velas a la cortina.

4. *Acércales* el televisor.

5. No *cuelgues* ese cuadro en el salón.

6. Hay que *enviarle* el paquete a casa.

7. *Enviamos* un ramo de flores a María.

8. Tienes que *devolver* estos libros a la biblioteca.

9. ¿Puedes *traernos* una cerveza?

10. Aún no le he *devuelto* los discos que me prestó.

a. ¿Qué expresa siempre el complemento circunstancial obligatorio?

....

TEMA IX: EL PREDICADO VERBAL

5) Algunos verbos transitivos pueden exigir también un **complemento de régimen**, es decir, un complemento obligatorio que siempre va introducido por una preposición y que completa el significado del verbo predicativo.

Añade un complemento de régimen a las siguientes oraciones.

Ejemplo:
Ya han informado a los periodistas <u>de la decisión</u>.

1. *No se debe anteponer el tiempo libre ....*

2. *Esta máquina separa el fruto ....*

3. *No debes mezclar el vino ....*

4. *Siempre confundes la amistad ....*

5. *La verdad nos ayuda ....*

6. *Hubo mucha gente que no consiguió salvarse ....*

6) El **complemento predicativo** es la función sintáctica que, al mismo tiempo, completa el significado del verbo y de un sustantivo de la oración. Con un verbo transitivo, puede ser un complemento obligatorio o no obligatorio.

Identifica el complemento predicativo en las siguientes oraciones y especifica si es obligatorio o no.

Ejemplo:
Habéis dejado <u>encendidas</u> todas las luces de la casa.
       <u>C. Pred. obligatorio</u>

1. *La han nombrado jefa del departamento.*

2. *Las encontré dormidas en el salón.*

3. *Le entregué la camisa recién planchada.*

4. *Los niños están viendo tranquilos los dibujos animados.*

5. *María terminó cansada los ejercicios.*

6. *Me devolvió rota la bicicleta.*

7. *Me la imagino sentada en una playa exótica.*

8. *No considero este tema demasiado importante.*

9. *Quiero ver a todo el mundo callado.*

10. *Te veo bastante más delgado.*

7) Muchos verbos transitivos describen una acción y, en la oración, exigen un sujeto que expresa la persona o cosa que realiza esta acción.

Escribe una oración con los siguientes verbos:

1. *Salvar* ....
2. *Enviar* ....
3. *Escribir* ....
4. *Ayudar* ....

Una característica de estos verbos es que pueden admitir una **construcción reflexiva** o una **construcción recíproca**. Escribe un ejemplo con la construcción propuesta para cada uno de estos verbos:

Salvar:

Construcción reflexiva:..

Construcción recíproca:..

Enviar:

Construcción reflexiva:..

Construcción recíproca:..

Escribir:

Construcción recíproca:..

TEMA IX: EL PREDICADO VERBAL

Ayudar:

Construcción recíproca:..

a. ¿Cuál es la característica principal de las construcciones reflexivas?

....

b. ¿Cuál es la característica principal de las construcciones recíprocas?

....

Nuez-25: Verbos predicativos intransitivos

Un **verbo predicativo** es intransitivo cuando no exige un **complemento directo**.

Dejando a un lado los verbos impersonales (ver nuez-21), la mayoría de los verbos predicativos intransitivos pueden clasificarse en cuatro grupos a partir de criterios sintácticos:

1) Los que no exigen ningún complemento obligatorio en el predicado verbal (por ejemplo, *esquiar* y *explotar*):

Mathilde esquía todos los fines de semana.
La rueda de la bicicleta ha explotado.

2) Los que exigen un **complemento indirecto** en el predicado verbal (por ejemplo, *gustar* y *divertir*):

Me gustan las sorpresas.
*Estos ejercicios **nos** divierten.*

3) Los que exigen un **complemento de régimen** en el predicado verbal (por ejemplo, *pensar* y *sorprenderse*):

*Pensamos **en ella** todo el tiempo.*
*Nos sorprendimos **de su actitud**.*

4) Los que exigen un **complemento circunstancial** en el predicado verbal (por ejemplo, *ser* y *estar* predicativos):

*Tu amiga está **en el jardín**.*
*La cena será **a las nueve**.*

Esta clasificación sintáctica de los verbos predicativos intransitivos puede completarse con unas observaciones semánticas:

a) ¿Qué expresan los verbos del primer grupo?

....

TEMA IX: EL PREDICADO VERBAL

b) ¿Qué expresan el sujeto y el complemento indirecto de las oraciones del segundo grupo? ¿Cómo se llaman estos **verbos intransitivos**?

....

c) El complemento de régimen de los verbos del tercer grupo, ¿qué relación semántica guarda con el complemento directo de los verbos transitivos?

....

d) ¿Qué expresan los verbos *ser* y *estar* cuando son predicativos? (Si tienes alguna duda, consulta también la nuez-30).

....

Ahora, fíjate en el título de esta novela modernista del brasileño Mário de Andrade (1893-1945): *Amar, verbo intransitivo*.

e) Escribe una oración con el verbo *amar*:

....

f) ¿Es realmente *amar* un verbo intransitivo[17]?

....

---

17 Una posible explicación para este título puede estar en el carácter innovador del modernismo y en su intento de destruir lo establecido para construir todo de nuevo. Con este título, el autor establece una contradicción que marca el inicio de la búsqueda que se pretende explorar en la novela.

Ejercicios de apoyo:

1) Cuando no exigen ningún complemento en el predicado, los verbos intransitivos describen una acción o actividad que tiene su origen y recae al mismo tiempo sobre el sujeto de la oración.

Escribe 6 verbos intransitivos con estas características: ...., ..., ..., ..., ... y ....

Ahora escribe una oración con cada uno de estos verbos:

1. ....
2. ....
3. ....
4. ....
5. ....
6. ....

2) Los **verbos de afección psíquica** son verbos intransitivos que solo exigen un complemento indirecto en el predicado.

En las oraciones con un verbo de afección psíquica, el complemento indirecto expresa la persona afectada por un estímulo y el sujeto representa algo que provoca el estímulo expresado en el verbo. Además, el sujeto suele aparecer pospuesto al verbo. Este esquema puede representar el resultado:

Complemento indirecto + Verbo de afección psíquica + **Sujeto**
Persona experimentadora   Lo que provoca el estímulo

Escribe una oración con los siguientes verbos de afección psíquica: *gustar*, *doler*, *importar* y *preocupar*:

1. ....
2. ....
3. ....

TEMA IX: EL PREDICADO VERBAL

4. ....

    a. ¿Qué otros verbos de afección psíquica conoces?

....

3) Escribe una oración con cada una de las realizaciones sintácticas de estos verbos:

Sorprender:

    Verbo de afección psíquica:...

    Verbo transitivo:...

Irritar:

    Verbo de afección psíquica:...

    Verbo transitivo:...

Emocionar:

    Verbo de afección psíquica:...

    Verbo transitivo:...

4) El complemento de régimen, al igual que el complemento directo, completa el significado del verbo pero, a diferencia de éste último, siempre va introducido por una preposición y nunca puede ser un pronombre átono.

¿Cuál es la preposición que introduce el complemento de régimen de los siguientes verbos intransitivos?

    1. *Debes fijarte ..... lo que dices.*

    2. *El éxito depende ..... el deseo.*

    3. *Hemos pasado la tarde hablando ..... fútbol.*

    4. *Los empleados se rebelaron ..... los recortes.*

    5. *Mucha gente simpatiza ..... esas ideas.*

6. *No creo ..... esas cosas.*

7. *No me atreví ..... saltar por la ventana.*

8. *¿Nunca te arrepientes ..... nada?*

9. *Siempre os quejáis ..... todo.*

10. *Tuvieron que prescindir ..... su ayuda.*

Muchos verbos intransitivos que exigen un complemento de régimen son, por su forma, **verbos pronominales**:

a. ¿Cuáles son los verbos pronominales que hemos utilizado en los ejemplos anteriores?

....

b. ¿Qué es un verbo pronominal?

....

5) A partir de la preposición propuesta para introducir el complemento de régimen, añade en la tabla verbos diferentes a los utilizados en el ejercicio anterior y escribe un ejemplo con cada uno de ellos:

Verbos intransitivos	C. de Régimen	Ejemplos
	a	
	de	
	en	
	con	

TEMA IX: EL PREDICADO VERBAL

6) A continuación te ofrecemos una serie de oraciones con los verbos *ser* y *estar*. Marca con una cruz la naturaleza del verbo en cada caso (consulta la nuez-30 si tienes dudas):

	Verbo copulativo	Verbo predicativo
Ayer estábamos muy cansados.	X	
El baño está a la izquierda.		
El lunes es 17 de mayo.		
El parque está por esta calle.		
Esta botella es de plástico.		
Hoy estoy enfermo.		
Hoy no estoy de humor.		
Inés es muy guapa.		
La comida estará dentro de un momento.		
La gente del sur es muy simpática.		
Nuestro jardín es desde aquí hasta el árbol.		
¿Qué será de mi amigo Ángel?		
Somos de Oslo.		
Su casa está entre dos parques.		
Todavía es pronto para hacer pronósticos.		

a. Si te fijas en la tabla anterior, los verbos *ser* y *estar* son predicativos cuando tienen significado léxico. Completa esta nueva tabla con el verbo correspondiente:

	Ser y estar predicativos	
	Definición	Sinónimos
....	Expresa la locación en el espacio de algo o alguien.	*suceder, tener lugar* o *existir*
	Expresa la locación en el tiempo de algo o alguien.	
....	Expresa que algo o alguien permanece o se encuentra en un lugar o situación.	*hallarse, encontrarse* o *permanecer*

Nuez-26: La alternancia transitivo/intransitivo

La alternancia no es una propiedad exclusiva de los superhéroes. Algunos **verbos predicativos** también poseen esta virtud.

El periodista Clark Kent

El superhéroe Súperman

De este modo, muchos verbos predicativos pueden ser transitivos o intransitivos, es decir, alternan entre dos realizaciones sintácticas.

En la variante transitiva, estos verbos exigen siempre un **complemento directo** (CD):

*Siempre **discuten** temas de política internacional.*

*Pudimos **burlar** a la policía.*

*Juan **lee** todo el tiempo el libro que le regalé.*

a) Subraya el complemento directo en las oraciones anteriores.

En la variante intransitiva, nunca exigen un complemento directo, pero estos verbos pueden tener diferentes realizaciones sintácticas.

b) Utiliza los ejemplos anteriores con los verbos *discutir*, *burlar* y *leer* y escribe la oración intransitiva correspondiente:

....

....

....

TEMA IX: EL PREDICADO VERBAL

c) Si te fijas en las oraciones anteriores, la variante intransitiva de cada uno de estos verbos presenta unas características sintácticas diferentes (e incluso un cambio de significado en algunos casos). Clasifica el **verbo intransitivo** de los ejemplos que has escrito en el grupo correspondiente:

1) Verbos intransitivos (por ejemplo, ………….) que no exigen ningún complemento obligatorio.

2) Verbos intransitivos (por ejemplo, ………….) que exigen un **complemento de régimen** obligatorio.

3) Verbos intransitivos (por ejemplo, ………….) que exigen un pronombre reflexivo y un complemento de régimen obligatorio.

Ejercicios de apoyo:

1) Escribe ejemplos con los siguientes verbos y la realización sintáctica propuesta:

Cantar:

    Transitivo:……………………………………………………………………………………

    Intransitivo:…………………………………………………………………………………

Estudiar:

    Transitivo:……………………………………………………………………………………

    Intransitivo:…………………………………………………………………………………

Beber:

    Transitivo:……………………………………………………………………………………

    Intransitivo:…………………………………………………………………………………

Escribir:

    Transitivo:……………………………………………………………………………………

    Intransitivo:…………………………………………………………………………………

NUEZ-26: LA ALTERNANCIA TRANSITIVO/INTRANSITIVO

Leer:

    Transitivo: ....

    Intransitivo: ....

Bailar:

    Transitivo: ....

    Intransitivo: ....

    a. Si te fijas en el complemento directo de tus ejemplos, ¿cuál puede ser la causa para que estos verbos transitivos puedan utilizarse también como intransitivos?

    ....

    b. Si te fijas en tus ejemplos con uso intransitivo, ¿qué características sintácticas presenta la alternativa intransitiva de estos verbos?

    ....

2) Escribe la alternativa intransitiva de las siguientes oraciones:

Ejemplo:
Ya he respondido estas preguntas. Ya he respondido a estas preguntas.

    1. ***Hemos disfrutado*** *el fin de semana.* ……………………………………

    2. ***Pensé*** *lo que me dijo.* ……………………………………

    3. *Le* ***contesté*** *la pregunta.* ……………………………………

    4. ***Soñé*** *que me quería.* ……………………………………

    5. ***Acabamos*** *esa discusión hace tiempo.* ……………………………………

    a. ¿Qué tipo de complemento exige la variante intransitiva de todos estos verbos?

    ....

TEMA IX: EL PREDICADO VERBAL

b. Aunque no existe diferencia de significado entre las dos variantes, sí existe una limitación sintáctica muy significativa. ¿Cuál es la única variante posible si el complemento expresa persona? Ilustra tu respuesta con algún ejemplo.

....

3) La variante intransitiva de los siguientes verbos, además de exigir un complemento de régimen, implica un cambio de significado del verbo.

Vuelve a escribir estas oraciones utilizando un verbo predicativo sinónimo:

1. *Siempre puedes contar con mi ayuda.* *Siempre puedes confiar en mi ayuda.*

2. *Ya ha contado con muchas oportunidades.* ....

3. *No pude dar con la correa del perro.* ....

4. *La terraza de esa casa da al parque.* ....

5. *Siempre tira del mismo argumento* ....

6. *Para ir al centro, puedes tirar por aquí* ....

7. *Nunca trata de ser simpático con ella* ....

8. *El libro trata de un grupo de amigos* ....

4) Escribe la alternativa intransitiva de las siguientes oraciones:

Ejemplo:
He olvidado llamarlo.
Me he olvidado de llamarlo.

1. *Admiramos su valentía y decisión.*

   ....

2. *Ha corregido todos sus defectos.*

   ....

3. *Despedí a mis padres en la estación.*

   ....

4. *Siempre río sus ocurrencias.*

   ....

5. *Han burlado el control de pasaportes.*

   ....

a. ¿Por qué estos verbos intransitivos son pronominales?

   ....

b. ¿Qué complemento exigen estos **verbos pronominales**?

   ....

c. ¿Existe en estos ejemplos una diferencia de significado entre el uso transitivo y el uso intransitivo del verbo?

   ....

TEMA IX: EL PREDICADO VERBAL

Nuez-27: Reflexiones en torno al predicado

El otoño, especialmente en el norte de Europa, suele estar asociado con una serie de ideas: soledad, paz interior, luz nítida, colores apagados, depresión, cansancio, intimidad, recogimiento... Sin embargo, algunas de estas ideas son solo un mito para muchos.

Fotos: Otoño en Oslo

Algo parecido ocurre con el **predicado** de una oración. A veces, también lo relacionamos con ideas que no siempre son completamente exactas.

A continuación, te proponemos una serie de afirmaciones. Presta atención al **sintagma** verbal que funciona como predicado en las oraciones que damos como ejemplo y argumenta si estas afirmaciones sobre el predicado son verdaderas o falsas.

a) Formalmente, el **núcleo** sintáctico de un sintagma verbal solo puede ser una palabra.

El otoño ha llegado ya a Oslo.
Las hojas de los árboles han empezado a caerse.
Este otoño está siendo muy frío.

b) En el predicado solo es posible hablar de un único tipo de núcleo.

   El otoño es mi época del año favorita.
   El otoño comienza el 22 de septiembre en el hemisferio norte.

....

c) A partir del núcleo del predicado es posible hablar también de diferentes tipos de predicado.

   El otoño es mi época del año favorita.
   El otoño comienza el 22 de septiembre en el hemisferio norte.

....

d) Todas las oraciones que tienen un sintagma verbal predicado tienen también un sintagma nominal **sujeto**.

   En Oslo, llueve con mucha frecuencia en otoño.
   La lluvia es constante en Oslo.

....

Ejercicios de apoyo:

1) Subraya el predicado en las siguientes oraciones. Señala el tipo de predicado e identifica su núcleo sintáctico:

Ejemplo:
Tu amiga <u>debe de estar</u> muy triste ahora.
          <u>Núcleo sintáctico</u>   .
              Predicado nominal

1. *Muchos ejercicios resultan incomprensibles.*

2. *Las vacaciones fueron muy cortas.*

3. *En el colegio han representado una obra de teatro.*

4. *Este invierno está siendo muy frío.*

TEMA IX: EL PREDICADO VERBAL

5. *Julián estornuda sin parar.*

6. *El teléfono no ha parado de sonar.*

7. *Me quedé atontado después del golpe.*

8. *¿Has enviado ya la carta?*

    a. ¿En qué casos el núcleo sintáctico es además núcleo semántico?

    ....

    b. ¿En qué casos el núcleo semántico es una palabra diferente al núcleo sintáctico?

    ....

    c. A partir de la respuesta anterior, ¿cómo podemos definir el atributo?

    ....

2) Con ayuda de un verbo copulativo o semicopulativo (ver las nueces 22 y 23), escribe una oración con cada uno de los siguientes atributos: *de plástico, nervioso, estudiantes, cansadas, de Barcelona, del Real Madrid, perezoso, muy alegres, trabajador, delgados.*

Ejemplo:
Las sillas que me prestaron son de plástico.

1. ....
2. ....
3. ....
4. ....
5. ....
6. ....
7. ....
8. ....

9. ....

10. ....

3) Escribe una oración con los siguientes verbos: *acercar, atreverse, confundir, contar, devolver, encontrar, estudiar, gustar, hablar* y *ver.*

1. ....

2. ....

3. ....

4. ....

5. ....

6. ....

7. ....

8. ....

9. ....

10. ....

a. ¿Qué tipo de predicado tenemos siempre con estos verbos?
....

4) Con ayuda del infinitivo entre paréntesis, completa las oraciones con un tiempo verbal apropiado:

1. (ser) *No salgas todavía, aún .... temprano.*

2. (ser) *Intenté convencerla, pero .... muy tarde para eso.*

3. (haber) *No .... cervezas en la nevera.*

4. (nevar) *Ayer .... con intensidad.*

TEMA X: LOS VERBOS SER Y ESTAR

5. (bastar) *Con tres limones* ....

6. (hacer) *Los próximos meses* .... *mucho calor.*

7. (decir) *Aquí* .... *que está prohibido fumar.*

8. (oler) *En su cuarto* .... *a sudor.*

9. (ocurrir) *Ayer* .... *de todo en clase.*

10. (haber) .... *muchos retrasos en el metro las últimas semanas.*

a. ¿Por qué el verbo de estas oraciones solo puede aparecer en 3ª persona del singular? (Consulta la nuez-21 si tienes dudas).

....

Tema X: Los verbos *ser* y *estar*

Nuez-28: Oraciones copulativas de caracterización

¿Ser o *estar*?

Para responder a esta pregunta, debemos observar primero si tenemos una **oración copulativa** o una **oración predicativa**. Después, según el tipo de oración, debemos fijarnos en varias cosas:

1. Si la oración es copulativa, debemos considerar el tipo de oración copulativa (de caracterización o de identificación):
   a. si es de caracterización, debemos observar la estructura del atributo y el tipo de característica que expresa el atributo;
   b. si es de identificación, solo podemos utilizar *ser*.

2. Si la oración es predicativa, hay que tener en cuenta el significado léxico de *ser* y *estar*.

En la nuez-29, trataremos las oraciones copulativas de identificación y, en la nuez-30, las oraciones predicativas con *ser* y *estar*. En esta nuez, analizaremos las oraciones en las que únicamente puede darse la alternancia *ser/estar* en una misma oración. Es decir, las oraciones copulativas de caracterización.

Las oraciones copulativas en las que el **atributo** expresa una característica o cualidad del sujeto reciben el nombre de oraciones copulativas de caracterización. Mediante el atributo, es posible expresar cualidades propias y permanentes del sujeto o cualidades transitorias o adquiridas del sujeto. Además, las oraciones copulativas de caracterización pueden ser de dos tipos:

TEMA X: LOS VERBOS SER Y ESTAR

1) Oraciones copulativas de caracterización que describen al sujeto:

Las ballenas son unos mamíferos muy inteligentes.
Este chico es muy simpático y amable.
La mesa que compré es de madera de roble.
Juan y yo estamos muy cansados hoy.
María está en forma.
Mis padres están bien, gracias.

a) Subraya el **sujeto** y el **predicado** nominal de estas oraciones.

b) Escribe la estructura que presenta el atributo en cada caso (**sintagma** adjetivo, sintagma nominal indeterminado, sintagma nominal introducido por preposición o sintagma adverbial).

c) ¿Con qué atributos de caracterización puede utilizarse únicamente *ser*? ¿Qué tipo de características expresa siempre este atributo?

    Sujeto + *ser* + sintagma ....
                Atributo que expresa características ....

d) ¿Con qué atributos de caracterización puede utilizarse únicamente *estar*? ¿Qué tipo de características expresa este atributo?

    Sujeto + *estar* + sintagma ....
                 Atributo que expresa características ....

e) ¿Con qué atributos de caracterización puede producirse solo la alternancia *ser/estar*?

    Sujeto + *ser/estar* + sintagma .... / sintagma ....
                      Atributo

En este último caso, el empleo de *ser* o *estar* depende del tipo de características que expresamos con el atributo:

f) Con atributos que expresan una cualidad propia y permanente del sujeto, se utiliza el verbo ....

g) Con atributos que expresan cualidades transitorias o adquiridas del sujeto, se utiliza el verbo ....

NUEZ-28: ORACIONES COPULATIVAS DE CARACTERIZACIÓN

2) Oraciones copulativas de caracterización que expresan una opinión o juicio del hablante sobre lo expresado en el sujeto:

Es genial que vengáis a la fiesta.
Es una mala idea llamarla ahora.
Es asombroso que quieras ir a visitar esas ruinas.
Está bien poder votar desde el extranjero.

a) Subraya el predicado nominal y el sujeto de estas oraciones.

b) ¿Qué estructura oracional es siempre el sujeto en estas oraciones?

....

c) En estas oraciones, el atributo del verbo *ser* puede ser un sintagma adjetivo o un sintagma nominal, ¿pero qué deben expresar siempre el adjetivo o el sustantivo de estos sintagmas?

....

d) ¿En qué único caso es obligatorio utilizar *estar*?

....

e) A veces, cuando el atributo es un adjetivo, es posible utilizar también *estar*, ¿de qué manera cambia el sentido de la oración con *estar*?

Es/Está genial pasar las vacaciones en la playa.

....

f) ¿Cuál es el **orden sintáctico** más frecuente en estas oraciones? (La nuez-48 puede ayudarte si tienes alguna duda).

....

Ejercicios de apoyo[18]:

1) Completa estas oraciones copulativas con el verbo *ser*:

1. Pedro .... argentino, pero vive en Noruega, en Bodø.

2. Mi amigo Antonio .... socialista pero su familia .... de derechas.

3. Mi abuelo materno .... carpintero.

4. Esta mujer .... alemana, de Berlín.

5. Estuve hablando con una chica muy simpática que .... profesora de francés.

6. A: ¿Y de dónde .... ustedes?
   B: .... de la ciudad de León, en Nicaragua.

7. Tuvieron muchos problemas hasta poder casarse porque ella .... católica y

8. Él .... musulmán.

9. Séneca .... estoico y Epicuro .... hedonista.

10. Yo antes .... católico practicante, pero ahora .... ateo.

11. A: Vosotros .... de Lima, ¿verdad?
    B: No, no, nosotros .... de Cuzco.

12. Julia y Pedro .... amigos de mi hermano.

13. Mira, voy a presentarte a unos amigos. Ella .... nicaragüense y ellos dos

14. .... de Honduras.

15. Estas botellas .... de plástico duro.

16. José María es un ciudadano del mundo, no .... nada nacionalista.

17. Creo que el ambiente de trabajo en mi oficina .... un poco machista.

---

18 Julián Cosmes-Cuesta ha aportado material para la elaboración de estos ejercicios.

NUEZ-28: ORACIONES COPULATIVAS DE CARACTERIZACIÓN

18. *Los libros que .... digitales .... más baratos.*

a. ¿Qué tipo de oraciones tenemos en los ejemplos anteriores?

   ....

b. Si observas el atributo, ¿por qué debemos utilizar *ser* en todos estos ejemplos?

   ....

2) Completa estas oraciones copulativas con el verbo *estar*:

1. *No pudimos entrar. Cuando llegamos, la sala .... totalmente llena.*

2. *No me han saludado. Supongo que aún .... enfadados conmigo.*

3. *Tu madre ha llamado. .... muy preocupada porque tu padre no contesta.*

4. *Hasta que llegó la policía, todos los vecinos .... atemorizados.*

5. *En la noche de Fin de Año, con tanto ruido, el perro .... muy inquieto.*

6. *Ha suspendido tres asignaturas y .... muy disgustados con nuestra hija.*

7. *¡Ya no lo aguanto más! .... harto de trabajar los sábados y domingos.*

8. *No le dieron el trabajo y .... un poco decepcionada.*

9. *Las ventanas han .... abiertas y la sala .... ahora helada.*

10. *Los que perdieron el trabajo .... completamente desesperados.*

11. *No insistas. El televisor no funciona. .... roto.*

12. *Esta comida .... hecha con mucho cariño.*

13. *Cuando hablé con ella, María .... muy intranquila.*

14. *Pedro y yo no .... de acuerdo con esa propuesta.*

15. *¿ .... enfadada conmigo todavía?*

16. *El café que me has dado* .... *muy dulce.*

a. ¿Qué tipo de oraciones tenemos en los ejemplos anteriores?

....

b. Si observas el atributo, ¿por qué debemos utilizar *estar* en todos estos ejemplos?

....

3) Completa las oraciones copulativas de caracterización con *ser* o *estar*:

1. *Ayer vi esa película. ¡Menudo rollo!* .... *un auténtico muerto.*

2. *Cuando llegó la ambulancia, ya* .... *muerto.*

3. *El hijo de mi hermana* .... *muy vivo, muy activo e inteligente para su edad.*

4. *Todavía hay gente que piensa que Elvis* .... *vivo.*

5. *¡Date prisa! Tenemos que irnos. Se nos hace tarde. ¿Todavía no* .... *lista?*

6. *Isabel dice siempre que su hija* .... *muy lista. Yo creo que es poco objetiva.*

7. *¡Qué pesado* .... *Carlos! Se pasa todo el día hablando de lo mismo.*

8. *¡Qué pesado* .... *hoy, Carlos! ¿Qué te pasa?*

9. *Este bacalao* .... *salado, no lo has tenido en agua el tiempo suficiente.*

10. *La niña de Kristin es guapísima y muy viva. ¡* .... *muy salada!*

11. *José María es todo un caballero:* .... *tan atento, tan amable y educado.*

12. *¡Deja el móvil! Si no* .... *atento, no entenderás los usos de ser y estar.*

13. *¿Seguro que no quieres probar la sopa? Tú te lo pierdes, ¡* .... *riquísima!*

14. *El dueño de esa casa enorme* .... *un nuevo rico.*

15. *¿No quieres una cerveza? Las tengo en la nevera y* .... *muy frescas.*

NUEZ-28: ORACIONES COPULATIVAS DE CARACTERIZACIÓN

16. *El pan que compraste está un poco duro, no es del día, no .... fresco.*

17. *Los aguacates que compraste ayer .... verdes todavía.*

18. *El examen es dentro de dos semanas y todavía .... verde en algunos temas.*

19. *Me sabe rara la tarta. Creo que la crema no .... buena.*

20. *Este café no .... bueno, a mí me gusta más fuerte y más caliente.*

21. *Comer tanta carne no puede .... bueno. Tienes que comer más verdura.*

22. A: *¿Qué te pasa? Tienes muy mala cara.*

    B: *No .... bien, tengo un poco de fiebre y también tos.*

23. *¡Qué simpático es Ole! ¡Y además .... buenísimo!*

24. *A Ole no tienes que hacerle caso, ... como una cabra.*

25. *Aunque solo tiene 16 años, va a entrenar todos los días y .... como un toro.*

26. *El mar .... como una balsa de aceite.*

4) Sigue la estructura y escribe ejemplos de oraciones copulativas que expresen **juicio de valor** sobre el sujeto:

<u>Ser + SN./SAdj.</u>   +   <u>Proposición sustantiva</u>
Predicado nominal   **Sujeto**

Ejemplo:
Es increíble que sepas hablar japonés.

1. ....
2. ....
3. ....
4. ....
5. ....
6. ....

TEMA X: LOS VERBOS SER Y ESTAR

5) En oraciones copulativas que expresan juicio de valor, puede darse en algunos casos la alternancia *ser/estar* cuando el atributo es un adjetivo. Por ejemplo, con el adjetivo *genial*.

Combina *genial* con *ser* y *estar* y escribe dos juicios de valor:

....

....

Como puedes observar en tus ejemplos, con *ser* el juicio de valor tiene una dimensión más general y con *estar* el juicio se limita a una situación concreta.

    a. En el ejercicio 4 has escrito otros ejemplos de juicio de valor con el verbo *ser*. ¿Hay algún caso en el que también podrías utilizar *estar*? Utiliza estos ejemplos u otros que se te ocurran y escribe tres nuevos juicios de valor con el verbo *estar*:

....

....

....

6) En oraciones copulativas que expresan juicio de valor, el verbo *estar* es obligatorio cuando el atributo es un adverbio. Escribe tres oraciones que sigan el siguiente esquema:

<u>Estar + adverbio</u>   +   <u>Proposición sustantiva</u>
Predicado nominal   Sujeto

    1. ....

    2. ....

    3. ....

Nuez-29: Oraciones copulativas de identificación y variantes enfáticas

¿Has jugado alguna vez a *Quién es quién*?

Este juego consiste en identificar a diferentes personas. Te proponemos una pequeña prueba utilizando a Rubén como ejemplo:

El hermano de Güido		El profesor de ciencias políticas
El tío de Glauka		El amigo de Iván y Sandra

a) Ahora responde a la pregunta:

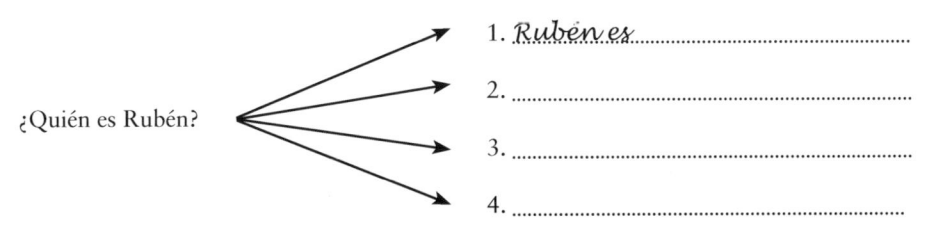

¿Quién es Rubén?

1. *Rubén es* ....
2. ....
3. ....
4. ....

b) Si ahora damos la respuesta *Es Rubén*, ¿qué cuatro preguntas podemos formular con *quién*?

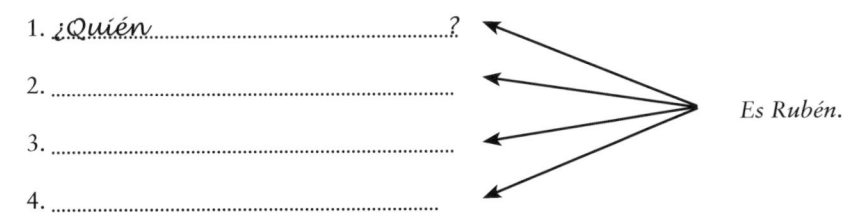

1. *¿Quién* .... ?
2. ....
3. ....
4. ....

Es Rubén.

TEMA X: LOS VERBOS SER Y ESTAR

Tanto en las cuatro respuestas como en las cuatro preguntas, hemos utilizado una oración copulativa con la siguiente estructura:

<u>Sintagma nominal determinado</u> + *ser* + <u>Sintagma nominal determinado</u>
Sujeto **Atributo**

c) ¿Por qué estas **oraciones copulativas** se llaman identificativas?

....

d) ¿Cuál es el **verbo copulativo** que siempre se emplea en estas oraciones copulativas?

....

Este tipo de oraciones copulativas presenta una variante enfática:

*El que es hermano de Güido **es** Rubén.*
*Yo **soy** el que se va de vacaciones.*
*Quien viene esta tarde **es** Miguel.*
***Somos** Pedro y yo los que queremos ir al cine.*

e) ¿Por qué son enfáticas estas oraciones?

....

f) ¿Cuál sería la variante no enfática de cada una de estas tres oraciones?

....

....

....

....

g) ¿Qué estructuras pueden presentar estas oraciones enfáticas? (Consulta la nuez-17 si necesitas más ayuda).

.... + *ser* + ...
Sujeto **Atributo**

188

.... + *ser* + ...
　　Sujeto　　　　　　　　Atributo

Ser +.................... + ...
　　Sujeto　　　　　　　　Atributo

Fíjate ahora en estas oraciones enfáticas con *ser*:

El miércoles es *cuando jugamos al fútbol.*
　　1　　　　　　　　2

Es en el cajón donde encontrarás las llaves.
　　1　　　　2

Como viene al trabajo cada día es *en bicicleta.*
　　　　　2　　　　　　　　1

h) ¿Qué expresa el elemento 1 en cada oración?

.... , ... y ....

i) ¿Qué estructura presenta el elemento 2?

....

j) ¿Qué se enfatiza con este tipo de oraciones con *ser*?

....

Ejercicios de apoyo[19]:

1) Completa las oraciones con el verbo *ser*:

1. *El koala* .... *mi animal favorito.*

2. ¿ .... *los amigos de Carlos?*

3. *Pedro y yo* .... *los nuevos estudiantes.*

19　Julián Cosmes-Cuesta ha aportado material para la elaboración de estos ejercicios.

TEMA X: LOS VERBOS SER Y ESTAR

4. *En 1992, mi padre* .... *el maestro de este pueblo.*

5. *¿Cuál............. tu equipo favorito?*

6. *Y tus jugadores preferidos, ¿quiénes* ....*?*

7. *Esa chica* .... *la nueva novia de mi hermano.*

8. *Aquellos* .... *los médicos que te operaron.*

a. ¿Qué tipo de oraciones tenemos en los ejemplos anteriores?

....

b. Si observas el atributo, ¿por qué debemos utilizar *ser* en todos estos ejemplos?

....

2) Transforma las oraciones siguientes en oraciones copulativas enfáticas de identificación con esta estructura:

<u>Sintagma nominal determinado</u> + *ser* + <u>Proposición adjetiva sustantivada</u>
         Sujeto   **Atributo**

Ejemplo:
Tú estás enfadada. Yo, no.
Tú eres la que está enfadada, no yo. O también *Tú eres quien está enfadada, no yo.*

1. *El ordenador que no funciona está en mi habitación.*

....

2. *Mi hijo tiene una camiseta azul y el pelo rubio.*

....

3. *Yo no dije eso. Eso lo dijo Carlos.*

....

NUEZ-29: ORACIONES COPULATIVAS DE IDENTIFICACIÓN Y VARIANTES ENFÁTICAS

4. *Yo les pedí que vinieran.*

   ....

5. *Mi hermano mayor es médico, no mi hermana.*

   ....

6. *Lucas se casa con Marianne.*

   ....

7. *Ella se equivocó. Tú, no.*

   ....

8. A: *Pero, ¿qué pasa?*
   B: *¿Que qué pasa? Que me han robado el teléfono.*

   ....

3) Transforma las oraciones siguientes en oraciones copulativas enfáticas de identificación con esta estructura:

<u>Proposición adjetiva sustantivada</u> + *ser* + <u>Sintagma nominal determinado</u>
        Sujeto   **Atributo**

Ejemplo:
Tú estás enfadada. Yo, no.
La que está enfadada eres tú, no yo. O también *Quien está enfadada eres tú, no yo.*

1. *Trabajamos todos los domingos.*

   ....

2. *La reunión es el jueves, hoy no.*

   ....

3. *A mí me gusta con mucha azúcar.*

   ....

4. *Tú tienes que hacerlo así.*

   ....

5. *Nosotros nos vamos a cenar a un restaurante.*

   ....

6. *Mi hijo aprendió a esquiar el año pasado.*

   ....

7. *Tienes que hablar con ella y pedirle perdón.*

   ....

8. *Tú no tienes ningún problema, pero nosotros sí.*

   ....

4) Completa los siguientes diálogos con una oración copulativa enfática de identificación con esta estructura:

Ser + <u>Sintagma nominal determinado</u> + <u>Proposición adjetiva sustantivada</u>
             Sujeto   **Atributo**

Ejemplo:
A: *¿Eres de Madrid?*
B: *No. Es Juan el que es de Madrid.*

1. A: *Pero, ¿quién te dijo eso?*

   B:..

2. A: *¿Es Pedro tu hermano?*

   B:..

3. A: *¿Eres tú el médico?*

   B:..

4. A: *¿Llamó tu madre anoche?*

   B: ....

5. A: *¿Quién organizaba las fiestas? ¿Vosotros o ellos?*

   B: ....

6. A: *¿Sois vosotros los hijos de Carolina?*

   B: ....

7. A: *¿Quién os prestó el dinero?*

   B: ....

8. A: *¿Vino Carlota al seminario?*

   B: *No, no pudo.* ....

5) Escribe una oración enfática con *ser* a partir del elemento subrayado en cada oración:

Ejemplo:
Vivimos aquí.
Es aquí donde vivimos.

1. *Mañana conoceremos los resultados.*

   ....

2. *La golpeó con el teléfono.*

   ....

3. *Tengo pensado ir a México.*

   ....

4. *Le enviaré la carta la próxima semana.*

   ....

TEMA X: LOS VERBOS SER Y ESTAR

5. Fue asesinado *con un disparo*.

   ....

6. Perdió el móvil *en un parque*.

   ....

7. *Dentro de tres semanas* estaré de vacaciones.

   ....

8. *En aquella habitación* se cometió el crimen.

   ....

9. *Con paciencia* se solucionan todos los problemas.

   ....

10. Estaré trabajando *de lunes a miércoles*.

    ....

Nuez-30: Oraciones predicativas con *ser* y *estar*

Cuando son **verbos predicativos**, *ser* y *estar* comparten un rasgo común: sirven para localizar el **sujeto**.

a) Completa las diferentes casillas con los siguientes términos: *su cumpleaños, la fiesta, mañana, dentro de unos días, aquí, en mi casa, el bar, el cine, mi hermana, Juan, el libro, mis gafas.*

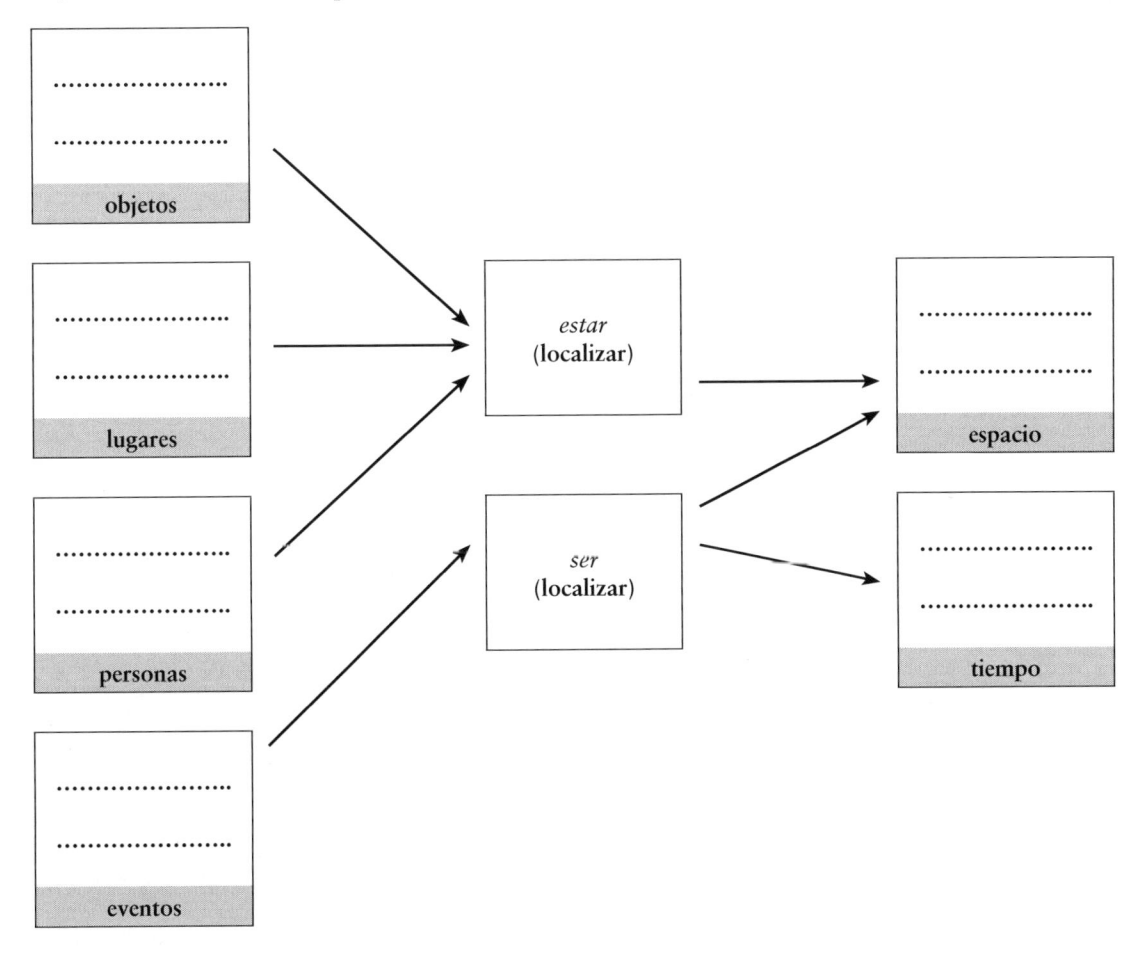

[Esquema con casillas: objetos, lugares, personas, eventos → *estar* (localizar) y *ser* (localizar) → espacio, tiempo]

Con ayuda del esquema anterior, lee en voz alta todas las oraciones posibles. Después, completa estas conclusiones:

b) En oraciones predicativas, utilizamos *estar* para localizar objetos, lugares y personas en el espacio y puede ser sinónimo de otros verbos predicativos como ...., ... o ....

c) En oraciones predicativas, utilizamos *ser* para localizar eventos en el espacio y en el tiempo y puede ser sinónimo de otros verbos predicativos como .... o ....

Finalmente, el verbo *ser* predicativo puede tener un significado diferente al de localizar, aunque este uso suele estar limitado al género literario. Es el uso que encontramos, por ejemplo, en este famoso soneto de Francisco de Quevedo[20]:

A una nariz Érase un hombre a una nariz pegado, érase una nariz superlativa, érase una nariz sayón y escriba, érase un peje espada muy barbado. Era un reloj de sol mal encarado, érase una alquitara pensativa, érase un elefante boca arriba, era Ovidio Nasón más narizado. Érase un espolón de una galera, érase una pirámide de Egipto, las doce Tribus de narices era. Érase un naricísimo infinito, muchísimo nariz, nariz tan fiera que en la cara de Anás fuera delito.	d) En este soneto, ¿qué expresar *ser* en la forma *érase (era)*? .... e) ¿Qué otro verbo podríamos utilizar en lugar de la forma *érase (era)*? ....

Ejercicios de apoyo[21]:

1) Completa con los verbos predicativos *ser* o *estar* en el tiempo verbal adecuado:

1. *El cajero automático .... muy cerca, en la primera calle a la izquierda.*

2. *¿Qué día .... la reunión de la semana que viene?*

3. *Normalmente .... en casa a partir de las seis y media.*

4. *El estreno de esa obra de teatro .... en Oslo el año pasado.*

5. *Su cumpleaños .... el día 4 de julio.*

6. *Eso que cuentas .... en 1992, creo recordar.*

---

20 Francisco de Quevedo (1580-1645) es uno de los autores más importantes del Siglo de Oro español. Destacó por su obra poética, aunque también escribió obras narrativas y dramáticas.
21 Julián Cosmes-Cuesta ha aportado material para la elaboración de estos ejercicios.

NUEZ-30: ORACIONES PREDICATIVAS CON SER Y ESTAR

7. ¿Qué .... de su hermano? No he vuelto a saber nada de él.

8. Las fiestas suelen .... por la tarde.

9. ¡Mira, aquél que .... allí es Mario!

10. La boda .... en el Ayuntamiento, el próximo sábado.

11. El año pasado .... de vacaciones en Noruega, y este año vamos a ir a Suecia.

12. ¿A qué hora .... el concierto?

13. Si no me equivoco, el restaurante que nos recomendaron .... por aquí cerca.

14. El pueblo donde nació .... en la provincia de Granada.

15. Muchos cuentos infantiles empiezan así: "............... una vez una princesa..."

16. .... en otoño cuando nos vimos por última vez. Recuerdo que ella .... todavía en la oficina antigua.

17. A: Hola, quería hablar con Pedro.
    B: Pues, no .... Ha salido un momento a pasear al perro.

18. A: ¿Dónde .... la conferencia de esta tarde?
    B: .... en el auditorio 3 de la Biblioteca Universitaria.

2) Sustituye *ser* o *estar* por otro verbo predicativo. Cuando sea necesario, realiza las transformaciones oportunas.

Ejemplo:
¿Qué <u>ha sido</u> del dinero de la herencia?
<u>¿Qué ha pasado con el dinero de la herencia?</u>

1. Eso *fue* hace muchos años.

   ....

2. ¿Dónde <u>será</u> el próximo seminario de morfología del español?

   ....

TEMA X: LOS VERBOS SER Y ESTAR

3. El funeral <u>será</u> el próximo martes a las cuatro de la tarde.

   ....

4. La historia que cuenta la película <u>fue</u> en tiempos de la colonización.

   ....

5. Su oficina <u>está</u> en el tercer piso.

   ....

6. <u>Érase</u> una vez un castillo en un país muy lejano...

   ....

7. <u>Hemos estado</u> todo el fin de semana en el campo.

   ....

8. El hotel Los Balcones <u>está</u> en el centro de León, muy cerca de la catedral.

   ....

9. Yo <u>volveré a estar</u> en Managua en primavera.

   ....

10. ¿Dónde <u>es</u> la trama de "Cien años de soledad"?

    ....

11. "<u>Érase</u> una vez una niña muy bonita. Su madre le había hecho una capa roja y todo el mundo la llamaba Caperucita Roja."

    ....

12. El nuevo museo de Edvard Munch <u>estará</u> detrás del Palacio de la Ópera.

    ....

a. Si comparas las dos alternativas (con *ser/estar* o con otro verbo predicativo), ¿qué solución resulta más expresiva? ¿Por qué?

   ....

Tema XI: El núcleo del predicado

Nuez-31: Las perífrasis verbales

La prensa nos proporciona cada día un sinfín de posibilidades para el análisis gramatical.

Desgraciadamente, no siempre es posible relacionar este análisis con buenas noticias.

Por ejemplo, podemos encontrar noticias como las siguientes y proponer análisis como estos:

Las partes enfrentadas no podrán alcanzar una paz duradera [...].
                                Núcleo
SN (**Sujeto**)   SV (**Predicado verbal**)

Un nuevo acuerdo no va a ser posible en los próximos días.
                       Núcleo sintáctico
SN (**Sujeto**)   SV (**Predicado nominal**)

a) ¿Qué características formales tiene el núcleo del predicado en cada una de estas oraciones?

....

b) ¿Cómo podemos clasificar cada una de estas **perífrasis** por su significado?

....

c) ¿Por qué se ha elegido una perífrasis frente a un **tiempo verbal** de *alcanzar* o del verbo *ser*?

....

TEMA XI: EL NÚCLEO DEL PREDICADO

En el siguiente ejemplo, también aparecen dos verbos juntos:

Las partes enfrentadas no <u>desean negociar</u> un final para el conflicto.

d) ¿Podemos considerar *desear* + infinitivo una perífrasis verbal? ¿Por qué?

....

....

Ejercicios de apoyo:

1) Subraya la perífrasis en cada una de estas oraciones:

Ejemplo:
Si quieres resolver ese problema, <u>debes fijarte</u> más en los ejemplos.

1. *Para conseguir esos objetivos, hay que luchar aún más.*

2. *Ya hay niños en las calles, así que debe de haber terminado el colegio.*

3. *Viene a ver si le puedes echar una mano con ese problema.*

4. *El coche que tanto te gusta viene costando en torno a dos millones.*

5. *Si vamos a la recepción, nos inflaremos a comer canapés.*

6. *Ha llamado y dice que está a punto de llegar.*

7. *Nos quedamos atónitos cuando salió diciendo que no era su culpa.*

8. *Después de lo ocurrido, todos esperamos que traiga aprendida la lección.*

9. *Nosotros nos fuimos, pero ella se quedó bailando sola.*

10. *Si apagas la tele, dejará de hacer ese ruido tan molesto.*

11. *Tras la última derrota, creo que tu equipo da por perdido el campeonato.*

12. *Aunque hoy hace sol, volverá a nevar dentro de poco.*

a. ¿Cuál es la estructura que sigue siempre una perífrasis? ¿Qué función tiene cada uno de sus componentes?

....

....

2) Solo en una oración de cada par se emplea una perífrasis verbal. Identifica esta oración y subraya la perífrasis:

Ejemplo:
Ya he llamado a mi madre. / <u>Vengo de llamar</u> a mi madre.

1. *Se puso a llorar cuando se lo dije. / La vi llorando sin parar.*
2. *Ha llovido sin descanso todo el día. / No ha parado de llover en todo el día.*
3. *Para aprobar, debes estudiar más. / Si no estudias, no aprobarás.*
4. *Te iba a escribir esta tarde. / Había pensado escribirte esta tarde.*
5. *Tengo que ver esa exposición cuanto antes. / Quiero ver esa exposición cuanto antes.*
6. *¿Deseas que abra la ventana? / ¿Puedes abrir la ventana?*
7. *Todo esto lo vengo diciendo hace tiempo. / Todo esto ya lo he dicho hace tiempo.*
8. *Ya he terminado este ejercicio y aún sigue llorando. / Sigue ahí y llora todavía.*

3) Completa las oraciones utilizando una de estas perífrasis: *estar* + gerundio, *ir a* + infinitivo o *tener que* + infinitivo:

Ejemplo:
Yo ya no <u>estoy estudiando</u> (estudiar) japonés.

1. *Ayer .... (ella-ver) la televisión todo el día.*
2. *..................... (nosotros-llamar) a Juan antes de que se vaya.*
3. *..................... (tú-comprar) la novela ganadora.*
4. *..................... (vosotros-dar) la noticia a Juan lo antes posible.*
5. *..................... (nosotros-contar) toda la verdad a sus padres.*

4) Reescribe las oraciones del ejercicio anterior sustituyendo el complemento directo o el complemento indirecto por el pronombre personal correspondiente:

Ejemplo:
Yo ya no lo estoy estudiando

1. ....
2. ....
3. ....
4. ....
5. ....

¿En qué dos posiciones puede aparecer el pronombre en estas oraciones? (Consulta la nuez-11 si tienes alguna duda).

....

5) Clasifica todas las perífrasis que hemos utilizado en los ejercicios anteriores (fíjate en los tres ejemplos que ya aparecen en la tabla): [22]

---

[22] Es posible que exista alguna perífrasis que pueda clasificarse en alguna de las casillas marcadas con No hay, pero de cualquier manera serían casos periféricos y poco frecuentes.

CLASIFICACIÓN DE LAS PERÍFRASIS VERBALES

SIGNIFICADO (según el matiz que aporta el verbo auxiliar)		ESTRUCTURA (según la forma del verbo principal)		
		infinitivo	participio	gerundio
PERÍFRASIS MODALES (expresan la actitud del hablante ante la acción)	Obligación o necesidad	*deber* + infinitivo	No hay[23]	No hay
	Posibilidad o probabilidad		No hay	No hay
	Capacitación		No hay	No hay
	Aproximación		No hay	*venir* + gerundio
	Exagerativas		No hay	No hay
PERÍFRASIS ASPECTUALES (expresan cómo es vista la acción por el hablante)	Incoativas e ingresivas	*ir a* + infinitivo	No hay	
	Durativas o progresivas			
	Perfectivas o terminativas			
	Iterativas y frecuentativas			

6) Completa la tabla anterior con otras perífrasis que conozcas. Escribe una oración con algunas de estas perífrasis u otras de la tabla:

1. ....

2. ....

3. ....

4. ....

5. ....

6. ....

---

23 Es posible que exista alguna perífrasis que pueda clasificarse en alguna de las casillas marcadas con No hay, pero de cualquier manera serían casos periféricos y poco frecuentes.

TEMA XI: EL NÚCLEO DEL PREDICADO

7) En lugar de emplear una perífrasis verbal, los hablantes que no tienen el español como lengua materna suelen preferir o abusar de ciertos giros adverbiales.

Reescribe las siguientes oraciones eliminando la parte subrayada y utilizando una perífrasis verbal:

1. *Si no contesta, llámala <u>otra vez</u> más tarde.*

   ....

2. *Hemos cometido <u>de nuevo</u> el mismo error.*

   ....

3. *Con los años, nos hacemos viejos <u>poco a poco</u>.*

   ....

4. *Llovió <u>todo el tiempo</u> toda la noche.*

   ....

5. *No vino porque está enfermo <u>todavía</u>.*

   ....

6. *En las vacaciones he comido <u>mucho</u> <u>todo el tiempo</u>.*

   ....

Nuez-32: Las locuciones verbales

La prensa nos proporciona cada día un sinfín de posibilidades para el análisis gramatical.

Desgraciadamente, no siempre es posible relacionar este análisis con buenas noticias.

Foto de *elEconomista.es*[24]

El Gobierno quiere poner en marcha un impuesto por usar bolsas de plástico

Este titular puede servirnos para seguir reflexionando sobre las locuciones y las perífrasis verbales:

a) ¿Cuál es la **locución verbal** que se emplea en este titular?

....

b) Esta locución podría sustituirse por un verbo, ¿cuál puede ser este verbo?

....

c) A nivel de significado, ¿qué aportan las locuciones?

....

Este titular es una **oración compuesta** y su **verbo principal**, *quiere*, es transitivo:

d) ¿Cuál es el complemento directo de *quiere*?

....

---

24 http://www.eleconomista.es/desarrollo-sostenible/noticias/2890913/03/11/

TEMA XI: EL NÚCLEO DEL PREDICADO

e) Si tienes en cuenta las características formales de este **complemento directo**, ¿qué tipo de oración compuesta tenemos en este titular?

....

f) ¿Por qué no podemos considerar *querer* + infinitivo como una **perífrasis verbal**?

....

....

g) Nuestra locución puede ser el verbo principal en una perífrasis, ¿cuál puede ser el verbo auxiliar? (Consulta la nuez-31 si necesitas ayuda)

El Gobierno .... poner en marcha un impuesto por usar bolsas de plástico
              V. auxiliar   V. principal
                  Perífrasis verbal

Si tienes en cuenta el análisis que has realizado en las preguntas anteriores, podrás resolver este último ejercicio.

h) Explica las principales diferencias entre una perífrasis y una locución verbal:

....

....

....

....

Ejercicios de apoyo:

1) Señala la locución en cada uno de estos pares:

Ejemplo:

        hacer trozos / (hacer añicos)

        a pedir de boca / a pedir de pies

        hacerse de oro / hacerse de plata

NUEZ-32: LAS LOCUCIONES VERBALES

a todo coche / a todo tren

a freír espárragos / a freír champiñones

de segundo brazo / de segunda mano

hacerse el noruego / hacerse el sueco

estar como un tren / estar como unos patines

poner a examen / poner a prueba

de bandera / de banda ancha

a. Subraya ahora la palabra que en cada uno de los ejemplos anteriores debemos utilizar para buscar el significado de la locución en un diccionario.

b. Escribe una oración con cada una de las locuciones anteriores:

1. ....
2. ....
3. ....
4. ....
5. ....
6. ....
7. ....
8. ....
9. ....
10. ....

TEMA XI: EL NÚCLEO DEL PREDICADO

2) Las locuciones pueden clasificarse por su función en la oración. Si te fijas en los ejemplos que has escrito en el ejercicio anterior, cinco de las locuciones que has utilizado funcionan como un verbo, es decir, son locuciones verbales. ¿Qué tipo de locuciones tenemos en los demás casos? Clasifica las diez locuciones en la siguiente tabla:

	Ejemplos
Locuciones *verbales*	*hacer añicos*
Locuciones	
Locuciones	

3) Subraya las locuciones en las siguientes oraciones y reescribe cada oración sustituyendo la locución por otras palabras:

Ejemplo:
No hables con él todavía. Está que echa chispas > *Está muy enfadado.*

1. *Le importa un rábano lo que pienses* > ....
2. *Anoche no pude pegar ojo* > ....
3. *Me han dado una patada y aún veo las estrellas* > ....
4. *Acabarás metiendo la pata diciendo esas cosas* > ....
5. *A tus amigos les están tomado el pelo* > ....
6. *Me estás sacando de quicio* > ....
7. *Esa casa debe de costar un ojo de la cara* > ....
8. *Tu amiga siempre está dando la nota* > ....

9. *Cuando me lo contó, tenía un nudo en la garganta* > ....

10. *En casa soy yo el que lleva los pantalones* > ....

   a. Si comparas las oraciones propuestas con las que has escrito, ¿qué aportan las locuciones a un mensaje?

   ....

4) Son muchas las locuciones en español que podemos relacionar con el cuerpo humano. Completa la siguiente tabla con ejemplos que conozcas y relaciónalos con las diferentes partes del cuerpo que te proponemos:

Partes del cuerpo	Locuciones
Cabeza	*Caérsele el pelo a alguien*
Tronco	*Tomar a pecho*
Extremidades	*No mover un dedo*

5) Escribe algunos ejemplos con locuciones que hayas utilizado en la tabla del ejercicio anterior:

1. ....

2. ....

3. ....

4. ....

5. ....

6. ....

7. ....

8. ....

9. ....

10. ....

Tema XII: Los tiempos verbales

Nuez-33: El presente

El presente expresa la coincidencia temporal entre la situación que se describe y el momento del habla.

Sin embargo, esta descripción no siempre coincide con todos los usos en los que podemos emplear el **tiempo verbal** de presente:

¡No **pongas** los pies encima de la mesa!

Colón **llega** a América en 1492.

Dos y dos **son** cuatro.

El árbitro **señala** un penalti.

El próximo verano lo **pasamos** en la montaña.

Estate quieto que me **haces** daño.

Las clases de piano **comienzan** siempre a las diez.

No creo que nos **llame** esta noche.

Te lo **juro**.

Tú te **callas**.

a) Como puedes ver, el tiempo verbal de presente nos permite expresar diferentes valores. Utiliza esta tabla y clasifica los ejemplos anteriores:

Presente: tiempo verbal		
Valor	**Ejemplo**	**Descripción**
Puntual		Expresa una coincidencia exacta con el momento del habla.
Progresivo		Expresa una situación que aún está en curso.
Generalizador		Hace referencia a propiedades o estados característicos de personas, cosas o situaciones.
Mandato		Expresa órdenes o peticiones.
Retrospectivo		Describe hechos pasados próximos al momento del habla o en narraciones históricas.
Prospectivo		Alude a hechos posteriores al momento del habla, especialmente sucesos previstos o planificados.
Futuro en el subjuntivo		El presente es el tiempo verbal en subjuntivo que expresa el futuro.

b) Cuando empleamos *estar* + gerundio en una oración, ¿qué valor de la tabla tiene esta perífrasis verbal?

....

c) Reescribe los ejemplos de la tabla con el valor que has señalado en la pregunta anterior utilizando la perífrasis verbal *estar* + gerundio:

....

....

Ejercicios de apoyo[25]:

1) Elimina la forma incorrecta de la 1ª persona del singular del presente de indicativo y escribe el infinitivo correspondiente:

---

25 Julián Cosmes-Cuesta ha aportado material para la elaboración de estos ejercicios.

TEMA XII: LOS TIEMPOS VERBALES

	Presente de indicativo		Infinitivo
1.	caigo	cayo	caer
2.	coigo	cojo	
3.	condusco	conduzco	
4.	conosco	conozco	
5.	convenco	convenzo	
6.	corrigo	corrijo	
7.	dico	digo	
8.	empiezo	empezo	
9.	elijo	eligo	
10.	esto	estoy	
11.	exijo	exigo	
12.	invierto	inverto	
13.	juego	jugo	
14.	ofrezco	ofreco	
15.	oigo	oyo	
16.	parezco	paresco	
17.	pido	pedo	
18.	penso	pienso	
19.	persigo	persiguo	
20.	preferisco	prefiero	
21.	produzco	produsco	
22.	sabo	sé	
23.	salgo	salo	
24.	sigo	siguo	
25.	tradusco	traduzco	
26.	veno	vengo	

2) Elige tres formas correctas del ejercicio anterior y escribe un ejemplo con cada una de ellas:

1. ....

2. ....

3. ....

3) Relaciona las formas de 1ª y 2ª persona del singular del presente de indicativo con su infinitivo:

Yo	Infinitivo	Tú /vos
hago	salir	ves
pongo	ver	eres / sos
salgo	traer	sales / salís
digo	saber	lees / leés
sé	poner	traes / traés
veo	estar	sabes / sabés
doy	oír	haces / hacés
leo	ser	estás
oigo	leer	oyes /oís
traigo	hacer	caes / caés
caigo	decir	dices / decís
soy	dar	pones / ponés
estoy	caer	das

4) Completa las siguientes oraciones con el presente de uno de los infinitivos de la lista y señala el valor de este tiempo verbal en cada ejemplo:

Infinitivos: *comprar, estudiar, funcionar, hacer, inaugurar, llegar, practicar, pretender, relucir, seguir, ser, trabajar.*

Ejemplos	Valor del presente
1. *El nuevo museo de Edvard Munch se .... en el año 2015.*	
2. *Helene .... un programa de estudios orientales y yo .... filosofía.*	
3. *............. con un ejercicio sobre los diferentes usos del presente de indicativo en castellano.*	
4. *............. deporte cuatro horas cada semana.*	
5. *El próximo sábado me .... un teléfono nuevo, éste ya no .... bien.*	
6. *¡Tú .... lo que yo digo y se acabó la discusión!*	
7. *La ballena .... un animal mamífero.*	
8. *Roald Amundsen .... al Polo Sur el 14 de diciembre de 1911.*	
9. *No .... engañarme.*	
10. *No es oro todo lo que ....*	

TEMA XII: LOS TIEMPOS VERBALES

    a. ¿En qué ejemplo podemos decir que el presente retrospectivo es un presente histórico?

        ....

    b. Escribe otros dos ejemplos con un presente histórico:

    1. ....

    2. ....

5) ¿En qué tres ejemplos del ejercicio anterior puede utilizarse *estar* + gerundio? Reescribe estos ejemplos utilizando esta perífrasis verbal:

    1. ....

    2. ....

    3. ....

6) Escribe tres nuevos ejemplos con la perífrasis *estar* + gerundio:

    1. ....

    2. ....

    3. ....

7) Completa los ejemplos con el presente de subjuntivo del infinitivo que aparece entre paréntesis:

Ejemplo:
¡No ~~salgas~~ (salir) *a la calle sin paraguas!*

    1. *No creo que* .... (venir) *mañana.*

    2. *Quizás* .... (dejar) *de llover dentro de un rato.*

    3. *Lo haré para que* .... (estar) *contento.*

    4. *No* .... (tirar) *papeles al suelo.*

5. *Probablemente no .... (llegar) a tiempo.*

6. *Sigue trabajando aunque .... (ser) las nueve.*

7. *Toma este pañuelo para que te .... (secar) las lágrimas.*

8. *¡No me .... ! (gritar)*

9. *Los ayudaré para que ellos .... (terminar) antes.*

10. *Quédate con el abrigo puesto aunque .... (pasar) calor.*

A partir de los ejemplos anteriores, ¿qué valores podemos expresar con el presente de subjuntivo?

....

Nuez-34: El pasado

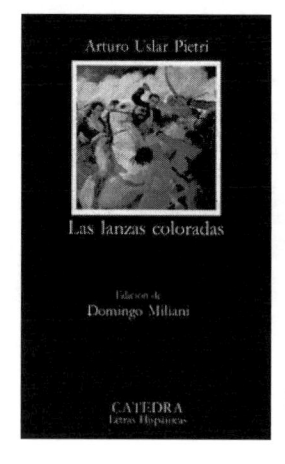

La novela *Las lanzas coloradas*[26] del venezolano Arturo Uslar Pietri (1906-2001) trata de forma literaria la independencia de Venezuela.

En la contraportada de la edición de Cátedra[14], podemos leer que "*Las lanzas coloradas*, novela de juventud, es a la vez un clásico porque es un modelo que innovó históricamente el arte de narrar latinoamericano".

Como es lógico, en esta novela de trama histórica son abundantes los pasajes contados en pasado. Por ejemplo, este fragmento del capítulo VII:

El sol de la mañana **presidía** el cielo con sus barbas de vidrio rubio.

Presentación Campos **salió** a la puerta y **dejó** correr los ojos por todos los colores claros del paisaje. Los perros **vinieron** ladrando regocijadamente a lamerle las manos. Sobre el marco se **destacaba** la recia figura, el pecho por entre la blusa entreabierta, el cabello sombrío, revuelto, las anchas manos sobre la cintura de cuero; a su alrededor los saltos ágiles de los perros. **Respiró** profundamente y **se sintió** poderoso.

Cerca, dos esclavas **pilaban** maíz con movimientos acompasados; más allá un hombre **sacaba** una soga de una piel de res, y junto a la acequia otros esclavos **bañaban** un caballo. El campo **estaba** lleno de actividad de las gentes.

A lo lejos **pasaban** grandes carretas arrastradas por bueyes.

Comenzó a caminar distraídamente. Los que lo **encontraban** le **saludaban** con temeroso respeto.

a) ¿Cuáles son los dos únicos **tiempos verbales** del pasado que se emplean en este fragmento?

....

b) Escribe a continuación únicamente las oraciones del fragmento que contengan el verbo en pretérito perfecto simple (o pretérito indefinido):

....

....

---

26 *Las lanzas coloradas*, Madrid, Cátedra 2000.

Si te fijas, el nuevo **texto** cuenta de manera resumida todo lo que sucede en el fragmento original. Esta prueba puede servirnos también para extraer una serie de conclusiones sobre el uso de estos dos tiempos verbales del pasado.

En una narración contada en pasado,

c) ¿qué oraciones llevan el verbo en pretérito perfecto simple (o pretérito indefinido)?

....

d) ¿qué función tienen en la narración las oraciones con el verbo en pretérito imperfecto?

....

Además de estos dos tiempos verbales, en indicativo contamos también con el pretérito perfecto compuesto y el pretérito pluscuamperfecto para expresar acciones pasadas:

> *Todavía no **he visto** esa película.*
> *¿**Has estado** alguna vez en China?*
> *Cuando me llamó, ya **habíamos llegado** a casa.*
> *No te pregunté si querías comer con nosotros porque ya **habías cenado**.*

e) Como ves, cada uno de estos cuatro tiempos verbales del pasado en indicativo tiene unos usos determinados. Aunque en los ejercicios de apoyo seguiremos tratando estas diferencias con más detalle, intenta completar la tabla con el tiempo verbal correspondiente:

Tiempos del pasado del indicativo	
Tiempo verbal	**Usos**
Pretérito	Describe acciones pasadas que llegan hasta el presente del momento del habla o lo incluyen.
Pretérito	Describe acciones pasadas concluidas y cerradas que no incluyen ni llegan hasta el presente del momento del habla. Además, lleva el peso de la historia en narraciones contadas en pasado.
Pretérito	Describe: las circunstancias en las que ocurre una situación o una acción en el pasado; acciones habituales que se repiten en el pasado; modifica una percepción que se tenía en el pasado.
Pretérito	Describe acciones pasadas anteriores a otra acción pasada con la que está relacionada. Siempre aparece en la oración junto a otro tiempo verbal.

TEMA XII: LOS TIEMPOS VERBALES

Ejercicios de apoyo[27]:

1) ¡Cómo ha cambiado la vida! Completa los **enunciados** siguientes contrastando el antes (pretérito imperfecto) y el ahora (presente):

Ejemplo:
Antes no me gustaba..., ahora ...
Antes no me gustaba el pescado, ahora me encanta.

1. *Antes tenía..., ahora ...*

   ....

2. *Hace unos años solía..., ahora ...*

   ....

3. *Cuando era pequeño iba a..., ahora ...*

   ....

4. *Antes jugaba a..., ahora ...*

   ....

5. *Antes no me interesaba..., pero ahora ...*

   ....

6. *Antes no me gustaban..., ahora ...*

   ....

7. *Hace un tiempo me preocupaba..., (pero) ahora ...*

   ....

8. *Antes..., ahora...*

   ....

---

27 Julián Cosmes-Cuesta ha aportado material para la elaboración de estos ejercicios.

9. *La gente antes…, ahora …*

   ....

10. *En mi familia antes…, pero ahora…*

   ....

a. ¿Qué describe el pretérito imperfecto en todos estos ejemplos?

   ....

2) Completa los ejemplos con la forma adecuada del pretérito perfecto simple, del pretérito imperfecto o del pretérito perfecto compuesto:

1. *Cuando (ser, yo) ……………… pequeña me (gustar) ……………… mucho montar en bicicleta con los otros niños.*

2. *(Conocer, yo) ……………… a mi novio en Caracas, él (ser) ……………… estudiante de intercambio y yo (estar) ……………… de vacaciones.*

3. *Esta semana (comer, nosotros) ……………… dos días en la cantina de la universidad.*

4. *La casa se (vender) ……………… por dos millones de coronas, pero nadie la (comprar) ……………….*

5. *Cuando (estar, yo) ……………… en la ducha, (sonar) ……………… el teléfono, (ser) ……………… mi madre que (querer) ……………… preguntarme algo.*

6. *Yo (creer) ……………… que en Oslo no (haber) ………………playa.*

7. *Hoy no (tener, yo) ……………… tiempo ni de leer el periódico..*

8. *Mi abuelo materno (hablar) ……………… muy bien el francés.*

9. *Cuando (venir, nosotros) ……………… para la universidad (encontrarse) ……………… con Ole en la parada de autobús.*

10. *A mi hija, cuando (ser) ……………… niña, no le (gustar) ……………… comer pescado, ahora le encanta.*

TEMA XII: LOS TIEMPOS VERBALES

11. El hotel en el que (estar, nosotros) .... el fin de semana (encontrarse) .... cerca de la playa, (tener) .... piscina y también (haber) .... cerca una discoteca.

12. El examen de español (durar) .... tres horas.

13. (Haber) .... inundaciones cuando (estar, nosotros) .... en Florida.

14. Cuando (bajar, yo) .... las escaleras me (dar) .... cuenta de que me (dejar, yo) .... el móvil en casa.

15. (Hacer, él) .... deporte en el parque cuando le (dar) .... el ataque.

16. Yo (ver) .... al ladrón. (Ser) .... alto, (tener) .... el pelo rubio y (llevar) .... gafas de sol oscuras.

17. (Ser) .... las diez cuando (llegar) .... el avión.

18. Antes (viajar, nosotros) .... siempre en avión, pero el año pasado (tomar) .... el tren y este año (ir) .... en carro.

3) Fíjate en los siguientes errores con el uso de los tiempos verbales del pasado y escribe cada oración de manera correcta:

1. *Durante mi infancia iba dos años a una escuela privada.

   ....

2. *Fuimos a la playa y lo pasábamos muy bien.

   ....

3. *Ese día me lo pasé muy bien, salíamos por la noche y conocíamos a gente nueva.

   ....

4. *Conocí a una chica en el tren y hablábamos durante todo el viaje.

   ....

5. *En aquel momento me di cuenta de que no tuve mi teléfono móvil en el bolso.

   ....

6. *Cuando tuve 16 años, mi padre me compraba un caballo.

   ....

7. *He encontrado en el bar a un amigo con quien iba de viaje de estudios a Lima.

   ....

8. *Hace unos años conocía a la chica que después se convertía en mi mujer.

   ....

4) Explica las diferencias de significado en las siguientes oraciones a partir del uso del pretérito perfecto simple o del pretérito imperfecto:

1. *En las vacaciones de Navidad **viajé** por Europa.*
   *En las vacaciones de Navidad **viajaba** por Europa.*

   ....

2. *¿Adónde **fuiste** el sábado por la tarde?*
   *¿Adónde **ibas** el sábado por la tarde?*

   ....

3. *Cuando **salía** de la biblioteca, me encontré con Karina.*
   *Cuando **salí** de la biblioteca, me encontré con Karina.*

   ....

4. ***Podíamos** hacerlo el lunes, pero no lo hicimos.*
   ***Pudimos** hacerlo el lunes pasado.*

   ....

TEMA XII: LOS TIEMPOS VERBALES

5. *Me caí cuando **entraba** en la cafetería.*
   *Me caí cuando **entré** en la cafetería.*

   ....

6. *El apartamento **costaba** varios millones.*
   *El apartamento **costó** varios millones.*

   ....

7. *Se sintieron mal cuando **volvían** a casa.*
   *Se sintieron mal cuando **volvieron** a casa.*

   ....

8. *Eva **tenía** hoy hora en el dentista.*
   *Eva **tuvo** hoy hora en el dentista.*

   ....

9. *Javier **saltaba** dos metros de altura.*
   *Javier **saltó** dos metros de altura.*

   ....

10. *No lo **sabía**.*
    *Lo **supe** ayer.*

    ....

11. *Cuando **llegué** a casa, me encontré con Alfredo.*
    *Cuando **llegaba** a casa, me encontré con Alfredo.*

    ....

12. *Ayer **comenzaron** las clases de italiano.*
    *Ayer **comenzaban** las clases de italiano.*

    ....

13. *Tenía* conocimiento de este tema.
    Ayer **tuve** conocimiento de este tema.

....

5) ¿Pretérito perfecto compuesto o pretérito perfecto simple? Fíjate en los marcadores temporales subrayados y completa los ejemplos con el tiempo del pasado adecuado.

1. <u>Esta semana</u> (estar yo) .... muy ocupado.

2. <u>Esta primavera</u> no (parar) .... de llover.

3. <u>Hasta ahora</u> (hacer yo) .... todo lo que me han pedido.

4. ¿(comer tú) .... <u>alguna vez</u> sopa de tortuga?

5. Lo (llamar nosotros) .... <u>hace un rato.</u>

6. <u>Hace dos semanas</u> (estar yo) .... de viaje.

7. <u>En 1992</u> (estudiar yo) .... en Normandía.

8. La (ver nosotros) .... por última vez <u>la semana pasada</u>.

a. Clasifica los marcadores temporales subrayados en la siguiente tabla:

Marcadores temporales	
Con relación con el presente del momento del habla	**Sin relación con el presente del momento del habla**

b. Con los marcadores que guardan relación con el presente del momento del habla, ¿cuál es el tiempo verbal del pasado que se emplea habitualmente?

....

c. Con los marcadores que no guardan relación con el presente del momento del habla, ¿cuál es el tiempo verbal del pasado que siempre se emplea?

....

TEMA XII: LOS TIEMPOS VERBALES

6) Hay marcadores temporales que pueden emplearse indistintamente con el pretérito perfecto compuesto y con el pretérito perfecto simple. Sin embargo, la oración tiene un sentido diferente con cada uno de estos tiempos.

Escribe, con cada uno de los marcadores temporales propuestos, una oración con el verbo en pretérito perfecto compuesto y una oración con el verbo en pretérito perfecto simple:

1. *Hoy*

   ....

   ....

2. *Esta mañana*

   ....

   ....

3. *Siempre*

   ....

   ....

4. *Nunca*

   ....

   ....

5. *A veces*

   ....

   ....

   a. Con estos marcadores temporales, ¿qué diferencia de significado existe cuando se emplean con el pretérito perfecto compuesto o con el pretérito perfecto simple? (Vuelve a tener en cuenta la clasificación de los marcadores temporales del ejercicio anterior).

   ....

7) El pretérito perfecto y el pretérito pluscuamperfecto son tiempos compuestos, es decir, se forman con el verbo auxiliar *haber* + participio (que siempre es invariable). Completa la siguiente tabla:

	Infinitivo	Participio
1.	comer	comido
2.	abrir	
3.		cubierto
4.	decir	
5.	escuchar	
6.		hecho
7.	ir	
8.		muerto
9.	poner	
10.	resolver	
11.		roto
12.	ser	
13.	ver	
14.	volver	

a. Elige dos verbos de la tabla y escribe con cada uno una oración en pretérito perfecto:

1. ....

2. ....

b. Elige dos nuevos verbos de la tabla y escribe con cada verbo una oración en pretérito pluscuamperfecto. (Recuerda que este tiempo aparece siempre en la oración en combinación con otro tiempo verbal).

1. ....

2. ....

TEMA XII: LOS TIEMPOS VERBALES

8) Utiliza tres tiempos del pasado diferentes y escribe un pequeño diálogo a partir de la información que se da.

Ejemplo:
(tú) llegar / (ellos) estar todavía en la cafetería
no haber nadie / todos marcharse ya

A: *Cuando llegaste, estaban todavía en la cafetería, ¿no?*
B: *No, no había nadie. Todos se habían marchado ya.*

1. (tú) llamar / (ellos) estar en casa
   no estar / salir a hacer unas compras

   A: ....

   B: ....

2. (tú) entrar en el departamento / no haber nadie
   no haber nadie / todos bajar a tomar un café

   A: ....

   B: ....

3. (tú) comprar el disco / no saber que ser malo
   no lo (yo) saber / me (ellos) decir que ser muy bueno

   A: ....

   B: ....

4. (tú) llegar / (ella) estar trabajando
   no estar trabajando ya / terminar y acostarse porque estar muy cansada

   A: ....

   B: ....

5. Teresa salir de casa / estar nevando
   nevar mucho, pero en aquel momento no

   A: ....

   B: ....

6. el veterinario llegar / los animales estar vivos todavía
   estar muertos ya / morir unos minutos antes

   A: ....

   B: ....

7. (tú) mirar en el cajón de la mesa ayer / no estar el teléfono móvil
   no estar, no haber nada / y desaparecer todas las cosas de valor

   A: ....

   B: ....

9) Narración en el pasado: ejercicio de redacción.

   1   2   3   4

   a. Primero, escribe una oración con el verbo en pretérito perfecto simple que describa cada uno de los dibujos y que marque los momentos de la historia que vas a contar.

   1. ....

   2. ....

   3. ....

   4. ....

b. Ahora, escribe un pequeño texto utilizando las oraciones anteriores y añadiendo otras oraciones nuevas con el verbo en otros tiempos verbales del pasado que aporten más información a la historia:

....

....

....

....

Nuez-35: El futuro y el condicional

Para los que no podemos servirnos de una bola de cristal u otros poderes mágicos, el futuro está relacionado con muchos matices: seguro, incierto, probable, inmediato... o incluso negro.

Sin embargo, los **tiempos verbales** de futuro y el condicional pueden aclararnos un poco el futuro (o incluso el pasado en algunos casos):

Harry Potter y Ron contemplan el futuro

Mañana **iremos** al cine. El Madrid **ganará** esta noche. Ya nos **veremos** por ahí. No sé dónde **habrá ido**. ¿**Habrá llegado** ya tu amigo ese día?	¿Qué te **comprarías** si te tocara la lotería? Para no tener problemas, **deberías** estudiar más. Me **gustaría** verte de nuevo. Te **habría ayudado**, pero no tuve tiempo. Si no te ayudó es porque **habría estado** muy ocupado.

a) Utiliza los ejemplos anteriores y completa la siguiente tabla:

Tiempo verbal	Ejemplos	Valores
1.		Expresa acciones futuras.
		Expresa probabilidad y permite hacer hipótesis referidas al presente.
		Precedido del adverbio *ya*, expresa un futuro incierto.
2.		Describe acciones futuras anteriores a otra acción futura con la que está relacionada.
		Expresa probabilidad en relación con pasado.
3.		Expresa una acción hipotética en el presente o en futuro.
		Permite aconsejar y expresar recomendaciones.
		Permite hacer peticiones y expresar deseos.
4.		Expresa acciones hipotéticas en el pasado que no se han podido realizar.
		Señala la probabilidad o el futuro en el pasado.

TEMA XII: LOS TIEMPOS VERBALES

Si te fijas en los ejemplos, una característica del futuro compuesto y del condicional compuesto es que siempre aparecen en la oración en relación con otro tiempo verbal o acción.

Ejercicios de apoyo[28]:

1) Completa las siguientes oraciones con el futuro simple de uno de los infinitivos de la lista y señala el valor de este tiempo verbal en cada ejemplo:

Infinitivos: *decir, estar, tener, hacer, llamar, subir, invitar, bajar, ir, mentir, regalar, poder.*

Ejemplos	Valor del futuro simple
1. Si ahorro algo más, ... de vacaciones este verano.	
2. .... en la ducha, por eso no contesta al teléfono.	
3. Dice el periódico que mañana .... las temperaturas.	
4. .... mucho trabajo y, por eso, no ha venido.	
5. ¡Tú no .... nada que ponga en peligro nuestras vidas!	
6. El precio de la vivienda .... probablemente.	
7. ¿Me .... a comer algún día?	
8. Si no quieres decírselo tú, se lo .... yo.	
9. Nunca te	
10. Te .... el disco para tu cumpleaños.	
11. Ya te ...., ahora no tengo tiempo.	
12. Aún no los he visto y no sé dónde .... estar.	

---

28 Julián Cosmes-Cuesta ha aportado material para la elaboración de estos ejercicios.

2) ¿En qué ejemplos del ejercicio anterior puede utilizarse *ir a* + infinitivo? Reescribe estos ejemplos utilizando esta perífrasis verbal:

1. ....
2. ....
3. ....
4. ....
5. ....
6. ....
7. ....

   a. ¿Qué valor debe expresar el futuro simple para alternar con la perífrasis verbal *ir a* + infinitivo?

   ....

2) Reacciona ante las siguientes situaciones de diferentes maneras formulando una hipótesis con el futuro simple o el futuro compuesto:

Ejemplo:
A: *¿Por qué no contesta?*
B: *Pues, no sé, estará muy ocupada.*

1. A: *Me han visto, pero no me han saludado.*
   B: ....

2. A: *¡Son las once de la noche y llaman a la puerta!*
   B: ....

3. A: *Tienen las persianas bajadas y no se ve ninguna luz en la casa.*
   B: ....

4. A: *No ha venido a la cita que teníamos.*
   B: ....

5. A: *No quiere venir con nosotros al cine.*
   B: ....

6. A: *Van a vender la cabaña que tienen en el bosque.*
   B: ....

7. A: *¿Por qué no vinieron con nosotros al teatro el sábado pasado?*
   B: ....

8. A: *¡Se van de vacaciones tres meses!*
   B: ....

9. A: *Mi hermana no ha podido llamarte antes.*
   B: ....

10. A: *Parece que están muy contentos, ¿no?*
    B: ....

3) Un recurso para pedir algo a alguien de una manera cortés es utilizar el condicional simple de los verbos *poder*, *importar* y *querer*.

Escribe un ejemplo con cada uno de estos verbos en el que hagas una petición:

1. ....

2. ....

3. ....

4) Con el condicional simple de *poder, deber, tener que* + infinitivo y de *hay que* + infinitivo podemos expresar sugerencias o consejos.

Escribe un ejemplo con cada uno de estos verbos en el que expreses una sugerencia o un consejo:

1. ....

2. ....

3. ....

4. ....

5) Cuando queremos expresar deseo podemos utilizar el condicional simple de verbos como *gustar*, *encantar*, *preferir* o *querer*.

¿Cuáles son tus deseos? Escribe un ejemplo con cada uno de estos verbos:

1. ....
2. ....
3. ....
4. ....

6) Utiliza el condicional compuesto para expresar cómo habrías reaccionado ante las siguientes situaciones:

1. *El camarero te ha traído una cuenta equivocada.*
   a: no decir nada y pagar.
   b: hablar con el camarero.
   c: salir corriendo del restaurante.

   Yo habría hablado con el camarero y le habría explicado el error.

2. *Tu suegra te ha regalado una bufanda horrible.*
   a: no decir nada y dar las gracias.
   b: no decir que te ha gustado mucho y dar las gracias.
   c: decir que no te ha gustado el regalo.

   ....

3. *Hay un control en el autobús y tú no tienes dinero.*
   a: no decir nada y pagar la multa.
   b: decir que acabas de perder el billete.
   c: comprar un billete cuanto antes.

   ....

4. *Estás esperando en la cola y alguien se cuela.*
   a: no decir nada.
   b: empezar a insultar a la persona que se ha colado.
   c: preguntarle a esa persona por qué se ha colado.

   ....

5. *La chica que te gusta y aún no conoces ha pasado por tu lado.*
   a: no decir nada.
   b: tomarla por la mano y decirle que la amas profundamente.
   c: preguntarle si quiere tomar un café.

   ....

6. *El chico del que estás enamorada está hablando con tu mejor amiga.*
   a: acercarte y hablar con ellos.
   b: enviar una mirada asesina a tu amiga.
   c: ponerte a hablar con otro chico delante de ellos.

   ....

Tema XIII: Oraciones compuestas

Nuez-36: Oraciones simples y oraciones compuestas

Oración simple: **Oración compuesta:**

Aunque las **oraciones** no son árboles de navidad, ni los **predicados** son bolas de colores, podemos establecer una pequeña comparación. En una oración, el número de predicados es un criterio para clasificar las oraciones en dos grupos:

1) **oraciones simples**:

El árbol de la izquierda no tiene muchos adornos.

2) **oraciones compuestas**:

El árbol de la derecha es muy completo y tiene muchos adornos.

a) ¿Qué es una oración simple?

....

b) ¿Qué es una oración compuesta?

....

A su vez, el tipo de predicado puede ser el criterio para clasificar las oraciones compuestas en cuatro grupos:

1) **oraciones compuestas complejas**:

El árbol que más me gusta es el de la izquierda.

2) **grupo oracional por coordinación:**

Los dos árboles son altos y tienen adornos.

3) **grupo oracional por yuxtaposición:**

No me des más disgustos, hazme feliz.

4) **grupo oracional por subordinación:**

Aunque los árboles de Navidad adornan mucho, prefiero el portal de Belén.

c) ¿Cuándo una oración compuesta es compleja?

....

d) ¿Cuándo la oración compuesta es un grupo oracional por coordinación?

....

e) ¿Cuándo es la oración compuesta un grupo oracional por yuxtaposición?

....

f) ¿Cuándo es la oración compuesta un grupo oracional por subordinación?

....

Ejercicios de apoyo:

1) Clasifica las siguientes oraciones en simples o compuestas:

Ejemplo:
Esa casa es muy fría porque está orientada al norte. (Oración ..*compuesta*..)

1. *¿A qué hora tienes que estar en casa?* (Oración ....)

2. *Ana fue con sus amigas al cine y yo me quedé en casa.* (Oración ....)

3. *Aunque estés triste, puedes intentar sonreír de vez en cuando.* (Oración ....)

NUEZ-36: ORACIONES SIMPLES Y ORACIONES COMPUESTAS

4. *Como sigas así, vamos a terminar peleándonos.* (Oración ....)

5. *Cuando llame, dile que aún no he ido al supermercado.* (Oración ....)

6. *Deberías hacerme más caso.* (Oración ....)

7. *Esta bicicleta está en muy buen estado.* (Oración ....)

8. *Estas plantas necesitan más agua.* (Oración ....)

9. *La casa que está orientada al norte es muy fría.* (Oración ....)

10. *La conocí tomando café.* (Oración ....)

11. *Las bicicletas son para el verano, no para el invierno.* (Oración ....)

12. *Muchas películas americanas me aburren.* (Oración ....)

13. *Llegó muy enfadada porque se había peleado con su padre.* (Oración ....)

14. *Me encontré con el profesor bajando las escaleras.* (Oración ....)

15. *Me gusta el fútbol.* (Oración ....)

16. *Me gusta jugar al fútbol.* (Oración ....)

17. *Ni lo sé, ni me importa.* (Oración ....)

18. *No me llames Dolores, llámame Lola.* (Oración ....)

19. *Nos iremos al salir el sol.* (Oración ....)

20. *¿Puedes abrir la ventana?* (Oración ....)

21. *Por muy cansado que estés, debes seguir jugando.* (Oración ....)

22. *Quien bien te quiere te hará llorar.* (Oración ....)

23. *Si tienes dudas, consulta la teoría al final de este libro.* (Oración ....)

24. *Suelo ir a esquiar en invierno.* (Oración ....)

25. *¿Vas a esquiar mañana?* (Oración ....)

26. *Te dejaré el dinero, pero no me pidas más cosas.* (Oración ....)

TEMA XIII: ORACIONES COMPUESTAS

2) Clasifica las oraciones compuestas del ejercicio anterior en oraciones compuestas complejas, grupo oracional por yuxtaposición, grupo oracional por coordinación o grupo oracional por subordinación:

Ejemplo:
Esa casa es muy fría porque está orientada al norte. (Grupo oracional por subordinación)

1. ....
2. ....
3. ....
4. ....
5. ....
6. ....
7. ....
8. ....
9. ....
10. ....
11. ....
12. ....
13. ....
14. ....
15. ....
16. ....
17. ....
18. ....

3) Escribe tres nuevos ejemplos de cada tipo de oración compuesta.

Oraciones compuestas complejas:

1. ....

2. ....

3. ....

Grupo oracional por yuxtaposición:

1. ....

2. ....

3. ....

Grupo oracional por coordinación:

1. ....

2. ....

3. ....

Grupo oracional por subordinación:

1. ....

2. ....

3. ....

Nuez-37: Oraciones compuestas complejas

Con ayuda de la nuez-36, seguro que ahora tienes claro que las **oraciones compuestas** son complejas cuando contienen una **proposición**.

Como ves, la definición de este tipo de oraciones compuestas no es demasiado compleja. La verdadera complejidad reside, con mucha frecuencia, a la hora de clasificar y analizar las proposiciones (aunque con la práctica, el león deja de ser león).

Fíjate en los siguientes ejemplos de oraciones com-complejas y en las proposiciones subrayadas:

1. *Juan está hoy que trina.*

2. *La vi tomando el sol en el jardín.*

3. *Los coches fabricados en Asia son muy económicos.*

4. *Un espejo es un aparato de crear sueños.*

5. *Ya está en la biblioteca el libro del que te hablé.*

6. *Ese sofá me gustó tanto que lo voy a comprar.*

7. *Esta tele es menos cara de lo que piensas.*

8. *Estoy tan cansado que mañana me quedaré en casa.*

9. *Mi bici es más rápida que la tuya.*

10. Es mejor *que lo hagas ahora*.

11. *Ir al cine* es muy entretenido.

12. Me haría feliz *que me visitaras alguna vez*.

13. Me preguntó *si estaba interesado en ese trabajo*.

14. No ha venido *quien tú sabes*.

15. No sé *dónde se habrá metido*.

16. Quiero *vender estos libros*.

17. Trae *lo que quieras*.

18. *Acabada la cena*, los invitados pasaron al salón.

19. Avisa *antes de venir*.

20. Hazlo *como te han enseñado*.

21. Lo encontré *donde me dijiste*.

22. *Mientras esperas*, puedes leer estas revistas.

23. Os pondréis bien *tomando estas medicinas*.

24. Saldremos *al anochecer*.

25. Te visitaré *cuando tenga tiempo*.

De esta lista de ejemplos, podemos deducir que un criterio para clasificar las proposiciones es la función que realizan en la oración (adjetiva, modificadora, sustantiva y adverbial) y que, para cada función, la proposición puede presentar diferentes estructuras.

TEMA XIII: ORACIONES COMPUESTAS

Completa la siguiente clasificación con los ejemplos de la lista anterior que se ajusten en cada caso:

1) Proposiciones adjetivas, si sintácticamente funcionan como un adjetivo:

   a. de relativo:
   - ....

   b. de participio:
   - ....

   c. de gerundio:
   - ....

   d. preposición + proposición sustantiva completiva o de infinitivo:
   - ....

   e. introducidas por la conjunción *que* y en función de atributo:
   - ....

2) Proposiciones modificadoras, si complementan a un cuantificador o intensificador:

   a. introducidas por la conjunción *que* y expresan consecuencia:
   - ....
   - ....

   b. introducidas por las conjunciones *que* o *como* o la preposición *de* y expresan el segundo término de una comparación:
   - ....
   - ....

3) Proposiciones sustantivas, si sintácticamente funcionan como un sustantivo:

   a. introducidas por la conjunción *que* (completivas):
   - ....
   - ....

   b. de infinitivo:
   - ....
   - ....

   c. introducidas por la conjunción *si* o un interrogativo y equivalen a una pregunta:
   - ....
   - ....

   d. de pronombre relativo sin antecedente:
   - ....
   - ....

NUEZ-37: ORACIONES COMPUESTAS COMPLEJAS

4) **Proposiciones adverbiales,** sintácticamente funcionan como un adverbio:

   a. introducidas por una conjunción o adverbio conjuntivo:
      - ………………………………………………………………
      - ………………………………………………………………
      - ………………………………………………………………
   b. de gerundio:
      - ………………………………………………………………
   c. de participio:
      - ………………………………………………………………
   d. preposición + infinitivo:
      - ………………………………………………………………
   e. de adverbio relativo sin antecedente:
      - ………………………………………………………………
      - ………………………………………………………………

Ejercicios de apoyo:

1) Completa las siguientes oraciones con una proposición adjetiva. Intenta utilizar todas las estructuras que hemos presentado en la nuez:

Ejemplo:
María está que echa chispas.

1. *Vivimos ahí* …………………………………………………………… .
2. *Esta no es la manera* …………………………………………………………… .
3. *Esta película,* ……………………………………………………………, *está teniendo mucho éxito.*
4. *El sueño* …………………………………………………………… *aún no se ha cumplido.*
5. *Vimos a tus amigas* …………………………………………………………… .
6. *Estamos* …………………………………………………………… .
7. *Este libro* …………………………………………………………… *no me gustó tanto.*
8. *Encontramos a tu hermana* …………………………………………………………… .
9. *El concierto* …………………………………………………………… *empezará a las nueve.*

TEMA XIII: ORACIONES COMPUESTAS

10. El jugador .... es brasileño.

11. Su amiga, ..., no pudo venir.

12. A tu hermano, ..., lo invitaré a la cena.

2) Completa las siguientes oraciones con la proposición modificadora que se indica en cada caso:

Ejemplo:
Ver fútbol en televisión es más divertido *de lo que imaginas*
                                         Proposición modificadora comparativa

1. Vendí mi piso tan rápido ....
        Proposición modificadora consecutiva

2. Te quiero tanto ....
        Proposición modificadora consecutiva

3. Estamos tan hartos ....
        Proposición modificadora consecutiva

4. Habla tanto ....
        Proposición modificadora consecutiva

5. Estudiar gramática es mejor ....
        Proposición modificadora comparativa

6. Eres tan simpática ....
        Proposición modificadora comparativa

7. La música clásica me gusta tanto ....
        Proposición modificadora comparativa

8. Estos pantalones son menos caros ....
        Proposición modificadora comparativa

9. Mi compañero bebe agua más rápido ....
        Proposición modificadora comparativa

10. Tengo tanto tiempo ahora ....
        Proposición modificadora comparativa

11. *Él cuenta más cosas* ....
    Proposición modificadora comparativa

12. *Ir al teatro es peor* ....
    Proposición modificadora comparativa

13. *Ahora la veo menos delgada* ....
    Proposición modificadora comparativa

14. *Estudia menos* ....
    Proposición modificadora comparativa

Si te fijas en las proposiciones modificadoras comparativas y en el adverbio al que modifican en cada caso:

a. ¿cuándo debe ir la proposición introducida por la conjunción *que*?
   ....

b. ¿cuándo debe ir la proposición introducida por la conjunción *como*?
   ....

c. ¿cuándo debe ir la proposición introducida por la preposición *de*?
   ....

3) Completa las siguientes oraciones con la **proposición sustantiva** indicada:

Ejemplo:
No es una buena idea que vengas a visitarnos
   Proposición sustantiva completiva

1. *Nos gustaría* ....
   Proposición sustantiva completiva

2. *Nos gustaría* ....
   Proposición sustantiva de infinitivo

3. .... *es muy divertido*.
   Proposición sustantiva completiva

4. .... *es muy divertido*.
   Proposición sustantiva de infinitivo

5. *Creo* ....
   Proposición sustantiva completiva

TEMA XIII: ORACIONES COMPUESTAS

6. *Me han pedido* ....
   Proposición sustantiva completiva

7. *Me han pedido* ....
   Proposición sustantiva de infinitivo

8. *Dale este regalo* ....
   Proposición sustantiva de pronombre relativo sin antecedente

9. .... *pueden venir a las cinco.*
   Proposición sustantiva de pronombre relativo sin antecedente

10. *Dime* ....
    Proposición sustantiva con la conjunción *si*

11. *Pregúntale* ....
    Proposición sustantiva con interrogativo

12. *No sabe* ....
    Proposición sustantiva con interrogativo

a. Si te fijas en los ejemplos 1-4, el empleo de la proposición completiva o de infinitivo se debe a una regla sintáctica. ¿En qué consiste esta regla?

....

b. ¿Con qué verbo no se cumple esta regla sintáctica? Fíjate en el ejemplo 5.

....

c. Si te fijas en los ejemplos 6-7, con **verbos de influencia** como *pedir* es posible utilizar una proposición completiva o de infinitivo con independencia de cuál sea el sujeto. ¿Qué otros verbos de influencia conoces?

....

d. Fíjate en los ejemplos 10-12. En estos casos la proposición equivale a una pregunta. ¿En qué casos la proposición va introducida por *si* y en qué casos va introducida por un interrogativo? (Consulta la nuez-19, si tienes dudas sobre los diferentes tipos de oraciones interrogativas).

....

246

4) Subraya la proposición adverbial en las siguientes oraciones compuestas complejas y clasifícala por su contenido semántico en temporal (de tiempo), modal (de modo), locativa (de lugar) o cuantitativa (de cantidad):

Ejemplo:
Avisa <u>antes de venir</u>.
Proposición adverbial temporal

1. Mientras esperas, puedes leer estas revistas.

2. Te visitaré cuando tenga tiempo.

3. Acabada la cena, los invitados pasaron al salón.

4. Avísame en cuanto llegues.

5. Saldremos de viaje nada más terminar de comer.

6. Apenas terminado el partido, los jugadores abandonaron el campo.

7. Hazlo como te han enseñado.

8. Os pondréis bien tomando estas medicinas.

9. Te noto como si no estuvieras contento aquí.

10. Rellenamos la solicitud tal y como pedían.

11. Lo encontré donde me dijiste.

12. La recepción está según entras a la izquierda.

13. Vete adonde quieras, pero déjame tranquilo.

14. Canta que es una maravilla.

15. Habla que da gusto.

16. Está para comérselo.

TEMA XIII: ORACIONES COMPUESTAS

Nuez-38: Grupos oracionales por yuxtaposición y coordinación

Si recuerdas la nuez-36, también recordarás que, en ocasiones, varias oraciones principales se unen y forman un **grupo oracional**.

Es lo que ocurre, por ejemplo, en los grupos oracionales que te presentamos a continuación.

Grupo 1:

No me des más disgustos, hazme feliz.
Las bicicletas son para el verano, no para el invierno.
No me llames Dolores, llámame Lola.

Grupo 2:

Los dos árboles son altos y tienen adornos.
Se lo conté, pero no se lo creyó.
¿Estudias o trabajas?
Me gusta el fútbol, es decir, veo muchos partidos.
Yo lo haré, así que no te preocupes.

a) Señala las diferentes oraciones principales en los grupos oracionales anteriores.

b) ¿Por qué los ejemplos del primer grupo son grupos oracionales por yuxtaposición?

....

c) ¿Por qué los ejemplos del segundo grupo son grupos oracionales por coordinación?

....

A través del nexo, se establece una relación semántica entre las diferentes oraciones principales que forman un grupo oracional por coordinación. A partir de esta relación semántica, es posible establecer cinco tipos de coordinación.

d) ¿Qué nombre recibe cada uno de estos tipos de coordinación? Fíjate en los ejemplos y en las definiciones que te proponemos:

NUEZ-38: GRUPOS ORACIONALES POR YUXTAPOSICIÓN Y COORDINACIÓN

	Tipos de coordinación
Cuando el nexo permite la unión o suma de los significados expresados en cada una de las oraciones principales.	
Cuando, a través del nexo, se expresa una oposición entre los significados de las oraciones principales.	
Cuando, mediante el nexo, los significados de las oraciones principales ofrecen una alternancia que permite elegir entre varias posibilidades.	
Cuando el nexo permite que una de las oraciones principales sirva para explicar el significado de otra oración principal.	
Cuando el significado de la oración principal introducida por el nexo expresa la consecuencia de la oración principal precedente.	

Ejercicios de apoyo:

1) Fíjate en los siguientes grupos oracionales por coordinación y realiza el mismo análisis que se propone en el ejemplo:

Ejemplo:
Graciete enseña portugués   y   yo español.
      Oración 1   Nexo Oración 2

1. *¿Estudias o trabajas?*

2. *El examen será difícil, así que ve estudiando ya.*

3. *Este chico es un poco torpe, pero estudia muchísimo.*

4. *Estoy bien, o sea, que soy feliz.*

5. *Ni lo sé, ni me importa.*

6. *No me despido con un adiós, sino con un hasta luego.*

7. *No te va a perdonar, conque vete preparando.*

8. *O bien te estás quieta, o bien te vas a otro sitio.*

9. *Tú trabaja y calla.*

10. *Ya lo sabéis, es decir, ya os lo han contado.*

TEMA XIII: ORACIONES COMPUESTAS

2) Clasifica los nexos del ejercicio anterior por el tipo de coordinación que establezcan:

Tipo de coordinación	Nexos
1. Copulativa	
2. Adversativa	
3. Disyuntiva	
4. Explicativa	
5. Consecutiva	

3) Ten en cuenta la tabla del ejercicio anterior y crea un grupo oracional por coordinación a partir de las oraciones propuestas:

Ejemplo:
¿Te apetece un café? ¿Prefieres un helado?
¿Te apetece un café o prefieres un helado?

1. Tengo mucho trabajo. No puedo acompañaros.

   ....

2. Rafa está en su dormitorio. Juan está viendo la tele.

   ....

3. Voy a pedir la cuente. Busca la tarjeta de crédito.

   ....

4. No voy a llamarla. No quiero verla otra vez.

   ....

5. No he estudiado japonés. Me gustaría aprenderlo.

   ....

6. Apaga el ordenador. Cierra las ventanas antes de irte.

   ....

4) Escribe tres ejemplos de grupos oracionales por yuxtaposición:

1. ....

2. ....

3. ....

TEMA XIII: ORACIONES COMPUESTAS

Nuez-39: Grupos oracionales por subordinación

Hay relaciones de dependencia que son muy estrechas e intensas. Por ejemplo, la cría de un canguro depende totalmente de su madre para subsistir.

¿Ocurre algo parecido con los **grupos oracionales** por subordinación? Es lo que intentaremos examinar en esta nuez.

a) Subraya la **oración subordinada** en estos grupos oracionales:

1a. *Como últimamente solo tomo ensaladas, he adelgazado mucho.*

2a. *Me echó una mano para que terminara antes.*

3a. *Puedes ir a la excursión, siempre y cuando te comportes bien.*

4a. *Por muy contento que estés, deberías cantar más bajo.*

b) ¿Por qué estas oraciones son subordinadas?

....

En cada ejemplo, la oración subordinada completa a la oración principal con un significado diferente. De este modo es posible hablar de cuatro tipos de oraciones subordinadas:

c) ¿En qué ejemplo la oración subordinada es causal? ¿Por qué es causal?

....

d) ¿En qué ejemplo la oración subordinada es final? ¿Por qué es final?

....

e) ¿En qué ejemplo la oración subordinada es condicional? ¿Por qué es condicional?

....

f) ¿En qué ejemplo la oración subordinada es concesiva? ¿Por qué es concesiva?

....

Ahora, compara los ejemplos anteriores de grupos oracionales con los siguientes:

    1b. *Cansado de que nadie le hiciera caso, abandonó la reunión.*

    2b. *Debes hacerlo de esta manera para terminar antes.*

    3b. *Visto de esa manera, todo parece más fácil.*

    4b. *Me llamó aun sabiendo que ya no estaba en el despacho.*

g) Subraya la oración subordinada y clasifícala por el significado que aporta.

h) Si tienes en cuenta la forma, ¿qué particularidad presentan todas estas oraciones subordinadas?

....

i) Formalmente, ¿qué dos estructuras pueden presentar las oraciones subordinadas?

....

Para terminar, vuelve a fijarte en la foto de esta nuez:

j) ¿Por qué las oraciones subordinadas pueden parecerse a la cría de un canguro?

....

Ejercicios de apoyo:

1) Subraya la oración subordinada causal en los siguientes grupos oracionales:

    1. *No hablo con Ana porque estoy enfadado con ella.*

    2. *Necesito ayuda ya que no soy un experto.*

    3. *No hay que discutir ese tema puesto que ya está aprobado.*

TEMA XIII: ORACIONES COMPUESTAS

4. *Dado que hacemos publicidad, tenemos muchos clientes.*

5. *Cambié de hábitos,* **debido a que perdía bastante tiempo.**

6. *Gracias a que nos daban la comida, no gastamos demasiado.*

7. *En vista de que no llega, empezaremos sin él.*

8. *Como hago ejercicio a diario, me siento muy bien.*

9. *Date prisa, que vas a perder el tren.*

10. *Estamos cansados de lo que hemos corrido.*

11. *Me quedé frita en el sofá, de lo cansada que estaba.*

12. *Con lo simpático que es, conseguirá muchos amigos.*

13. *Mañana no habrá clase, pues es día festivo.*

14. *Puede ser condenado, considerando que la ley recoge esa falta.*

15. *La petición fue denegada, habida cuenta de que el documento fue recibido tarde.*

2) Las oraciones subordinadas causales pueden ir introducidas por diferentes nexos y el empleo de cada uno de ellos depende en gran medida de la **situación comunicativa**.

Utiliza las oraciones del ejercicio anterior y clasifica los nexos causales:

Situación comunicativa	Nexos
Estándar	
Informal	
Formal	

3) Las oraciones subordinadas causales pueden tener también su verbo en una forma no personal.

Completa la tabla con algunos ejemplos:

Situación comunicativa	Estructuras	Ejemplos
Estándar	*por* + infinitivo *a fuerza de* + infinitivo *de tanto* + infinitivo	....
Formal	Construcciones absolutas con participio o gerundio	....

4) Subraya la oración subordinada final en los siguientes grupos oracionales:

1. *Lo haré para que termines pronto.*

2. *Lávate las manos, que podamos empezar a comer.*

3. *Tengo que ir al trabajo a que me entreguen el informe.*

4. *Voy a quitar la silla, no sea que alguien tropiece.*

5. *Mira donde pisas, no vaya a ser que te caigas.*

6. *Aprobaron esa ley a fin de que la seguridad aumente.*

7. *Le enviamos esta carta con el objeto de que usted conozca nuestro trabajo.*

TEMA XIII: ORACIONES COMPUESTAS

5) Con ayuda de los ejemplos del ejercicio anterior, clasifica los nexos que pueden introducir una oración subordinada final:

Situación comunicativa	Nexos
Estándar	
Informal	
Formal	

6) Las oraciones subordinadas finales deben llevar el verbo en infinitivo cuando el sujeto de la oración principal y de la oración subordinada es el mismo.

Reescribe estos ejemplos del ejercicio anterior utilizando el infinitivo en la oración subordinada final:

1. *Lo haré para que termines pronto.*

   ....

2. *Tengo que ir al trabajo a que me entreguen el informe.*

   ....

3. *Aprobaron esa ley a fin de que la seguridad aumente.*

   ....

7) Subraya la oración subordinada condicional en los siguientes grupos oracionales:

1. *Si te apetece, podemos salir esta noche.*

2. *Como no diga nada, me enfadaré.*

3. *Siempre que no molestes, puedes ver la televisión.*

4. *En el caso de que tengas sed, hay agua en la nevera.*

5. *No se lo diré, a menos que me lo pida.*

6. *No le hables, a no ser que quieras enfadarla.*

7. *Con que venga, ya estaremos contentos.*

8. *Ten esta manta, por si tienes frío.*

9. *A poco que nieve, el metro no funciona.*

10. *Échame una mano, siempre y cuando puedas.*

11. *Puede intervenir, a condición de que sea breve.*

12. *En el supuesto de que hubiera un accidente, ¿cómo debería actuar?*

13. *Queda prohibida su reproducción total o parcial, excepto si se usa para fines educativos.*

14. *No pienso renunciar, salvo que todos los demás lo hagan.*

8) Con ayuda de los ejemplos del ejercicio anterior, clasifica los nexos que pueden introducir una oración subordinada condicional:

Situación comunicativa	Nexos
Estándar	
Informal	
Formal	

9) Las oraciones subordinadas condicionales pueden tener también su verbo en una forma no personal. Completa la tabla con algunos ejemplos:

Situación comunicativa	Estructuras	Ejemplos
Estándar	*de* + infinitivo construcción absoluta de gerundio	
Informal	construcción absoluta de participio	
Formal	*a condición de* + infinitivo	

TEMA XIII: ORACIONES COMPUESTAS

10) Subraya la oración subordinada concesiva en los siguientes grupos oracionales:

1. Tenemos que avisar a tus padres, *aunque sea tarde*.

2. *A pesar de lo que dijo*, la admiro todavía.

3. *Por mucho que quieras*, nunca lo conseguirás.

4. *Por poco que sepas*, siempre puedes decir algo.

5. *Por muy molesto que estés*, debes pedir disculpas.

6. *Pese a que sigue aumentando la población*, los médicos escasean.

7. *Si bien tu opinión es interesante*, no es relevante para este tema.

8. Las fresas nunca son baratas, *aun cuando la producción es grande*.

11) Con ayuda de los ejemplos del ejercicio anterior, clasifica los nexos que pueden introducir una oración subordinada concesiva:

Situación comunicativa	Nexos
Estándar	
Informal	
Formal	

12) Las oraciones subordinadas concesivas pueden tener también su verbo en una forma no personal.

Completa la tabla con algunos ejemplos:

Situación comunicativa	Estructuras	Ejemplos
Estándar	*con* + infinitivo *para* + infinitivo *a pesar de* + infinitivo	
Formal	*aun* + gerundio *si bien* + participio	

Tema XIV: El subjuntivo

Nuez-40: Las proposiciones y el subjuntivo

Vamos a empezar con un pequeño juego al que hemos llamado ¿Qué hace el subjuntivo en la proposición? Y recuerda, el empleo del subjuntivo nunca es una cuestión de dados.

¿Qué hace el subjuntivo en la proposición?	
Ejemplos	El subjuntivo ...
1) .... 2)	1) señala el carácter desconocido, virtual o no comprobado del antecedente que modifica.
1) .... 2) .... 3)	2) sirve para hacer referencia a una persona, a una cosa o a algo en general que aún no es conocido por el hablante o el oyente.
1) .... 2) .... 3) .... 4) .... 5)	3a) presenta un contenido que se interpreta como algo virtual o como objeto de una emoción o evaluación y depende de un **verbo principal** de opinión, duda, mandato o valoración.
1) .... 2)	3b) presenta un hecho que es valorado por el hablante en el predicado nominal.
1) .... 2)	4a) expresa hechos o acciones futuras para el hablante en complementos circunstanciales de tiempo.
1) .... 2) .... 3) .... 4)	4b) expresa acciones o situaciones no comprobadas o conocidas en complementos circunstanciales de modo o de lugar.

TEMA XIV: EL SUBJUNTIVO

Si te fijas, puedes elegir entre 6 posibilidades para explicar el valor del subjuntivo en una proposición. Ahora, clasifica los siguientes ejemplos en la tabla anterior prestando atención a las proposiciones subrayadas y al subjuntivo.

*Adiviné el acertijo <u>sin que me **ayudaran**</u>.*	*El móvil estará en el cajón <u>donde **estén** las llaves</u>.*
*Busco a alguien <u>que **pueda ayudarme**</u>.*	*Estamos contentos <u>de que **hayáis aceptado** la invitación</u>.*
*Es divertido <u>que **queráis** ir al zoo</u>.*	*Está bien <u>que todavía no lo **hayáis hecho**</u>.*
*Espero <u>que lo **llames** cuanto antes</u>.*	*<u>Quien **quiera** participar</u> puede inscribirse ahora.*
*Hazlo <u>como te **hayan contado**</u>.*	*Visitaré a mi abuela <u>cuando **tenga** oportunidad</u>.*
*Iremos <u>donde **quieras**</u>.*	*Me gusta <u>que **vengáis** preparados a clase</u>.*
*Me alegro <u>de que **cambiaras** de opinión</u>.*	*Reaccionó <u>como si **estuviera** enfadado</u>.*
*Pídeme <u>lo que **necesites**</u>.*	*Puedes llamarme <u>siempre que te **apetezca**</u>.*
*Se lo entregaré <u>al que **venga** primero</u>.*	*Dile <u>que **venga** ahora mismo</u>.*

Probablemente, este juego te haya resultado bastante difícil. Seguro que aún sigues teniendo muchas dudas con la clasificación de algunos ejemplos y pocas ganas de seguir trabajando con el subjuntivo. Tranquilo, es normal, ya que nuestro juego es incompleto: solo tiene en cuenta el criterio semántico para establecer los diferentes usos del subjuntivo en las proposiciones.

Como ves, una explicación basada únicamente en lo que expresa el subjuntivo no es suficiente para explicar cuándo y por qué el verbo de una **proposición** debe aparecer en subjuntivo. Además, el resultado de este tipo de explicaciones suelen ser esquemas tan complicados y tan poco motivadores como el que hemos propuesto en nuestro juego.

A continuación, te proponemos la segunda parte del juego. Ahora, al criterio semántico vamos a añadirle el criterio formal (es decir, el tipo de oración y de proposición).

Seguro que ahora no tendrás tantas dificultades para completar la explicación con los ejemplos correspondientes.

1) El subjuntivo en proposiciones adjetivas de relativo:
    Antecedente + <u>proposición adjetiva de relativo</u>
              Modificador

El subjuntivo en la proposición adjetiva de relativo señala el carácter desconocido, virtual o no comprobado del **antecedente** que modifica. Ejemplos:

....

....

NUEZ-40: LAS PROPOSICIONES Y EL SUBJUNTIVO

2) El subjuntivo en **proposiciones sustantivas** de pronombre relativo sin antecedente:

<u>Proposición sustantiva de pronombre relativo sin antecedente</u> + verbo
  Sujeto

Verbo + <u>Proposición sustantiva de pronombre relativo sin antecedente</u>
  Complemento directo o indirecto

El subjuntivo en proposiciones sustantivas de pronombre relativo sin antecedente sirve para hacer referencia a una persona, a una cosa o a algo en general que aún no es conocido por el hablante o el oyente. Ejemplos:

....

....

....

3) El subjuntivo en proposiciones sustantivas completivas (introducidas por la conjunción *que*):

  a. Verbo + <u>proposición sustantiva completiva</u>
  Complemento directo

Verbo + <u>preposición + proposición sustantiva completiva</u>
  Complemento de régimen

Verbo + <u>proposición sustantiva completiva</u>
  Sujeto

Estar + adjetivo + <u>preposición *de* + proposición sustantiva completiva</u>
  Complemento de causa

Con **verbos principales** (por ejemplo, de opinión, duda, mandato o valoración) o estructuras copulativas (*estar* + adjetivo) que permiten expresar una actitud del hablante, el verbo de la proposición completiva va en subjuntivo cuando presenta un contenido que se interpreta como algo virtual o como objeto de una emoción o evaluación. Ejemplos:

....

....

....

....

....

    b. <u>*Es/está* + atributo</u> + <u>proposición sustantiva completiva</u>
        Juicio de valor   Sujeto

La proposición sustantiva completiva que es sujeto de una oración copulativa lleva su verbo en subjuntivo cuando presenta un hecho que es valorado por el hablante en el predicado nominal. Ejemplos:

....

....

4) El subjuntivo en proposiciones adverbiales:

    a. <u>Proposición adverbial introducida por una conjunción o adverbio conjuntivo</u>
        Complemento circunstancial de tiempo

En proposiciones adverbiales que expresan tiempo, el subjuntivo siempre expresa hechos o acciones futuras para el hablante, es decir, posteriores al momento de la enunciación. Ejemplos:

....

....

    b. <u>Proposición adverbial de adverbio relativo sin antecedente</u>
        Complemento circunstancial de modo o de lugar

Las proposiciones con un adverbio relativo sin antecedente son proposiciones adverbiales de modo o de lugar y llevan su verbo en subjuntivo cuando expresan acciones o situaciones no comprobadas, experimentadas o conocidas por hablante. Ejemplos:

....

....

....

....

Ejercicios de apoyo[29]:

1) Completa las proposiciones adjetivas de relativo de cada ejemplo con el tiempo y el modo verbal adecuados:

Ejemplo:
El libro trata algunos temas que nos (interesar) *...interesan... mucho a nosotros.*

1. *La casa que* (comprar) .... *mi hermana no es nueva, pero está muy bien.*

2. *Necesito comprar un vino que* (ir) .... *bien con el pescado.*

3. *Compra tomates, pero que no* (estar) .... *muy maduros.*

4. *Tengo una amiga que* (coleccionar) .... *monedas antiguas.*

5. *¿No hay nadie que* (querer ver) .... *esta película?*

6. *No fueron fáciles los primeros días que* (pasar, nosotros) .... *allí.*

7. *Todavía hay muchos estudiantes que no* (entregar) .... *los trabajos que yo les* (mandar) .... *la semana pasada.*

8. *Necesitamos un experto a quien* (poder, nosotros) .... *preguntar estas dudas.*

9. *El reloj que* (llevar, ella) .... *se lo regalé yo por su cumpleaños.*

10. *Carolina, aquí hay alguien que* (preguntar) .... *por ti.*

11. *No hay nadie en la puerta que* (controlar) .... *las entradas.*

12. *No había nadie en la puerta que* (controlar) .... *las entradas.*

13. *Lo siento, pero ahora no hay aquí nadie que* (poder) .... *ayudarte.*

14. *¿Conoces a alguien a quien le* (gustar) .... *el Real Madrid?*

15. *No recuerdo nada de lo que me* (decir, tú) .... *ayer.*

---

29 Julián Cosmes-Cuesta ha aportado material para la elaboración de estos ejercicios.

TEMA XIV: EL SUBJUNTIVO

16. *Se marchó sin devolverme los libros que le* (prestar, yo) ....

17. *Pasaremos las vacaciones en un apartamento que* (tener) .... *playa.*

18. *Necesitamos a alguien que* (encargarse) .... *de este trabajo.*

19. *No me ha gustado ninguna de las películas que* (ver, nosotros) ....

20. *Me ha pedido que le compre un disco que* (estar) .... *bien y no* (ser) .... *demasiado caro.*

21. *¿Puedes recomendar algún sitio en Oslo donde* (poder comer, nosotros) .... *bien y barato?*

22. A: *¿Y este es el libro que* (estar causando) .... *tanta sensación?*
    B: *Pues a mí no me ha gustado nada.*

2) Justifica el uso del indicativo y del subjuntivo en estas proposiciones sustantivas de pronombre relativo sin antecedente:

1. *Lo que me **cuentas** lo he escuchado ya antes.*
   *Lo que me **cuentes** lo he escuchado ya antes.*

   Indicativo porque ....

   Subjuntivo porque ....

2. *El que **quiere** venir es Pedro.*
   *El que **quiera** puede venir.*

   Indicativo porque ....

   Subjuntivo porque ....

3. *Dale este libro a quien tú te **imaginas**.*
   *Dale este libro a quien le **interese**.*

   Indicativo porque ....

   Subjuntivo porque ....

4. *Compra la que más te **ha gustado**.*
   *Compra la que más te **haya gustado**.*

   Indicativo porque ....

   Subjuntivo porque ....

3) Elige la forma correcta del verbo para la **proposición sustantiva** completiva:

Ejemplo:
Prefiero que esta noche nos quedamos/ quedemos *en casa.*

1. *Quiero que* vienes/vengas *conmigo al cine esta tarde.*

2. *Te aconsejo que no* fumas/fumes *aquí.*

3. *Os recomiendo que* leáis/leeis *periódicos en español.*

4. *¿Le importa que* abro/abra *la ventana un poquito?*

5. *Es una mala idea que* traes/traigas *esos libros.*

6. *Me molesta que* hablas/hables *tan alto.*

7. *Me extraña que Pedro no* viene/venga *a la excursión.*

8. *Es mejor que no* vienes/vengas *a la reunión.*

9. *Necesito que me* ayudas/ayudes *a cambiar unos muebles.*

10. *Te prohíbo que* uses/usas *mi bicicleta.*

11. *Os deseo que* sois/seáis *muy felices.*

12. *No es tan importante que* vengas/vienes *con nosotros.*

4) Tan importante como saber si el verbo de la proposición sustantiva completiva debe ir en subjuntivo, es también emplear el tiempo verbal del subjuntivo adecuado.

Completa estas tablas con el tiempo verbal en subjuntivo que se utiliza en cada caso:

TEMA XIV: EL SUBJUNTIVO

Verbo principal	Proposición sustantiva completiva con subjuntivo		
Presente de indicativo	Ejemplo	Contexto temporal	Tiempo verbal
Me irrita	que venga ahora.	Simultaneidad	*Presente de subjuntivo*
Me irrita	que haya venido. que lo avisarais ayer.	Anterioridad	
Me irrita	que venga mañana.	Posterioridad	

Verbo principal	Proposición sustantiva completiva con subjuntivo		
Pretérito perfecto simple	Ejemplo	Contexto temporal	Tiempo verbal
Me irritó	que viniera.	Simultaneidad	
Me irritó	que hubiera venido.	Anterioridad	

Verbo principal	Proposición sustantiva completiva con subjuntivo		
Pretérito imperfecto	Ejemplo	Contexto temporal	Tiempo verbal
Me irritaba	que viniera.	Simultaneidad	

Verbo principal	Proposición sustantiva completiva con subjuntivo		
Pretérito perfecto	Ejemplo	Contexto temporal	Tiempo verbal
Me ha irritado	que venga.	Simultaneidad	
Me ha irritado	que haya venido.	Anterioridad	
Me ha irritado	que viniera.	Posterioridad	

Verbo principal	Proposición sustantiva completiva con subjuntivo		
Pretérito pluscuamperfecto	Ejemplo	Contexto temporal	Tiempo verbal
Me había irritado	que viniera.	Simultaneidad	

Verbo principal	Proposición sustantiva completiva con subjuntivo		
Futuro	Ejemplo	Contexto temporal	Tiempo verbal
Me irritará Le habrá irritado	que venga ahora.	Posterioridad	
Me irritará Le habrá irritado	que haya venido.	Anterioridad	

Verbo principal	Proposición sustantiva completiva con subjuntivo		
Condicional	Ejemplo	Contexto temporal	Tiempo verbal
Me irritaría Me habría irritado	que viniera.	Simultaneidad	
Me irritaría Me habría irritado	que hubiera venido.	Anterioridad	
Me irritaría Me habría irritado	que viniera.	Posterioridad	

Verbo principal	Proposición sustantiva completiva con subjuntivo		
Imperativo	Ejemplo	Contexto temporal	Tiempo verbal
No le pidas / Pídele	que venga.	Simultaneidad	
No le pidas / Pídele	que venga.	Posterioridad	

5) No olvides las tablas del ejercicio anterior y añade a las proposiciones sustantivas completivas de cada ejemplo el verbo en el tiempo y el modo verbal adecuados:

1. *Quiero que (venir, tú) .... conmigo al supermercado.*
2. *He querido que* (estar, tú) .... *presente en esta reunión.*
3. *Yo que tú le aconsejaría que (venir, él) .... a la reunión del martes.*
4. *Le habrán aconsejado que (venir, él) .... a la reunión.*
5. *Dile que* (venir, él) .... *a la reunión.*
6. *Deseo que* (aprobar, tú) .... *el examen en junio.*
7. *Me ha gustado que* (aprobar, tú) .... *los exámenes.*
8. *Me gustará que* (aprobar, tú) .... *el examen de español.*
9. *Comprendo que él no* (querer, él) .... *venir a la reunión.*
10. *Me gustaba que me* (regalar, ellos) .... *flores.*
11. *Me gustó que me* (regalar, tú) .... *flores.*
12. *Me había pedido que le* (regalar, ella) .... *flores.*
13. *Fue una lástima que no* (poder, vosotros) .... *venir a mi fiesta.*
14. *Me gustaría que me* (invitar, tú) .... *a cenar.*
15. *Me habría gustado que* (ir, tú) .... *con ellos.*
16. *Él quería que nos* (encontrar, nosotros) .... *en el cine.*
17. *Me extraña mucho que Grace lo* (llamar) .... *anoche por teléfono.*
18. *No me gustó que no* (venir, tú) .... *a la reunión.*
19. *Me habría encantado que* (venir, tú) .... *a verme.*
20. *Me gustaría que* (venir, tú) .... *a ver mi casa nueva.*

TEMA XIV: EL SUBJUNTIVO

21. *Me habría gustado que (venir, tú) .... a visitarme al hospital.*

22. *Me encantaba que los niños (divertirse) .... en la playa.*

23. *Tened mucho cuidado de que ellos no os (engañar) .... en la compra.*

24. *Sería necesario que todos vosotros (estar) .... aquí mañana temprano.*

25. *Os rogaría que me (disculpar, vosotros) .... pero tengo que salir un momento.*

6) Completa las proposiciones adverbiales de tiempo de los siguientes ejemplos con el verbo en el tiempo y el modo adecuados:

Ejemplo:
Alfredo enciende el ordenador tan pronto como (llegar) llega a casa.

1. *Se irán al campo en cuanto (poder) ....*

2. *Siempre que lo (ver, yo) .... , me da recuerdos para ti.*

3. *Hasta que no (llegar, ella) .... a casa, no estaré tranquilo.*

4. *Cuando (hacer) .... buen tiempo, pasamos el día en la playa.*

5. *Mi padre leía siempre el periódico mientras (desayunar) ....*

6. *Isabel se pondrá a toser en cuanto (encender) .... un cigarrillo.*

7. *Estuvo hablando de su novio desde que (llegar) .... hasta que (marcharse) ....*

8. *A medida que (pasar) .... los días, me encuentro mejor en Oslo.*

9. *Cuando (llover) .... tomaba el autobús lo más pronto que (poder, yo) .... porque después había mucho tráfico.*

10. *Apenas (levantarse, ella) .... , Camila se toma el primer café.*

11. *Te daré mi dirección antes de que (irse, tú) .... de viaje.*

12. *Hay que solucionar este problema antes de que* (ser) .... *demasiado tarde y ya no* (tener) .... *solución.*

13. *Así que pude,* (comprarse, yo) .... *una bicicleta nueva.*

14. *Volveré tan pronto como* (poder, yo) ....

15. *Así que* (terminar, nosotros) .... *de escribir el informe, nos iremos a casa.*

16. *Lo haré en cuanto* (poder) .... *, no te preocupes.*

17. *Lo hice en cuanto* (poder) .... *, ya te lo dije.*

18. *Tenemos que terminarlo todo antes de que Ole* (llegar) .... *a casa.*

19. *Eso lo dijo mucho antes de que tú* (abandonar) .... *la reunión.*

20. *Termina tú de limpiar el baño mientras* (preparar, yo) .... *la cena.*

21. *No conocíamos a nadie cuando* (llegar, nosotros) .... *a Noruega.*

22. *Pronto será primavera y, a medida que* (pasar) .... *los días, habrá más luz.*

23. *Muchas cosas han cambiado desde que* (irse, ellos) .... *de Motril.*

24. *Me pongo enfermo cada vez que* (pensar, yo) .... *en lo que han hecho.*

25. *Yo no sé qué pasa, pero cada vez que los* (invitar, nosotros) .... *nos dicen que no pueden.*

7) Escribe dos ejemplos que contengan una proposición adverbial de modo y dos ejemplos que contengan una proposición adverbial de lugar. Las proposiciones deben llevar el verbo en subjuntivo.

1. ....
2. ....
3. ....
4. ....

Nuez-41: Grupos oracionales por subordinación

En las **oraciones subordinadas**, el uso del subjuntivo depende de dos cosas:

1. el tipo de oración subordinada (causal, final, condicional o concesiva);

2. la manera de presentar la información en cada una de ellas.

Y recuerda, "porque suena bien" no es la mejor respuesta para explicar el empleo del subjuntivo.

1) Las oraciones subordinadas causales suelen llevar el verbo en indicativo, ya que generalmente expresan hechos experimentados por el hablante.

Sin embargo, con el nexo *porque* hay unos pocos casos en los que el verbo de la oración subordinada debe ir en subjuntivo:

a.

Oración principal	Oración subordinada causal
Te lo cuento	,no *porque* quiera *ayudarte, sino por hacerte un favor.*
	porque quiero *hacerte un favor.*

- ¿Qué tipo de causa exige subjuntivo?

   ....

b.

Oración principal	Oración subordinada
No pienso llamarlo	*porque tú lo* digas.
	aunque tú lo digas.

- ¿Qué otro tipo de causa exige también subjuntivo? (Fíjate en la proximidad semántica entre las dos oraciones subordinadas propuestas).

   ....

2) En las oraciones subordinadas finales, la finalidad o el propósito de la acción expresados tienen siempre una proyección hacia el futuro:

Oración principal	Oración subordinada final
Tengo pensado ir a la biblioteca	*para que me ayuden con la bibliografía.*
	a que me ayuden con la bibliografía.
	con el fin de que me ayuden con la bibliografía.

    a. ¿Cuál es entonces el modo que siempre debemos utilizar en una oración subordinada final?

....

3) En las oraciones subordinadas condicionales, el uso del subjuntivo está relacionado con el nexo. Así, todos los nexos condicionales exigen siempre subjuntivo, excepto *si* que también puede aparecer con indicativo.

    a.

Oración subordinada condicional	Oración principal
Si tengo tiempo,	*te acompañaré.*
Si **tendré tiempo,*	
Si **tendría tiempo,*	

- ¿Qué tipo de condición con *si* exige indicativo? ¿Qué tiempos verbales no pueden aparecer nunca en este tipo de condición?

....

    b. Con subjuntivo, la condición con *si* es irreal o improbable y solo pueden emplearse dos tiempos verbales:

Oración subordinada condicional	Oración principal
*Si **tuviera** tiempo,* *Si **hubieras llamado** antes,*	*te acompañaría.*
*Si **hubiera tenido** tiempo,*	*te habría acompañado.*
	te hubiera acompañado.

- Con el imperfecto de subjuntivo, la condición irreal o improbable puede hacer referencia a dos contextos temporales, ¿cuáles son?

....

TEMA XIV: EL SUBJUNTIVO

- Con el pluscuamperfecto de subjuntivo, la condición irreal o improbable ocurre siempre en un contexto temporal, ¿cuál?

....

4) Hay oraciones subordinadas concesivas que siempre exigen indicativo y otras que siempre exigen subjuntivo:

Oración subordinada concesiva	Oración principal
Si bien **tienes** *pocas ganas,*	*debes acompañarme.*
Por muy cansado que **estés,**	

a. ¿Qué nexo concesivo exige siempre indicativo?

....

b. ¿Qué nexo concesivo exige siempre subjuntivo?

....

Con el resto de nexos concesivos, hay que observar el contexto temporal, es decir, el momento en el que se realiza lo expresado en la oración subordinada:

	Oración subordinada concesiva	Oración principal
Futuro	*Aunque* **siga** *lloviendo a las tres,* *Aunque* **siguiera** *lloviendo a las tres,*	*debes acompañarme.*
Presente	*Aunque todavía* **sigue** *lloviendo,* *Aunque todavía* **siga** *lloviendo,*	

c. ¿Qué modo verbal debe emplearse cuando lo expresado en la oración subordinada concesiva se refiere al futuro?

....

d. Cuando lo expresado en la oración subordinada concesiva se refiere al presente, ¿qué diferencia de significado existe entre utilizar el indicativo o el subjuntivo?

....

Ejercicios de apoyo[30]:

1) Completa la oración subordinada causal de cada ejemplo con el tiempo y el modo verbal adecuados:

Ejemplo:
Te perdono porque (saber, yo) ....*sé*.... *que no lo volverás a hacer.*

1. *Ya que* (tener, tú) .... *tiempo, podrías echarme una mano.*

2. *Con lo bien preparado que* (estar, tú) ...., *te darán el trabajo.*

3. *No puedo hablar contigo ahora, que* (ir a llegar, yo) .... *tarde al trabajo.*

4. *No puedo dar un paso más de lo cansado que* (estar, yo) ....

5. *Como* (esquiar, María) .... *todos los días, está en muy buena forma.*

6. *No podemos ayudarte porque* (tener, nosotros) .... *muchas cosas que hacer.*

7. *Puesto que ya* (parar) .... *el ruido, podemos continuar la clase.*

8. *No te demores, que* (ir a llegar, tú) .... *tarde al trabajo.*

9. *En vista de que* (contestar, ella) .... , *deberías pasarte por su casa.*

10. *De lo triste que* (estar, él) ...., *apenas habló en toda la noche.*

a. ¿Cuál es el modo verbal que debemos utilizar en todos los ejemplos anteriores?
....

2) Escribe ahora dos ejemplos que contengan una oración subordinada causal con el verbo en subjuntivo:

1. ....

2. ....

---

30 Julián Cosmes-Cuesta ha aportado material para la elaboración de estos ejercicios.

3) Añade a las siguientes oraciones principales una oración subordinada final (recuerda que estas oraciones subordinadas siempre llevan el verbo en subjuntivo). Utiliza todos los nexos que vimos en la nuez-39.

Ejemplo:
Debes llamarla para que se quede tranquila.

1. *Le compraré esos pantalones* ....
2. *Le envié un correo electrónico* ....
3. *Ve allí* ....
4. *Presta más atención,* ....
5. *Cambia esa silla de lugar,* ....
6. *Tomaron esa decisión* ....
7. *Te lo daré* ....
8. *Me lo han prestado unos días* ....
9. *Avísame* ....
10. *Enciende la televisión* ....

4) Completa la oración subordinada condicional de cada ejemplo con el tiempo y el modo verbal adecuados:

Ejemplo:
Os dejamos salir, siempre que no (volver, vosotros) volváis muy tarde.

1. *Te perdono, a condición de que no lo (volver, tú) .... a hacer.*
2. *Siempre que no (hacer, vosotros) .... ruido, os podéis quedar aquí.*
3. *Como no (hacer, tú) .... las compras hoy, me enfadaré contigo.*
4. *Siempre y cuando me lo (devolver, tú) .... en perfecto estado, te lo dejo.*
5. *En caso de que no (ir, yo) .... te llamaré por teléfono.*

6. *No me presentaré al examen, a no ser que* (estar, yo) .... *seguro de aprobar.*

7. *En el supuesto de que no* (poder, tú) .... *hacerlo solo, llámame.*

8. *Tienes que proteger las plantas del balcón, no sea que* (helar) .... *esta noche.*

9. *Te lo digo, pero con la condición de que no se lo* (contar, tú) .... *a nadie.*

10. *En el caso de que* (querer, vosotros) .... *saber más sobre este tema, podéis consultar la gramática.*

a. ¿Por qué debemos utilizar el subjuntivo en todos los ejemplos anteriores?

....

5) Con la conjunción *si*, la condición expresada en la oración subordinada puede ser real o irreal/improbable. Completa los ejemplos con el tiempo y el modo verbal adecuados:

Condición real:

1. *Si tú me* (decir) *dices* *ven, lo* **dejo** *todo.*

2. *Si no me* (decir, tú) .... *la verdad, ya* **sabes** *lo que te espera.*

3. *Si no* (terminar, nosotros) .... *antes de las seis, no* **iremos** *al cine.*

4. *Me* **serviré** *un poco más de carne si no os* (importar) ....

5. *Si no te lo* (decir, yo) .... *antes,* **ha sido** *porque no me acordé.*

6. *Si* (volver, ellos) .... *pronto a casa,* **fue** *porque estaban cansados.*

7. *Si no* (equivocarse, yo) ...., *ya te* **saludé** *hace unos meses en un congreso.*

Condición irreal o improbable:

1. *Si* (saber, yo) .... *quién lo ha hecho, te lo* **diría** *ahora mismo.*

2. *Si ayer no* (perder, él) .... *las llaves del piso, ahora no* **estaría** *tan nervioso.*

TEMA XIV: EL SUBJUNTIVO

3. *Si lo que ella dice* (ser) .... *verdad, no **tendríamos** ningún problema.*

4. *Todo **sería** más fácil, si ellos* (terminar) .... *ya su parte del trabajo.*

5. *¿Qué **pasaría** en Noruega si el petróleo* (terminarse) .... *en dos años?*

6. *Ayer, si Amalia* (venir) .... *a hablar conmigo, yo **podría** haberla ayudado.*

7. *Si ayer* (venir, tú) .... *a la fiesta, **habrías conocido** a mis hermanos.*

8. *Si* (llamar, usted) .... *usted antes, **hubiera hablado** con ella.*

9. *Si lo* (hacer, tú) .... *como te dije, no **habrías tenido** tantos problemas.*

10. *Si* (consultar, tú) .... *el diccionario, **habrías escrito** correctamente todas las palabras.*

6) El tiempo verbal de la oración subordinada condicional está en estrecha relación con el tipo de condición que expresamos y el tiempo verbal de la oración principal. Presta de nuevo atención a los ejemplos del ejercicio anterior y completa la siguiente tabla:

	Relación de tiempos verbales	
	Verbo oración subordinada condicional con si	**Verbo oración principal**
Condición real	*Presente de indicativo*	Presente de indicativo
	....	Futuro simple
	....	Pretérito perfecto de indicativo
	....	Pretérito perfecto simple
Condición irreal o improbable	....	Condicional simple
	....	Condicional compuesto o Pluscuamperfecto de subjuntivo

a. ¿Cuál es el único tiempo verbal que puede emplearse en la oración principal cuando en la subordinada condicional se emplea el imperfecto de subjuntivo?

....

7) Completa los siguientes diálogos utilizando una oración subordinada concesiva:

Ejemplo:
A: *Estos zapatos son italianos.*
B: *Vale, pero aunque sean italianos, no son muy originales.*

1. A: *Este grupo es el que más vende.*

    B: ....

2. A: *España volverá a ganar el próximo Mundial de fútbol.*

    B: ....

3. A: *María es la nueva jefa.*

    B: ....

4. A: *Tu madre tiene razón.*

    B: ....

5. A: *El profesor puede ayudarte con estas dudas.*

    B: ....

6. A: *Ya lo he hecho una vez.*

    B: ....

7. A: *Me apetecería mucho comer en ese restaurante un día.*

    B: ....

8. A: *No para de llover.*

    B: ....

9. A: *Este traje es muy caro.*

    B: ....

10. A: *¡Qué ganas tengo de estar un día tranquilo!*

    B: ....

Nuez-42: Las oraciones independientes, las pseudoindependientes y el subjuntivo

¿Te imaginas que un día anunciaran que va a llover café?

Hasta que ese día llegue, hay una estructura con subjuntivo que puedes utilizar para expresar ese deseo u otros parecidos.

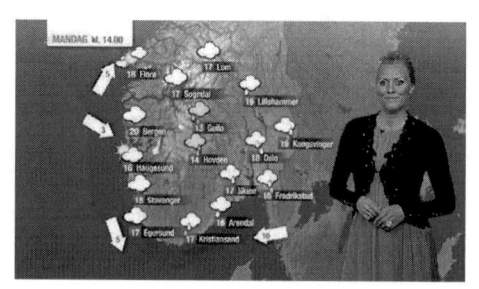

Eli Kari Gjengedal

Presta atención a la letra de este famoso merengue y recuerda que, aunque la presentadora sea muy guapa, el uso del subjuntivo nunca depende del tiempo que haga:

Ojalá que llueva café
(Juan Luis Guerra)

Ojalá que llueva café en el campo
que caiga un aguacero de yuca y té
del cielo una *jarina* de queso blanco
y al sur una montaña de berro y miel
oh, oh, oh-oh-oh, ojalá que llueva café.

Ojalá que llueva café en el campo
peinar un alto cerro (d)e trigo y mapuey
bajar por la colina de arroz graneado
y continuar el arado con tu querer
oh, oh, oh-oh-oh...

Ojalá el otoño en vez de hojas secas
vista mi cosecha (d)e *pitisalé*
sembrar una llanura de batata y fresas
ojalá que llueva café.

Pa(ra) que en el conuco no se sufra tanto, ay *ombe*
ojalá que llueva café en el campo;
pa(ra) que en Villa Vásquez oigan este canto
ojalá que llueva café en el campo;
ojalá que llueva, ojalá que llueva, ay *ombe*
ojalá que llueva café en el campo
ojalá que llueva café.
oh, oh, oh-oh-oh...

Ojalá que llueva café en el campo
sembrar un alto cerro (d)e trigo y mapuey
bajar por la colina de arroz graneado
y continuar el arado con tu querer
oh, oh, oh-oh-oh...

Ojalá el otoño en vez de hojas secas
vista mi cosecha e *pitisalé*
sembrar una llanura de batata y fresas
ojalá que llueva café.

Pa(ra) que en el conuco no se sufra tanto, oye
ojalá que llueva café en el campo;
pa(ra) que en Los Montones oigan este canto
ojalá que llueva café en el campo;
ojalá que llueva, ojalá que llueva, ay *ombe*
ojalá que llueva café en el campo
ojalá que llueva café.

Pa(ra) que to(dos) los niños canten en el campo
ojalá que llueva café en el campo;
pa(ra) que en La Romana oigan este canto
ojalá que llueva café en el campo;
ay, ojalá que llueva, ojalá que llueva, ay *ombe*
ojalá que llueva café en el campo
ojalá que llueva café...

NUEZ-42: LAS ORACIONES INDEPENDIENTES, LAS PSEUDOINDEPENDIENTES Y EL SUBJUNTIVO

a) ¿Cuál es la estructura con subjuntivo que podemos emplear para expresar deseo?

....

b) A diferencia de las proposiciones o las oraciones subordinadas, ¿qué particularidad presentan las oraciones con esta estructura?

....

Otras oraciones con características similares las encontramos en los siguientes ejemplos:

1. *Tal vez vayamos a un museo este verano.*

2. *¡Que pases un buen fin de semana!*

3. *¡Quién estuviera ahora en una playa del Caribe!*

4. *No salgas a la calle sin paraguas.*

c) ¿Qué estructura y significado tenemos en cada uno de los ejemplos anteriores? Utiliza también el ejemplo del merengue y completa la siguiente tabla:

Subjuntivo en oraciones independientes	
Estructura	Significado
Tal vez + subjuntivo	duda

Ejercicios de apoyo[31]:

1) Elige entre una de las siguientes estructuras y crea una oración independiente que exprese duda:

- *Quizá(s)* + subjuntivo
- *Tal vez* + subjuntivo
- *Posiblemente* + subjuntivo
- *A lo mejor* + indicativo

Ejemplo:
Ir al teatro > *A lo mejor vamos al teatro mañana.*

1. Ir de vacaciones > ....
2. Cambiar el coche > ....
3. Viajar a Perú > ....
4. Leer más gramática > ....
5. Estudiar japonés > ....
6. Jugar al fútbol > ....
7. Vender la bicicleta > ....
8. Dar una vuelta > ....
9. Salir a pasear > ....
10. Regalar una flor > ....

a. Con las tres estructuras en las que has utilizado el subjuntivo, también sería posible utilizar el indicativo. ¿De qué manera cambia el significado de tus ejemplos si utilizas el indicativo?

....

---

[31] Julián Cosmes-Cuesta ha aportado material para la elaboración de estos ejercicios.

NUEZ-42: LAS ORACIONES INDEPENDIENTES, LAS PSEUDOINDEPENDIENTES Y EL SUBJUNTIVO

2) En la nuez-19 vimos las siguientes estructuras de oraciones exclamativas que expresan deseo:

- *Ojalá (que)/así* + verbo en subjuntivo
- *Que* + verbo en subjuntivo
- *Quién* + verbo en subjuntivo

Utiliza una de estas estructuras y crea una oración exclamativa para cada una de las siguientes situaciones:

Ejemplo:
Juan y María acaban de casarse.
¡Que seáis muy felices y que tengáis un buen viaje de novios!

1. A alguien que conoces bien le ha tocado la lotería.

   ....

2. Alguien te ha insultado.

   ....

3. El Real Madrid ha fichado a nuevos jugadores.

   ....

4. Lleva tres días lloviendo sin parar.

   ....

5. Llevas una hora esperando y tu novia no ha llegado todavía.

   ....

6. Pedro ha recibido una mala noticia.

   ....

7. Tu equipo favorito ha vuelto a perder un partido.

   ....

8. Tu hermana está embarazada.

   ....

9. Tu mejor amigo se ha comprado un deportivo.

   ....

10. Tus padres se van de vacaciones a Cancún.

    ....

3) Relaciona cada oración de la izquierda con la respuesta de la derecha más apropiada:

¡Hasta mañana! Me voy a dormir.	*¡Felicidades, y que cumplas muchos más!*
¡Hoy es mi cumpleaños!	*¡Ánimo, y ojalá que todo salga bien!*
¡Me caso el próximo mes de mayo!	*¡Que aproveche!*
Dentro de poco me van a operar.	*¡Que pases un buen fin de semana!*
Mañana tengo un examen.	*¡Que descanses y que duermas bien!*
Bueno, ya podemos empezar a comer.	*¡Enhorabuena! ¡Que seáis muy felices!*
¡Nos vamos de viaje al Caribe!	*¡Ojalá que os guste y que os divirtáis!*
¡Adiós! ¡Hasta el lunes!	*¡Adiós! ¡Que te vaya bien!*
Estoy un poco enferma.	*¡Que te salga bien y que sea fácil!*
Mañana iremos a ver esa película.	*¡Vaya, que te mejores!*
¡Adiós!	*¡Que os lo paséis muy bien!*

4) Sigue el ejemplo y escribe una oración con el imperativo negativo:

Ejemplo:
Ver la televisión > *No veas tanto la televisión*

1. Jugar a la pelota > ....

2. Fumar > ....

3. Poner los pies en la mesa > ....

4. Gritar > ....

5. Ser malo > ....

6. Tirar papeles > ....

7. Andar rápido > ....

8. Trabajar > ....

9. Imprimir > ....

10. Llegar tarde > ....

5) Completau los diálogos siguiendo el ejemplo:

Ejemplo:
A: ¡*Abre la ventana!*
B: *Perdón, ¿qué dices?*
A: *¡Que abras la ventana, por favor!*

1. A: ¡*Ven más tarde!*
   B: ¡*Perdón! ¿Qué dices?*

   A: ....

2. A: ¡*Déjame el periódico!*
   B: ¡*Perdón! ¿Cómo dices?*

   A: ....

3. A: ¡*Cierra la puerta!*
   B: *¿Qué?*

   A: ....

4. A: ¡*Cállate!*
   B: *¿Cómo?*

   A: ....

5. A: ¡*Déjame tranquila!*
   B: *¿Qué?*

   A: ....

11. A: ¡*Llama tú!*
    B: *¿Qué has dicho?*

    A: ....

12. A: ¡*Llame dentro de diez minutos!*
    B: ¡*Perdone! ¿Puede repetir?*

    A: ....

13. A: ¡*Dígame su nombre!*
    B: ¡*Perdone! ¿Cómo dijo?*

    A: ....

14. A: ¡*Vuelva usted a las cuatro!*
    B: *¿Mande?*

    A: ....

15. A: ¡*No me molestes!*
    B: *¿Eh?*

    A: ....

6. A: ¡Ayúdame!
   B: ¡Perdona! ¿Qué quieres?

   A: ....

7. A: ¡Pon la televisión!
   B: ¿Cómo dices?

   A: ....

8. A: ¡Compra el periódico!
   B: ¡Perdón!

   A: ....

9. A: ¡Termina ya!
   B: ¿Qué dices?

   A: ....

10. A: ¡Acompáñame, por favor!
    B: ¡Perdona! ¿Cómo dices?

    A: ....

16. A: ¡No me interrumpas!
    B: ¿Qué?

    A: ....

17. A: ¡Hazlo tú!
    B: ¿Eh?

    A: ....

18. A: ¡No bebas tanto!
    B: Pero, ¿qué pasa?

    A: ....

19. A: ¡No vayas tan rápido!
    B: ¿Qué dices?

    A: ....

20. A: ¡Sal del baño!
    B: ¡Ya, ya...!

    A: ....

a. Las respuestas que has escrito pueden considerarse ejemplos de oraciones pseudoindependientes, ¿por qué?

....

Tema XV: Los adjuntos

Nuez-43: Los adjuntos internos

Adjuntar significa añadir o unir un elemento a otro y lo que se añade recibe el nombre de *adjunto*.

También en una oración podemos hablar de **adjuntos**, es decir, de elementos que incorporamos a la oración para añadir información complementaria:

Tus amigos me vieron desde el balcón con María.

Subraya en la oración anterior:

a) el **predicado**;

b) el **núcleo oracional**;

c) el **complemento** obligatorio del núcleo oracional dentro del predicado.

Los dos complementos que aún quedan sin subrayar en el predicado son adjuntos internos:

d) ¿Qué es el adjunto interno en una oración?

....

e) ¿Qué función sintáctica desempeñan los dos adjuntos internos en el predicado que hemos analizado?

....

TEMA XV: LOS ADJUNTOS

Para terminar, fíjate de nuevo en la fotografía:

f) ¿Cuál sería el adjunto de esta pantalla de ordenador? ¿Por qué?

....

Ejercicios de apoyo:

1) Completa las siguientes oraciones con el complemento circunstancial (CC) propuesto entre paréntesis:

Ejemplo:
Encontré las llaves.
(CC de lugar) *Encontré las llaves donde me dijiste.*

1. *Su último libro me ha gustado.*
   (CC de cantidad) ....

2. *Lo ha hecho.*
   (CC de causa) ....

3. *Esta noche iré al cine.*
   (CC de compañía) ....

4. *Le prestó su coche.*
   (CC de finalidad) ....

5. *Pagará la cena.*
   (CC de instrumento) ....

6. *El perro se ha sentado.*
   (CC de lugar) ....

7. *Mi madre ha preparado este postre.*
   (CC de materia) ....

8. *Ya he enviado el paquete.*
   (CC de medio) ....

9. *Entra en la habitación.*
   (CC de modo) ....

10. *Saqué estas entradas.*
    (CC de provecho o beneficio) ....

11. *Nos volveremos a ver.*
    (CC de tiempo) ....

2) Como has podido ver en el ejercicio anterior, los complementos circunstanciales son adjuntos internos que expresan las condiciones o circunstancias en las que se desarrolla lo expresado por el núcleo oracional.

Completa las siguientes oraciones con uno de los siguientes adjuntos internos: *donde me dijiste, a tientas, a la grada, pasado mañana, cuando te apetezca dar una vuelta, rápidamente.*

Ejemplo:
Encontré las llaves donde me dijiste.

1. *Conseguí salir de la habitación oscura* ....

2. *Envíame un correo electrónico* ....

3. *Ronaldo volvió a lanzar la falta* ....

4. *Recibirás la carta* ....

5. *Ha ocurrido algo grave. Llama* ....

3) Si clasificas los adjuntos internos del ejercicio anterior en la siguiente tabla, podemos comprobar que el complemento circunstancial, además de expresar significados diversos, puede tener estructuras diferentes:

Estructura del complemento circunstancial					
Adverbio	Preposición + SN	Locución adverbial	Sintagma nominal	Proposición adverbial

TEMA XV: LOS ADJUNTOS

    a. Añade otro ejemplo a cada una de las estructuras del complemento circunstancial y escribe una oración con tus ejemplos:

1. ....

2. ....

3. ....

4. ....

5. ....

4) Los adjuntos internos no tienen necesariamente una posición fija en la oración. Subraya el adjunto interno y reescribe la oración cambiándolo posición (consulta la nuez-2 si tienes alguna duda sobre el uso de la coma):

Ejemplo:
La llamaré <u>cuando encuentre el teléfono</u>. *Cuando encuentre el teléfono, la llamaré.*

1. *Se está muy bien aquí.* ....

2. *He comprado este libro para Julia.* ....

3. *La vimos desde el balcón con los prismáticos.* ....

4. *Pasó por delante a gran velocidad.* ....

5. *Come siempre muy despacio.* ....

    a. ¿De qué depende la posición del adjunto interno en la oración? (Si tienes dudas, consulta las nueces 48 y 49).

....

5) Al igual que los verbos *vivir, ser, estar* o *encontrarse* cuando son predicativos y el impersonal *hay*, los verbos de movimiento (*ir, venir, entrar, traer, salir*...) también exigen un complemento que expresa lugar. Completa las siguientes oraciones con este complemento:

NUEZ-43: LOS ADJUNTOS INTERNOS

Ejemplo:
Salimos de la reunión muy decepcionados.

1. *No sé si iré ....*

2. *El perro entró mojado ....*

3. *Hemos traído estos libros ....*

4. *Aún no hemos ido ....*

5. *La cena del sábado es ....*

6. *Dejé Granada y ahora vivo ....*

7. *Ahora nos encontramos ....*

8. *¿Está la botella de agua ....?*

9. *Hay cervezas frías ....*

10. *A: ¿De dónde vienes?*
    B: Vengo ....

a. ¿Por qué el complemento de lugar de todos estos verbos no es un adjunto interno?

....

También *ser*, cuando es predicativo, puede admitir un complemento de este tipo que no expresa lugar:

1. *Las próximas vacaciones serán ....*

2. *La última reunión fue ....*

3. *La clase de baile es ....*

a. ¿Qué expresa ahora este complemento con el verbo *ser*? (Consulta la nuez-30 si necesitas más ayuda).

....

Nuez-44: Los adjuntos externos

```
Querida oración,

en el documento que te envío con este correo electrónico encontrarás una
clasificación de los adjuntos. Espero que te ayuden y te sirvan para que
puedas expresar otra información además de la que sólo es exigida
sintácticamente.

Un cordial saludo de un gran admirador,

        mx :-)
```

No todos los **adjuntos** aparecen en el **predicado** de una **oración**. Así, además de los adjuntos internos, existen también los adjuntos externos, es decir, adjuntos que complementan a toda una oración.

En estas oraciones están representados los diferentes tipos de adjuntos (internos y externos) y las diferentes funciones que pueden realizar:

Aunque estemos cansados, debemos terminar estos ejercicios.
De verdad, no sé qué hacer con este problema.
El ladrón abrió la puerta *con una palanca*.
En primer lugar, me gustaría decir unas palabras.
Este año tendremos una buena cosecha *si llueve en abril*.
María terminó el trabajo *sin ninguna dificultad*.
Juan y Rafa nadan *muy rápido*.
Ocultaron el suceso *para que no cundiera el pánico*.
Oye, ¿ha salido el autobús?
Se comporta mal *porque está enfadado*.
Sinceramente, espero que ese chico me vuelva a llamar.
Ese asunto, *vamos a ver*, es bastante delicado.

NUEZ-44: LOS ADJUNTOS EXTERNOS

Comparando estos ejemplos, podemos hablar de **adjuntos internos** y **adjuntos externos** y de funciones como **complemento circunstancial, marcadores discursivos, complemento circunstancial de la enunciación**, pero también de **oraciones subordinadas**.

a) Completa la siguiente tabla sobre los adjuntos utilizando los términos anteriores marcados en negrita y clasificando los doce ejemplos anteriores a partir de su adjunto.

ADJUNTOS		EJEMPLOS
(1) .... Complementan al núcleo oracional y forman parte del predicado.	(1a).................... Función sintáctica que describe condiciones o circunstancias del núcleo oracional.	*El ladrón abrió la puerta con una palanca.*
(2) .... Complementan el significado de toda una oración.	(2a) .... Elementos extraoracionales que sirven para estructurar el discurso o tienen una función pragmática.	
	(2b) .... Elemento extraoracional que expresa una valoración personal del hablante.	
	(2c) .... Oración que completa el significado de una oración principal.	

Ejercicios de apoyo:

1) Completa las siguientes oraciones principales añadiéndole la oración subordinada (Or. Sub.) propuesta. Recuerda que en la nuez-39 vimos los diferentes nexos que introducen las oraciones subordinadas.

Ejemplo:
Encontré las llaves.
(Or. Sub. Concesiva) *Aunque tardé mucho, encontré las llaves.*

1. *Su último libro me ha gustado.*
   (Or. Sub. Causal) ....

2. *Lo ha hecho.*
   (Or. Sub. Causal) ....

TEMA XV: LOS ADJUNTOS

3. *Esta noche iré al cine.*
   (Or. Sub. Concesiva) ....

4. *Le prestó su coche.*
   (Or. Sub. Final) ....

5. *Pagará la cena.*
   (Or. Sub. Condicional) ....

6. *El perro se ha sentado.*
   (Or. Sub. Final) ....

7. *Mi madre ha preparado este postre.*
   (Or. Sub. Concesiva) ....

8. *Ya he enviado el paquete.*
   (Or. Sub. Final) ....

9. *Entra en la habitación.*
   (Or. Sub. Condicional) ....

10. *Saqué estas entradas.*
    (Or. Sub. Concesiva) ....

11. *Nos volveremos a ver.*
    (Or. Sub. Condicional) ....

a. ¿Por qué las oraciones subordinadas pueden considerarse adjuntos externos?

....

2) Identifica el marcador discursivo en las siguientes oraciones:

1. *¿Sabes qué? Podríamos celebrar su cumpleaños en casa.*

2. *Aún no ha hablado conmigo. En otras palabras, creo que no vendrá.*

3. *Déjame pensar... no, creo que no dijo nada de eso.*

4. *En efecto, ya he recibido la noticia.*

5. *Finalmente, hay que considerar los aspectos negativos.*

6. *Me gustaría ir pero, a ver, tengo que preguntar antes en casa.*

7. *Si salimos, es decir, si deja de llover, te avisaré.*

8. *Tienes que decirles todo esto, ¿me sigues?*

9. *Hay cierta información que se expresa mediante adjuntos. Ahora bien, esto no significa que los adjuntos no sean importantes en la oración.*

3) Clasifica los marcadores discursivos del ejercicio anterior en la siguiente tabla:

Marcadores discursivos	Función	Ejemplos
Estructuradores	**Organizadores de la información** (estructuran las diferentes partes del discurso)	
	Conectores (enlazan el significado de una parte del texto con otra anterior)	
	Reformuladores (sirven para repetir el contenido de un mensaje)	
	Aclarativos (sirven para explicar el contenido de un mensaje)	
Conversacionales	**Iniciar la conversación**	
	Llamar la atención del oyente	
	Enfatizar	
	Comprobar que el oyente presta atención	
	Ganar tiempo	

a. Completa la tabla con otros ejemplos de marcadores discursivos que conozcas.

TEMA XV: LOS ADJUNTOS

4) Los siguientes adverbios o estructuras adverbiales pueden funcionar como complemento circunstancial de la enunciación, es decir, pueden servir para expresar una valoración personal del hablante sobre el mensaje que pronuncia.

Por suerte	*Desgraciadamente*
Por fortuna	*Sinceramente*
Gracias a Dios	*¡Qué pena!*

Escribe una oración con cada uno de ellos:

1. ....

2. ....

3. ....

4. ....

5. ....

6. ....

a. ¿Qué observación podemos realizar sobre el empleo de la coma (,) y el complemento circunstancial de la enunciación?

....

Tema XVI: Transformaciones sintáctico-semánticas

Nuez-45: Las construcciones con *se* impersonales y la pasiva perifrástica

Cualquier evento deportivo exige siempre lo máximo de nosotros y sirve para ponernos a prueba como deportistas o como espectadores.

Si por algún motivo no pudiste participar de ninguna de estas dos maneras en el Campeonato del Mundo de esquí que se celebró en febrero de 2011 en Oslo, o si quieres volver a recordar esos días, no te preocupes. Con esta nuez, podrás revivir esos momentos... aunque solo como interesado en la gramática.

Campeonato del Mundo de esquí en Oslo (febrero, 2010)

Fíjate en estas seis oraciones:

1. *En los campeonatos de esquí, los noruegos siempre ganan medallas.*

2. *En esta ocasión, el Comité Organizador entregó las medallas en el centro de Oslo.*

3. *El público pasa muchas horas de pie en el bosque esperando a los participantes.*

4. *Los esquiadores entrenan con mucha intensidad antes de cada mundial.*

5. *Durante dos semanas, la gente solo hablaba de este campeonato.*

6. *Aquellos días, todo el mundo era feliz delante del televisor.*

TEMA XVI: TRANSFORMACIONES SINTÁCTICO-SEMÁNTICAS

a) Subraya el sujeto de las oraciones anteriores y explica sus características semánticas (consulta la nuez-21 si tienes dudas):

....

b) Transforma estas oraciones en **construcciones con** *se* **impersonales**:

    1. ....

    2. ....

    3. ....

    4. ....

    5. ....

    6. ....

c) Explica por qué las nuevas **oraciones son impersonales semánticas**.

....

d) Entre estas construcciones con *se*, es posible establecer dos construcciones sintácticas diferentes. ¿Cómo se llama cada una de estas construcciones y qué características sintácticas presentan?

....

....

e) Sin embargo, para obtener ambas construcciones hemos utilizado *se*, es decir, *se* es un recurso gramatical. ¿Para qué sirve este recurso?

....

f) En un solo caso, la construcción con *se* puede alternar con una oración pasiva con el verbo *ser* + participio (**pasiva perifrástica**). ¿Cuál es este caso y cuál es la oración con *ser* + participio correspondiente?

....

296

NUEZ-45: LAS CONSTRUCCIONES CON SE IMPERSONALES Y LA PASIVA PERIFRÁSTICA

g) Para terminar, vuelve a fijarte en el **texto** introductorio de esta nuez. Aquí aparece subrayada una construcción con *se*:

- ¿Qué tipo de construcción con *se* tenemos? ....
- Semánticamente, ¿por qué se utiliza esta construcción?

....

- ¿Con qué otra solución sintáctica alterna esta construcción con *se*? ¿Cuál sería esta oración?

....

Ejercicios de apoyo:

1) Construye oraciones impersonales con *se* y clasifícalas por su estructura:

	Pasiva refleja	Impersonal activa
1. (Vender) *En la última subasta* __se vendieron__ *muchos cuadros.*	X	
2. (Ser) *Si* .... *obediente de pequeño, de mayor también*		
3. (Adorar) *En muchas religiones,* .... *a dioses todopoderosos.*		
4. (Hacer) *Los arreglos* .... *por la mañana.*		
5. (Especular) .... *con una nueva subida de la Bolsa.*		
6. (Vender/Construir) .... *todos los pisos que*		
7. (Decir) .... *muchas cosas de ti.*		
8. (Admirar) *No comprendo por qué* .... *tanto a los futbolistas.*		
9. (Poder fumar) *Aquí no*		
10. (Oír) *Desde aquí* .... *muy bien a los actores.*		
11. (Traducir) .... *documentos al español.*		
12. (Ser/Estar) .... *feliz cuando* .... *contento con uno mismo.*		
13. (Poder plantear) *En la reunión* .... *nuevos temas.*		
14. (Comer) *En verano* .... *muchos helados.*		

TEMA XVI: TRANSFORMACIONES SINTÁCTICO-SEMÁNTICAS

2) Presta de nuevo atención a las construcciones pasivas reflejas del ejercicio anterior. Escribe la variante singular o plural de estas oraciones:

Ejemplo:
En la última subasta se vendieron muchos cuadros. *En la última subasta se vendió un cuadro.*

1. ....
2. ....
3. ....
4. ....
5. ....
6. ....

3) Con ayuda de los ejercicios anteriores, completa esta tabla:

	Pasivas reflejas	Impersonales activas
Siempre tienen sujeto paciente.	X	
Nunca tienen sujeto sintáctico.		
Se originan a partir de oraciones activas con verbo transitivo, sujeto de persona y objeto de cosa.		
Se originan a partir de oraciones activas con verbo intransitivo o copulativo y sujeto de persona. También se pueden originar a partir de oraciones activas con verbo transitivo, sujeto de persona y objeto de persona.		
Siempre llevan el verbo en 3ª persona del singular porque no tienen sujeto sintáctico.		
Pueden llevar el verbo en 3ª persona del singular o del plural porque tienen sujeto sintáctico.		

NUEZ-45: LAS CONSTRUCCIONES CON SE IMPERSONALES Y LA PASIVA PERIFRÁSTICA

4) Transforma las siguientes oraciones impersonales con *se* en oraciones en las que aparezca información sobre la persona que realiza la acción del verbo:

Ejemplo:
La palabra "vaso" se escribe con "v". *La palabra "vaso" la escribimos con "v".*

1. *Se aplaudió mucho a los príncipes.* ....
2. *Ya se han solicitado los permisos.* ....
3. *Se ha comunicado a los estudiantes el cambio de hora.* ....
4. *Aquella casa no se ha vendido todavía.* ....
5. *En esa tienda se venden libros antiguos.* ....
6. *Desde aquí se puede escuchar todo.* ....

5) Escribe una oración activa con cada uno de estos verbos: *traducir, tener, citar, correr, arrepentirse, escribir, respetar, jugar.*

Ejemplo:
Juan traduce documentos al inglés.

1. ....
2. ....
3. ....
4. ....
5. ....
6. ....
7. ....
8. ....

TEMA XVI: TRANSFORMACIONES SINTÁCTICO-SEMÁNTICAS

Cuatro de los ejemplos que has escrito pueden transformarse en una oración pasiva con *ser*. Escribe estas oraciones pasivas:

Ejemplo:
Los documentos son traducidos al inglés por Juan.

1. ....
2. ....
3. ....
4. ....

    a. ¿Qué características debe cumplir un verbo para admitir una construcción pasiva con *ser*?

....

6) Las oraciones pasivas que has escrito en el ejercicio anterior pueden transformarse en una oración impersonal con *se* si eliminamos la información sobre la persona que realiza la acción del verbo.

Escribe la oración impersonal con *se* correspondiente a cada oración pasiva con *ser* del ejercicio anterior:

Ejemplo:
Se traducen documentos al inglés.

1. ....
2. ....
3. ....
4. ....

    a. ¿Qué particularidad semántica comparten las oraciones pasivas con *ser* sin información sobre el agente de la acción y las oraciones impersonales con *se*?

....

....

Nuez-46: Construcciones medias

Los niños son verdaderos especialistas en utilizar las **construcciones medias**. Y cuanto más pequeños, más expertos.

Rara vez dicen oraciones como las siguientes:

1) «*Papá, he roto la televisión con la pelota*».
2) «*Mamá, he manchado la camiseta blanca con salsa de tomate*».
3) «*Hermanita, he perdido los lápices de colores que estaban en tu habitación*».

En su lugar, utilizan las siguientes soluciones:

1a) «*Papá, la televisión se ha roto*».
2a) «*Mamá, la camiseta blanca se ha manchado con salsa de tomate*».
3a) «*Hermanita, los lápices de colores que estaban en tu habitación se han perdido*».

Como vemos en estas últimas oraciones, las construcciones medias son un recurso que permite presentar la información de una manera especial:

a) ¿Qué diferencias semánticas hay entre las oraciones que los niños no suelen decir y las oraciones que los niños dicen con frecuencia?

....

TEMA XVI: TRANSFORMACIONES SINTÁCTICO-SEMÁNTICAS

Para que sea posible crear una **construcción media**, el verbo de la oración debe tener unas características sintáctico-semánticas determinadas. Fíjate en las oraciones 1-3:

b) ¿Qué expresa semánticamente el verbo de estas oraciones?

....

c) ¿Y el **sujeto** de estos verbos? ¿Qué expresa semánticamente?

....

d) Además del sujeto, ¿qué complemento exigen siempre estos verbos?

....

Con los verbos que cumplen con estas características sintáctico-semánticas, obtenemos la construcción media con ayuda de *se* y de una pequeña transformación sintáctica:

e) ¿En qué consiste esta transformación sintáctica? (Piensa en el objeto del verbo y en la función sintáctica que realiza en cada caso).

....

Finalmente, la construcción media no siempre tiene la misma interpretación semántica. Por ejemplo, cuando utilizamos un **dativo**:

«*El móvil se ha estropeado*», dijo el niño.
«*El móvil se **me** ha estropeado*», dijo el padre.

f) ¿Qué interpretación podemos hacer de la construcción media en cada caso?

....

Ejercicios de apoyo:

1) Completa las siguientes oraciones con una construcción media y utilizando uno de estos verbos: *abrir, caer, echar a perder, cerrar, mover, parar, derretir, averiar*.

1. *A cierta temperatura, la nieve* ....

2. *Cuando hay viento, la veleta no para de* ....

3. En otoño, las hojas .... de los árboles.

4. Estas latas de conservas no .... con facilidad.

5. Estos tomates .... si los dejas más tiempo en la nevera.

6. La puerta del garaje .... otra vez.

7. Las puertas .... delante de nuestras narices.

8. Sin gasolina, el coche ....

   a. ¿Qué quiere decir que el sujeto de una construcción media es un sujeto experimentador?

   ....

2) Las construcciones medias y las impersonales con *se* están muy próximas sintáctica y semánticamente. La clasificación del sujeto puede ser un recurso para identificar estas construcciones.

Señala el tipo de sujeto que tenemos en las siguientes oraciones con *se*:

	Sujeto experimentador	Sujeto paciente	Sujeto cero
1. El espectáculo se suspendió a causa de la lluvia.			
2. La puerta se abrió de repente.			
3. Se disfruta más con los amigos.			
4. En muchos países, solo se emiten películas en versión original por la noche.			
5. El ascensor se ha parado entre dos plantas.			
6. Los libros se copiaban a mano en la Edad Media.			
7. Las hojas se están moviendo con el viento.			
8. Se escuchó a Juan desde el balcón.			
9. Se vive con demasiadas prisas en las grandes ciudades.			
10. La planta que me regalaste se ha secado.			

a. ¿Qué tipo de construcción con *se* tiene siempre un sujeto experimentador?

....

b. ¿Qué tipo de construcción con *se* tiene siempre un sujeto paciente?

....

TEMA XVI: TRANSFORMACIONES SINTÁCTICO-SEMÁNTICAS

c. ¿Qué tipo de construcción con *se* nunca tiene sujeto sintáctico, es decir, siempre tiene un **sujeto cero**?

....

3) Transforma las siguientes oraciones en una construcción media:

Ejemplo:
He abierto las ventanas.
Las ventanas se han abierto.

1. *He gastado las baterías de la radio.*

   ....

2. *El viento mueve las hojas de los árboles.*

   ....

3. *Juan y Pedro han vuelto a cerrar las puertas.*

   ....

4. *La lluvia ha mojado todos los papeles.*

   ....

5. *Emilio ha movido esta piedra enorme.*

   ....

6. *Mi madre ha soltado a los perros.*

   ....

4) En algunos casos, en la construcción media puede aparecer, además de *se*, otra forma pronominal (*me, te, nos, os*). Escribe un ejemplo de construcción media con los siguientes verbos:

1. *lesionar:*
   Con se: ....
   Con otra forma pronominal: ....

2. *dormir:*
   Con *se*: ....
   Con otra forma pronominal: ....

3. *aburrir:*
   Con *se*: ....
   Con otra forma pronominal: ....

4. *romper:*
   Con *se*: ....
   Con otra forma pronominal: ....

5. *desmayar:*
   Con *se*: ....
   Con otra forma pronominal: ....

5) El **dativo** es una función no obligatoria que sirve para enfatizar a la persona afectada por lo que describe el verbo y que siempre está desempeñada por un pronombre personal átono (*me*, *te*, *le/se*, *nos*, *os*, *les/se*).

En una construcción media, el dativo expresa posesión e involuntariedad de alguien en la acción que se describe.

Escribe seis ejemplos de construcciones medias con dativo.

Ejemplo:
«El móvil se me ha estropeado», dijo el padre.

1. ....
2. ....
3. ....
4. ....
5. ....
6. ....

Nuez-47: Oraciones impersonales semánticas

Con ayuda de José Mourinho y la nuez-21 analizamos la impersonalidad gramatical y las diferencias entre las oraciones impersonales sintácticas y las impersonales semánticas.

En la nuez-45, hemos visto también que las construcciones impersonales con *se* son un recurso para crear oraciones impersonales semánticas.

Ahora analizaremos algunas particularidades de las **oraciones impersonales semánticas**. Y, de nuevo, podemos recurrir al conocido entrenador de fútbol y al suceso que muestra esta fotografía[32].

Durante el partido, el árbitro anuló un gol al Real Madrid.

a) ¿Por qué esta oración no es impersonal semántica?

....

b) Sin embargo, con ayuda con *se* es posible crear una oración impersonal semántica. ¿Cuál sería esta oración?

....

La siguiente oración tampoco es impersonal semántica:

José Mourinho debería arrepentirse de las cosas que hizo mal.

En este caso, no es posible utilizar *se* para obtener una oración impersonal semántica:

*Se debería arrepentirse de las cosas que hizo mal.

---

[32] En el 2011, el Real Madrid con José Mourinho como entrenador fue eliminado en semifinales de la *Champions League* por el FC. Barcelona. En esa misma temporada, el Granada ascendió a Primera división después de 35 años.

c) ¿Por qué no es posible utilizar aquí una construcción impersonal con *se*?

....

d) Con otro recurso como *uno*, sí es posible obtener una oración impersonal semántica. ¿Cuál sería esta oración?

....

e) Como ves, el *se* no es el único recurso para expresar la impersonalidad semántica. Fíjate ahora en las siguientes oraciones, ¿en qué casos tenemos oraciones impersonales semánticas?

1. *Dicen que el Real Madrid necesitará un nuevo entrenador pronto.*

2. *El Barcelona mereció la victoria.*

3. *El equipo catalán puede ganar todavía muchos títulos.*

4. *El gol fue anulado de forma injusta.*

5. *En ambos equipos hay jugadores de grandísimo talento.*

6. *Habrá que seguir sufriendo lo que queda de temporada.*

7. *La gente va diciendo cosas del árbitro del partido.*

8. *Los entrenadores no se saludaron antes del partido.*

9. *Tenemos que tener paciencia hasta que las cosas cambien en el equipo.*

10. *Un pajarito me ha dicho que Messi quiere cambiar de equipo.*

11. *Uno está pensando en cambiar de equipo para sufrir menos.*

f) Para terminar, ¿cuándo una oración es impersonal semántica?

....

TEMA XVI: TRANSFORMACIONES SINTÁCTICO-SEMÁNTICAS

Ejercicios de apoyo:

1) En la siguiente tabla te presentamos 10 recursos para expresar la impersonalidad semántica en español. Estos recursos son, o bien el resultado de una transformación sintáctico-semántica (recursos 1-3), o bien se han originado mediante el empleo de un recurso sintáctico específico (recursos 4-10).

RECURSOS		EJEMPLOS	DESCRIPCIÓN SEMÁNTICA
Mediante una transformación sintáctico-semántica	1) Pasiva refleja	*Se dicen muchas tonterías en las fiestas.*	El hablante presenta el mensaje como algo universal.
	2) Impersonal sintáctica con *se*		
	3) Pasiva con *ser* sin C. Agente		El hablante desconoce al agente o no cree necesario desvelar esta información en el mensaje.
Mediante un recurso sintáctico	4) *La gente* sujeto		El hablante presenta el mensaje con un valor general pero se excluye a sí mismo y al oyente.
	5) *Uno/una* sujeto		El hablante se refiere esencialmente a sí mismo pero quiere que el mensaje tenga un valor más general.
	6) *Un pajarito/ alguien* sujeto		El hablante conoce al agente pero no desea desvelarlo.
	7) Infinitivo sujeto de un verbo copulativo		El hablante presenta el mensaje como algo universal.
	8) *Hay que* + infinitivo como verbo de la oración		El hablante se incluye a sí mismo y al oyente como posibles sujetos en un mensaje con valor general.
	9) Verbo en 1ª persona del plural y sujeto implícito	*Decimos muchas tonterías en las fiestas.*	El hablante se refiere a sí mismo pero no quiere declararlo abiertamente.
	10) Verbo en 3ª persona del plural y sujeto implícito		Es imposible para el hablante conocer al agente o lo conoce pero no desea desvelarlo.

NUEZ-47: ORACIONES IMPERSONALES SEMÁNTICAS

En la práctica, el empleo de cada uno de estos recursos tiene una serie de limitaciones, ya que siempre debemos considerar la naturaleza del verbo de la oración y lo que queremos expresar (fíjate en la descripción semántica para cada uno de los diferentes resultados que aparece en la tabla).

a. Convierte las siguientes oraciones en impersonales semánticas. Ten en cuenta que en algunos casos es posible obtener varios resultados. Después, clasifica tus ejemplos en la tabla anterior a partir del recurso que has empleado.

Ejemplo:
Tus amigos dijeron muchas tonterías en la fiesta.
Se dicen muchas tonterías en las fiestas. / Decimos muchas tonterías en las fiestas.

1. *Desde aquí vemos muchas cosas.*

   ....

2. *Juan y Ana están llamando a la puerta.*

   ....

3. *Con este asunto, tengo un problema gordo.*

   ....

4. *Ana me ha contado que quieres estudiar español.*

   ....

5. *Todos hacemos cosas raras.*

   ....

6. *Para Julián, bailar es lo más divertido.*

   ....

7. *Tú y yo tenemos que espabilar con este tema.*

   ....

TEMA XVI: TRANSFORMACIONES SINTÁCTICO-SEMÁNTICAS

8. *Los ladrones fueron detenidos por la policía.*

   ....

9. *En estos casos, no sé qué debo hacer.*

   ....

10. *Según mis amigos, hacer deporte no es tan importante.*

    ....

11. *Las autoridades deberían tomar una decisión pronto.*

    ....

12. *En los descansos, Juan y yo solo hablamos de fútbol.*

    ....

13. *¡Qué bien vivimos en Noruega!*

    ....

14. *Aquí estamos de maravilla.*

    ....

NUEZ-47: ORACIONES IMPERSONALES SEMÁNTICAS

2) Vuelve a escribir el siguiente texto utilizando una oración impersonal semántica en todos los casos donde sea posible. Ten en cuenta la descripción semántica de la tabla anterior a la hora de elegir el recurso adecuado.

Cuando llego a casa, lo primero que hago es encender la televisión. Antes solía escuchar música o me sentaba a leer el periódico hasta la hora de cenar. Según las estadísticas, cada persona ve la televisión una media de 6 horas al día. Y durante el fin de semana elevamos aún más este número de horas. Pero, ¿qué puedo hacer?

Quizás los canales deberían dejar de emitir unas horas al día para que todos pudiéramos dedicar más tiempo a otras cosas.

Cuando uno llega a casa,

a. Con ayuda de la tabla que hemos utilizado en la nuez, explica el tipo de recurso que has utilizado en cada caso para crear las oraciones impersonales semánticas de tu texto.

b. Si comparas los dos textos, ¿de qué manera influye en el significado de un texto el empleo de oraciones impersonales semánticas?

Tema XVII: El orden sintáctico en la oración

Nuez-48: Orden sintáctico no marcado

La siguiente oración puede servirnos para ponerle palabras a esta foto de las islas Lofoten en el norte de Noruega:

<u>Los turistas</u> contemplan <u>el espectacular paisaje</u> <u>desde la cubierta del barco</u>.
    1   2   3

Si nos fijamos en las tres **unidades sintácticas** subrayadas y pensamos en la **función sintáctica** que realizan en la oración, no es necesario atravesar el círculo polar para afirmar que esta oración sigue un **orden sintáctico** no marcado.

a) ¿Qué función sintáctica realiza cada unidad subrayada?

....

b) ¿Qué ejemplo de orden sintáctico no marcado sigue esta oración?

....

c) ¿Cuándo sigue una oración un orden sintáctico no marcado?

....

NUEZ-48: ORDEN SINTÁCTICO NO MARCADO

Estas dos oraciones siguen también un orden sintáctico no marcado:

Me gusta mucho <u>viajar a lugares exóticos.</u>

Es increíble <u>estar en un lugar completamente nuevo.</u>

d) **¿Qué función sintáctica realiza la unidad sintáctica subrayada?**

....

e) ¿Qué orden sintáctico no marcado siguen estas oraciones?

....

f) Si piensas en el predicado de estas oraciones, ¿qué tipo de oraciones siguen este orden sintáctico no marcado?

....

Ejercicios de apoyo:

1) En la siguiente tabla te damos otra fotografía tomada en el norte de Noruega y una serie de verbos en infinitivo. Escribe una oración con cada uno de estos verbos que siga un orden sintáctico no marcado y que esté relacionada con la nueva fotografía:

Vender
Comprar
Servir
Ayudar

TEMA XVII: EL ORDEN SINTÁCTICO EN LA ORACIÓN

1. ....

2. ....

3. ....

4. ....

   a. ¿Cuál es el orden sintáctico no marcado que siguen todos los ejemplos que has escrito? ....

2) Los **verbos de afección psíquica** siguen este orden no marcado:

$$\underline{A\ alguien\ (\mathbf{le})}\ \text{verbo} + \underline{algo}$$
Complemento indirecto **Sujeto**

Escribe oraciones con los siguientes verbos (*fascinar, enloquecer, molestar, doler*) y un sujeto que sea una **proposición sustantiva**:

1. ....

2. ....

3. ....

4. ....

   a. ¿En qué casos debe ir en subjuntivo el verbo de la proposición sustantiva? (Consulta la nuez-40 si no estás completamente seguro).

   ....

3) Las estructuras con *ser* que expresan **juicio de valor** se construyen con el siguiente esquema cuando no se desea marcar ninguna función sintáctica:

Ser + **SN/SAdj.** + **Proposición sustantiva**
   Atributo   Sujeto

NUEZ-48: ORDEN SINTÁCTICO NO MARCADO

Consulta la nuez-28 si necesitas ayuda y escribe ejemplos con los siguientes criterios:

Grupo-1: el sujeto de la oración es una proposición sustantiva de infinitivo

1. ....
2. ....
3. ....
4. ....

Grupo-2: el sujeto de la oración es una proposición sustantiva completiva

1. ....
2. ....
3. ....
4. ....

Contesta con tus propias palabras las siguientes preguntas:

a. ¿En qué forma aparece siempre el verbo *ser* en este tipo de oraciones?

....

b. ¿En qué casos podríamos utilizar también el verbo *estar*? ¿De qué manera cambia el significado de la oración?

....

c. ¿De qué depende el empleo de cada tipo de proposición sustantiva?

....

d. ¿En qué modo debe aparecer el verbo de la proposición sustantiva cuando es completiva?

....

e. ¿Qué orden sintáctico siguen estas oraciones si queremos marcar el sujeto?

....

TEMA XVII: EL ORDEN SINTÁCTICO EN LA ORACIÓN

4) Vuelve a las oraciones que has escrito en el ejercicio anterior, elige dos ejemplos de cada grupo y escribe su variante exclamativa con *qué* (consulta la nuez-19 si tienes dudas):

1. ....

2. ....

3. ....

4. ....

a. ¿En qué modo aparece siempre el verbo de la proposición en estas oraciones?

....

Nuez-49: Orden sintáctico marcado

Además del paisaje, en el norte de Noruega podemos encontrar también otras cosas sorprendentes. Por ejemplo, la bicicleta de la fotografía.

Si te fijas, lo especial de esta bici es que han resaltado ciertos elementos (por ejemplo, el manillar, el sillín o la cesta) recubriéndolos con fundas tejidas a mano.

En una oración también podemos resaltar algunos elementos, es decir, marcar determinadas funciones sintácticas para que adquieran una mayor importancia semántica en el mensaje.

Esta bicicleta la vi en una calle de Tromsø.

En una calle de Tromsø vi esta bicicleta.

a) Subraya las unidades sintácticas marcadas semánticamente en las oraciones anteriores e indica la función sintáctica que realizan.

b) También es posible decir las oraciones anteriores sin la necesidad de marcar una determinada función sintáctica. ¿Cuál sería esta oración?

....

c) Si comparas las oraciones, ¿en qué casos podemos decir que una oración sigue un **orden sintáctico** marcado?

....

d) Si recuerdas lo que ya vimos en la nuez-7, ¿qué recurso hemos empleado para marcar las diferentes funciones sintácticas?

....

TEMA XVII: EL ORDEN SINTÁCTICO EN LA ORACIÓN

Presta ahora atención a la siguiente oración:

No quisieron vender<u>me</u> <u>la bicicleta</u>.
                    CI   CD

e) Sustituye el complemento directo (CD) por su pronombre personal correspondiente y escribe las dos alternativas posibles:

....

....

f) Como puedes ver, el complemento indirecto (CI) y el complemento directo (CD) pueden aparecer junto al infinitivo o antepuestos al verbo. Sin embargo, ¿podemos decir que esta oración sigue un orden sintáctico marcado? ¿Por qué? (Consulta la nuez-11 si no estás completamente seguro)

....

Ejercicios de apoyo:

1) Estas oraciones siguen un orden sintáctico no marcado:

   1. *Mi padre tuvo que pintar toda la casa el año pasado.*

   2. *Los niños han tomado el desayuno en la cocina.*

   3. *Pedro entregó las llaves de la casa a su mujer hace dos días.*

   4. *Vi la película que me recomendaste ayer por la noche.*

   a. ¿Cuál es el esquema que siguen las funciones sintácticas en los ejemplos anteriores?

   ....

b. Altera este orden sintáctico no marcado siguiendo los siguientes criterios:

1) resaltar una de las funciones sintácticas obligatorias que no sea el sujeto:

1. ....

2. ....

3. ....

4. ....

2) resaltar una de las funciones sintácticas no obligatorias:

1. ....

2. ....

3. ....

4. ....

a. ¿Cuál es ahora la posición del sujeto en todos los casos?

....

b. ¿En qué casos el elemento que queremos resaltar debe duplicarse con su pronombre personal átono correspondiente?

....

c. ¿Qué consecuencias tiene para el significado de la oración la alteración del orden lógico de las funciones sintácticas?

....

2) Estas oraciones siguen también un orden sintáctico no marcado. Subraya la unidad sintáctica que funciona como sujeto:

1. *Me encantaría que las vacaciones fueran más largas.*

2. *No me apetece mucho ir a casa de tus padres.*

TEMA XVII: EL ORDEN SINTÁCTICO EN LA ORACIÓN

3. *Sería estupendo que te dieran ese trabajo.*

4. *No es nada raro que tanta gente estudie español.*

   a. Vuelve a escribir las oraciones utilizando ahora un orden sintáctico marcado:

   1. ....

   2. ....

   3. ....

   4. ....

   b. ¿Cuál es la función sintáctica que queda marcada en las oraciones anteriores?

   ....

3) Subraya los sintagmas nominales que funcionan como complemento directo (CD) o como complemento indirecto (CI):

   1. *Juan tuvo que vender el coche verde el año pasado.*

   2. *Juan entregó las llaves de su casa al conserje.*

   3. *Aún no he visto la película que me recomendaste.*

   4. *Tu madre preparó la merienda para los niños.*

   a. Escribe de nuevo las oraciones pero utilizando los pronombres átonos correspondientes.

   1. ....

   2. ....

   3. ....

   4. ....

b. ¿En qué caso el pronombre átono puede aparecer en dos posiciones? ¿Por qué es posible esto?

....

c. ¿Siguen las nuevas oraciones un orden sintáctico marcado? ¿Por qué?

....

d. Escribe ahora las oraciones resaltando semánticamente el complemento directo o el complemento indirecto. No olvides la duplicación con el pronombre personal átono correspondiente:

1. ....

2. ....

3. ....

4. ....

4) Subraya en el siguiente **texto** las funciones sintácticas que están marcadas:

En el mundo hay tal cantidad de información digital que, con ella impresa, se podría envolver el planeta más de cuatro veces. En la red, a cada instante aparecen nuevos *blogs, wikis,* correos electrónicos y páginas *web.*

Según los analistas, este *boom* de la información digital lo ha originado el crecimiento del acceso a Internet. Este veloz crecimiento tiene su lado oscuro. Cada vez es más complicado manejar y almacenar este tipo de información.

Además, el nuevo universo digital encierra una paradoja. A medida que crece nuestra capacidad para almacenar información decrece la de conservarla. Los mensajes tallados en piedras o los cuadros pintados hace cientos de años los podemos leer o admirar todavía, pero entre cinco y diez años oscila la duración de un disco duro, y la de un CD o DVD roza los 20.

Tema XVIII: Repaso de términos lingüísticos

Nuez-50: Crucigrama gramatical

En esta última nuez te proponemos un pequeño repaso mediante un crucigrama de 18 entradas (una entrada por cada uno de los temas que hemos tratado en este libro). ¡Mucha suerte y ánimo con la gramática!

Horizontales:

3) Unidad sintáctica con estructura oracional que funciona como un sustantivo, un adjetivo o un adverbio. (Tema II)

4) Tipo de oración compuesta que contiene una proposición. (Tema XIII)

7) El relativo más universal. (Tema V)

10) Nombre que reciben las oraciones con predicado nominal. (Tema X)

11) Estudio ligero (por ejemplo, de términos lingüísticos) que se hace de lo que se tiene visto o estudiado, para mayor comprensión y firmeza en la memoria. (Tema XVIII)

12) Unidad sintáctica que siempre contiene un verbo conjugado y normalmente se estructura en torno a un sujeto y un predicado. (Tema VI)

13) Predicado en el que el verbo es solo núcleo sintáctico. (Tema VIII)

15) Signo de puntuación que es obligatorio cuando queremos delimitar los miembros de una enumeración. (Tema I)

17) Combinación sintáctica entre un verbo auxiliar conjugado y un verbo principal en forma no personal. Dos palabras. (Tema XI)

Verticales:

1) Predicado en el que el verbo es núcleo sintáctico y semántico. (Tema IX)

2) Orden sintáctico de una oración en el que una o varias funciones sintácticas están resaltadas intencionadamente. (Tema XVII)

5) Elemento que no es exigido ni sintáctica ni semánticamente por el núcleo oracional. Puede ser interno o externo. (Tema XV)

6) Oraciones subordinadas que siempre exigen el verbo en subjuntivo. (Tema XIV)

8) Nombre que reciben las palabras que contienen un prefijo o un sufijo. (Tema III)

9) Tipo de presente con valor retrospectivo que emplea en narraciones históricas. (Tema XII)

14) *La ropa no se ha secado todavía*, es un ejemplo de construcción con *se* … (Tema XVI)

16) Fenómeno gramatical que intenta establecer una diferencia entre persona y cosa en los pronombres personales átonos de complemento directo. (Tema IV)

18) Parte de la oración de la que se dice algo en el predicado. (Tema VII)

NUEZ-50: CRUCIGRAMA GRAMATICAL

NOTAS DE GRAMÁTICA

Aquí encontrarás, ordenados alfabéticamente, los términos que aparecen marcados en negrita en las nueces, en los ejercicios de apoyo y en las propias notas de gramática, además de otros conceptos relevantes relacionados con estos términos.

Cada entrada aparece con su explicación correspondiente. Estas explicaciones son el soporte teórico necesario para resolver las nueces y realizar los ejercicios propuestos, pero no olvides que muchas nueces y ejercicios son ya una explicación gramatical. Tampoco olvides que estas explicaciones solo son unas notas o apuntes que deben completarse con un libro de gramática.

1. Acento

Marca fonética que resalta una determinada sílaba en la palabra. En las palabras polisílabas, el acento establece siempre una diferencia fonética entre la sílaba tónica (la que lleva el acento) y el resto de sílabas, que se llaman átonas porque no llevan acento.

En español el acento es libre, es decir, la posición que ocupa la sílaba tónica no es fija y puede variar de una palabra a otra. Así, a partir de la posición que ocupa la sílaba tónica, las palabras polisílabas se clasifican en agudas (si la última sílaba es la tónica), llanas (si la penúltima sílaba es la tónica), esdrújulas (si la antepenúltima sílaba es la tónica) y sobresdrújulas (si la sílaba anterior a la antepenúltima es la tónica).

El sistema ortográfico del español dispone de un signo (´), que se llama **tilde** o acento gráfico, que tiene una función prosódica o una función diacrítica. Con función prosódica, la tilde permite marcar la vocal de la sílaba tónica, aunque este uso de la tilde está sujeto a unas reglas determinadas. De este modo, la presencia o la ausencia de la tilde en una palabra permiten reflejar o conocer la pronunciación exacta de cualquier palabra, aunque sea la primera vez que la vemos o la pronunciamos. Las palabras que siempre deben acentuarse, es decir, llevar tilde, son las siguientes:

1) las palabras agudas que terminan en vocal, -*n* o -*s*: *café, corazón, compás*...

2) las palabras llanas que no terminan en vocal, -*n* o -*s* (salvo si forman parte de un grupo consonántico): *lápiz, ángel, bíceps*...

3) todas las palabras esdrújulas y sobreesdrújulas: *análisis, rápido, imagínatelas*...

Es frecuente que en el interior de muchas palabras se produzca un contacto entre dos vocales. Si estas vocales forman parte de la misma sílaba, decimos que hay un diptongo. Si las vocales forman parte de sílabas distintas, hablamos de hiato.

Las palabras con diptongo siguen la regla general de acentuación y, en el caso de que deba acentuarse la sílaba con diptongo, la tilde recae siempre sobre la vocal abierta (*a, e, o*) o sobre la segunda vocal cerrada (*i, u*): *habláis, recién, huésped, diálogo, acción, acuífero, interviú* …

Las palabras con hiato siempre llevan tilde cuando las vocales *i/u* son tónicas: *cría, manía, prohíbe, búho*…

Las palabras de una sola sílaba (monosílabas) no llevan nunca tilde, salvo en los casos de tilde diacrítica: *dio, guion, sol, bien, ya, son, fue*…

Ver también **tilde diacrítica**.

2. Actualizador

Función que realiza el determinativo (artículo, demostrativo, posesivo, numeral, indefinido, interrogativo o exclamativo) dentro de una **unidad sintáctica**.

Normalmente, el actualizador presenta o introduce a un núcleo sustantivo o infinitivo. El actualizador del infinitivo es siempre una forma masculina del determinativo (*el despertar/los despertares*), mientras que el actualizador de los sustantivos concuerda siempre en género y número con el núcleo (*una mesa, los jugadores...*).

El actualizador puede también sustantivar un **modificador** (**sintagma** adjetivo o una **proposición** adjetiva):

Estos zapatos azules son italianos. > *Estos azules son italianos.*
           Modificador   S. Adjetivo sustantivado

*Dame **el** libro de gramática.* > *Dame **el** de gramática.*
           Modificador   S. Adjetivo sustantivado

*He invitado a **los** amigos que sabes.* > *He invitado a **los** que sabes.*
               Modificador   Proposición adjetiva sustantivada

El actualizador del modificador (adjetivo o proposición) sustantivado aparece siempre en el género y número del sustantivo al que hace referencia. Sin embargo, mientras que el artículo (*el, la, los, las*) es el único actualizador que sustantiva una proposición adjetiva, el sintagma adjetivo puede estar sustantivado por cualquier otro determinativo:

Estos/los/esos/aquellos azules son italianos.

El actualizador *lo* es bastante especial, ya que permite que el sintagma adjetivo o la proposición adjetiva se sustantiven sin hacer referencia a un sustantivo concreto, es decir, sin necesidad de tener un **antecedente** conocido:

Lo más importante es que vengas.
Siempre hago lo que quiero.

En estos casos, la forma lo aporta al modificador que sustantiva un sentido abstracto, no concreto, general, ya que no presupone un referente determinado.

3. Adjunto

Elemento en la **oración** que no es exigido ni sintáctica ni semánticamente por el **núcleo oracional**.

El adjunto puede ser interno o externo:

1) Es interno cuando complementa al **núcleo oracional** y forma parte del **predicado** (por ejemplo, el **complemento circunstancial**):

Ayer vi a tu hermano en un bar.
C. circunstancial   C. circunstancial

2) Es externo cuando está fuera del **predicado** y añade información a toda una oración. Por ejemplo, los **marcadores discursivos**, el **complemento circunstancial de la enunciación** y las **oraciones subordinadas**:

Bueno, ya veré lo que hago.
Marcador discursivo

Ha dejado de llover, ¡por fin!
            C. circunstancial de la enunciación

Si tenemos suerte, estaremos en casa esta noche.
Oración subordinada

4. Afijo

Parte mínima con contenido léxico o gramatical que se añade a una palabra o a un lexema. Los afijos que se anteponen se llaman **prefijos**, los que se insertan se llaman interfijos y los que se posponen se llaman **sufijos**.

Los prefijos y los sufijos pueden ser formativos, es decir, pueden servir para crear nuevas palabras. Cuando esto ocurre, hablamos de derivación para referirnos al recurso empleado para crear estas palabras y de **palabras derivadas** para referirnos a este tipo de palabras:

sub- + *terráneo* = *subterráneo*
prefijo   palabra derivada
    derivación

biblio + *-teca* = *biblioteca*
    sufijo palabra derivada
    derivación

Mientras que los prefijos son siempre afijos formativos, los sufijos pueden ser formativos o apreciativos. Los sufijos son apreciativos cuando permiten al hablante realizar una valoración o apreciación personal. Por ejemplo, mediante sufijos apreciativos podemos crear diminutivos, aumentativos y superlativos para hablar del tamaño de algo (*pequeñito, cochazo, interesantísimo*), pero también para expresar sentimientos como desprecio (*perrucho*), admiración (*cochazo*), cariño (*cielito*)…

5. Antecedente

Núcleo de un **sintagma nominal** que está modificado por una **proposición adjetiva**:

Los **libros** *que me regalaron en mi cumpleaños* me han gustado mucho.
   Antecedente   Proposición adjetiva
             Sintagma nominal

El antecedente aparece implícito cuando la proposición adjetiva está sustantivada:

Los que me regalaron en mi cumpleaños me han gustado mucho.
Proposición adjetiva sustantivada (antecedente implícito *libros*)

Si la proposición adjetiva está sustantivada con la forma neutra *lo*, no es posible recuperar un antecedente concreto:

Lo que me regalaron en mi cumpleaños me ha gustado mucho.
Proposición adjetiva sustantivada (antecedente no recuperable)

6. Atributo

Unidad sintáctica que constituye el núcleo semántico de un **predicado nominal**. Formalmente, es un **sintagma** adjetivo, un sintagma nominal o una **proposición** sustantiva, o un sintagma adverbial:

Mi vecina está <u>muy contenta</u>.
Glauka es <u>mi sobrina</u>.
Su novia es <u>la que está ahí sentada</u>.
Hoy no estoy <u>bien</u>.
La conferencia resultó <u>muy interesante</u>.
Juan se puso <u>muy nervioso</u>.
No te hagas <u>el tonto</u>.

Ver también **complemento predicativo**.

7. Clase de palabra

Cada uno de los grupos formados por las palabras que comparten una serie de características morfológicas (forma), sintácticas (función) y semánticas (significado).
Cualquier palabra en español pertenece a uno de los siguientes grupos o clase de palabra:

1) Sustantivo: *casa, botella, silla, lámpara...*
2) Verbo: *construir, beber, sentar, apagar...*
3) Adjetivo: *grande, vacío, cómodo, bonito...*
4) Determinativo: *este, ese, aquel, un, el...*
5) Preposiciones: *a, ante, bajo, cabe, con, contra, de...*
6) Adverbio: *ahora, siempre, aquí, así, tranquilamente...*
7) Conjunción: *que, si, y, porque, aunque...*
8) Pronombre: *yo, este, aquel, nosotros...*
9) Interjección: *¡ah!, ¡ay!, ¡vaya!, ¡uf!..*

8. Complemento circunstancial

Función sintáctica desempeñada por un adverbio o una estructura adverbial que describe las circunstancias o condiciones en las que se desarrolla lo expresado por el **núcleo oracional** (tiempo, modo, lugar, dirección, instrumento, finalidad, compañía, cantidad...). Normalmente es un **adjunto interno**:

9. COMPLEMENTO CIRCUNSTANCIAL DE LA ENUNCIACIÓN

Ayer vi a tu hermano *en un bar*.
Adjunto interno   Adjunto interno

Sin embargo, con los siguientes verbos el complemento circunstancial es un complemento obligatorio:

1) los verbos *ser* y *estar* predicativos:

El concierto es <u>a las cinco</u>.
Las llaves están <u>en el fondo del mar</u>.

2) los verbos transitivos que expresan un cambio de posición del complemento directo (*meter, colgar, poner, sacar, traer, acercar, llevar...*):

Mete esta botella <u>en la nevera</u>.
Saca el cuchillo <u>del cajón</u>.

3) el transitivo impersonal *hay*:

No hay más pan <u>en la tienda</u>.

4) los verbos intransitivos de movimiento (*ir, marchar, llegar, venir...*):

No iremos <u>a la fiesta</u>.
Ha venido ya <u>de las vacaciones</u>.

5) otros verbos intransitivos como *vivir, encontrarse* o *quedarse*:

Ahora vivo <u>en Oslo</u>.
Nos encontraremos <u>en casa de Lola</u>.
Nos quedaremos <u>en casa</u> el fin de semana.

9. Complemento circunstancial de la enunciación

Función que realiza el **adjunto externo** que sirve para expresar una valoración personal del hablante sobre el mensaje que se da en la oración. Puede aparecer antepuesto o pospuesto a la oración y siempre va separado por una coma:

<u>Sinceramente</u>, no sé si lo volveré a llamar.
No podré llamarte esta noche, <u>¡qué pena!</u>

10. Complemento de régimen

Complemento obligatorio que completa el significado de algunos **verbos predicativos**. Este complemento está siempre introducido por una preposición y nunca puede ser un pronombre átono o un adverbio.

No hay una sola preposición para introducir el complemento de régimen y es siempre el verbo predicativo el que selecciona la preposición (*de, en, con, a....*). A veces, un mismo verbo puede seleccionar varias preposiciones para introducir el complemento de régimen sin que cambie su significado:

*Los empleados se enfrentaron **con/a** su jefe.*
*Aquella decisión repercutió **en/sobre** todos nosotros.*

En otros casos, el verbo tiene un significado diferente según la preposición que seleccione para introducir el complemento de régimen:

*El rector procedió **a** la entrega de premios.*
*Este vino procede **de** Chile.*

*Tu amigo se ha metido **en** problemas.*
*Tu amigo se ha metido **a/de** camarero.*

11. Complemento directo

Función sintáctica exigida por un **verbo transitivo** para delimitar su significado. El complemento directo es siempre un **sintagma** nominal, un pronombre personal átono o una estructura nominal y puede referirse tanto a cosa como a persona.

He comprado esa televisión. / La he comprado.
      C. directo de cosa

Ayer vi a quien tú sabes.
      C. directo de persona

Cuando el complemento directo no es una forma pronominal y se refiere a una persona concreta y determinada debe ir introducido por la preposición *a*:

Estoy escuchando a los niños.
Buscamos al hermano de Javier.

11. COMPLEMENTO DIRECTO

Sin embargo, hay algunos casos en los que este complemento directo de persona no se introduce con la preposición *a*. Por ejemplo:

1) para evitar que el complemento directo y el complemento indirecto tengan que ir introducidos por la preposición *a* y originen una posible confusión:

Aún no he presentado mi novia a mis amigos.
*Aún no he presentado a mi novia a mis amigos.

2) cuando es el complemento directo del verbo *hay*:

Hay alguien que conoces bien en la puerta.
*Hay a alguien que conoces bien en la puerta.

3) cuando el empleo o no de la preposición *a* pueda servir para establecer diferentes matices de significado:

Sigo buscando mi novia perfecta.
Sigo buscando a mi novia perfecta.

Por su parte, el complemento directo de cosa puede ir introducido por la preposición *a* para evitar confusiones entre diferentes funciones sintácticas (por ejemplo, entre el complemento directo y el sujeto):

El barco dominó las olas / El barco dominó a las olas.
La perseverancia vence la adversidad / A la adversidad la vence la perseverancia.

En algunos casos, el complemento directo del verbo transitivo es una especie de extensión semántica del significado del propio verbo, es decir, su significado está muy próximo al del propio verbo. Así, es frecuente que estos verbos (por ejemplo, *escribir, cantar, leer, bailar, beber, comer, soñar...*) se empleen sin un complemento directo, es decir, como **verbos intransitivos**:

*Ya no **escribo** tanto como antes.*
*Esta noche vamos a **bailar**.*
*En la última fiesta, **bebimos** y **comimos** todo el tiempo.*

Cuando el verbo transitivo permite una **construcción pasiva** o **media**, el complemento directo pasa siempre a desempeñar la función sintáctica de **sujeto**:

Los niños han roto la mesa. > *La mesa ha sido rota.* / *La mesa se ha roto.*
    Oración activa   Construcción pasiva   Construcción media

12. Complemento indirecto

Función sintáctica que complementa a algunos verbos y que, cuando no es un pronombre átono (*me, te, le/se, nos, os, les/se*), va siempre introducido por la preposición *a*.

Con **verbos transitivos**, expresa la persona o cosa beneficiada o perjudicada por la acción verbal:

He prestado el coche <u>a un amigo</u>.
<u>Le</u> ha dado una patada <u>a la papelera</u>.

Con **verbos intransitivos**, es siempre un complemento obligatorio y expresa la persona que experimenta la noción que denota el verbo o el destinatario de la acción verbal:

¿<u>Te</u> gusta pasear por el bosque?
<u>Le</u> he hablado de ti <u>a mi jefe</u>.

Con **verbos copulativos** expresa la persona o cosa afectadas positiva o negativamente por las características de algo:

Esos pantalones no <u>te</u> están tan bien.

Ver también **dativo**.

13. Complemento predicativo

Función sintáctica desempeñada por un adjetivo, una estructura adjetival o un sustantivo que completa el significado del **núcleo oracional** y, al mismo tiempo, añade información sobre otra **función sintáctica** (el **sujeto** o el **complemento directo**).

Es siempre un complemento obligatorio referido al complemento directo con verbos causativos (*hacer, volver, poner, dejar...*) o verbos que denotan apelación (*llamar, denominar...*), estimación (*considerar, creer, estimar, encontrar, ver...*) y elección (*nombrar, elegir, proclamar....*):

Llamó <u>tontas</u> *a las hijas de Juan*
Veo <u>aburridos</u> *a los estudiantes.*
Puso <u>contento</u> *a todo el mundo.*
Sus palabras nos **han dejado** <u>intranquilos</u>.

Con los demás verbos, no es un complemento obligatorio y puede referirse tanto al complemento directo como al sujeto:

Se fueron <u>contentos</u> a sus casas.
   C. Predicativo referido al sujeto

Devolví <u>intactas</u> las herramientas que me prestaron.
C. Predicativo referido al complemento directo

El complemento predicativo es una función próxima al **atributo**. Sin embargo, mientras que el atributo es siempre el núcleo semántico de un **predicado nominal**, el complemento predicativo es siempre una función sintáctica seleccionada por un **verbo predicativo** y aparece siempre en un **predicado verbal**.

Ver también **atri**buto.

14. Composición

Recurso gramatical para crear palabras compuestas, es decir, formadas mediante la unión de varias palabras. La composición puede seguir uno de estos procedimientos:

1) la fusión de dos palabras en un solo término:
   - sustantivo + sustantivo: *bocacalle, coliflor* (sustantivos)
   - verbo + verbo: *duermevela* (sustantivo)
   - sustantivo + adjetivo: *pelirrojo* (adjetivo), *aguardiente* (sustantivo)
   - adjetivo + sustantivo: *medianaranja, malapata* (sustantivos)
   - verbo + sustantivo: *cortaúñas, abrelatas* (sustantivos)
   - adjetivo + adjetivo: *rusoespañol, francoitaliano* (adjetivos)

En todos estos casos, se habla de composición ortográfica ya que la nueva palabra solo tiene un acento tónico. En estas palabras compuestas, la flexión de género y número aparece siempre en el último elemento (**rusaespañola/rusoespañola, *bocascalles/ bocacalles*).

2) la unión de dos palabras que constituyen una sola unidad semántica, es decir, un único núcleo. En estos casos se habla de composición sintagmática:
   - sustantivo + sustantivo: *hombre rana, piso piloto, café teatro, ciudad dormitorio...*
   - preposicionales: *máquina de coser, bicicleta de montaña...*
   - adjetivo + adjetivo: *amarillo claro, verde oscuro, azul marino...*
   - sustantivo + adjetivo: *contestador automático, guerra civil, caja fuerte...*

En los dos primeros casos, solo el primer sustantivo se flexiona en cuanto al número: *una ciudad dormitorio, dos ciudades dormitorio/ *dos ciudades dormitorios.*

Por su parte, los adjetivos compuestos suelen mantenerse invariables en cuanto al número y al género: *las camisas verde oscuro y los pantalones azul marino.*

En la combinación sustantivo + adjetivo, ambos términos admiten flexión de número: *guerra civil, guerras civiles.*

15. Construcción media

Ver **construcciones con** *se*.

16. Construcción recíproca

Variante de una **construcción reflexiva** en la que intervienen varias personas. De este modo, cada una de las personas que es **agente** realiza y recibe mutuamente la acción expresada en el verbo:

Mis padres <u>se</u> quieren mucho.
          C. directo

Juana y yo <u>nos</u> enviamos <u>mensajes</u> todo el tiempo.
        C. indirecto   C. directo

17. Construcción reflexiva

Construcción originada a partir de un **verbo transitivo** de acción con sujeto agente en la que un pronombre reflexivo designa a la misma persona que realiza la función sintáctica de **sujeto**. Es decir, una construcción en la que el sujeto realiza y recibe la acción del verbo al mismo tiempo:

Yo <u>me</u> lavo. / Yo <u>me</u> lavo <u>la cabeza</u>.
 C. directo   C. indirecto C. directo

En la construcción reflexiva, el pronombre reflexivo realiza siempre la **función sintáctica** de **complemento directo** o de **complemento indirecto**.

18. Construcciones con *se*

Construcciones que permiten extraer del mensaje la información que funciona normalmente como **sujeto** en la **oración** y que expresa la persona que realiza la acción o se ve afectada por lo expresado en el verbo.

Estas construcciones son, por tanto, el resultado de una transformación semántica (no aparece información directa sobre la persona) y sintáctica (el sujeto lógico ya no es sujeto). Estas construcciones con *se* pueden ser de tres tipos:

1) pasiva refleja: cuando se obtiene a partir de un verbo transitivo que exige sujeto agente y complemento directo de cosa (por ejemplo, *traducir*):

Aquí se traducen documentos al inglés.

2) impersonal sintáctica con *se*: cuando se obtiene a partir de un verbo transitivo que exige sujeto agente y complemento directo de persona (por ejemplo, *ver*), un verbo intransitivo (por ejemplo, *hablar de algo*) o un verbo copulativo (por ejemplo, *ser*):

Desde aquí no se ve a la gente en el parque.
En este bar solo se habla de fútbol.
No siempre se es feliz con dinero.

3) construcción media: cuando se obtiene a partir de un verbo transitivo que exige sujeto agente y complemento directo de cosa o persona. En la construcción media, el objeto del verbo transitivo es sujeto y, semánticamente, se interpreta como un experimentador (es decir, le ocurre algo sin que nadie le haga nada):

Las llaves se han perdido.
El ordenador se ha roto.

Tanto las pasivas reflejas como las impersonales sintácticas con *se* son siempre **oraciones impersonales semánticas**, ya que el hablante utiliza intencionadamente *se* como un recurso para ocultar y no expresar a la persona que realiza la acción o se ve afectada por lo expresado en el verbo. En las construcciones medias sucede algo diferente, ya que no es necesario presuponer a un responsable en lo que se describe. A algo o a alguien (que es paciente de un verbo transitivo) le ocurre algo sin que nadie haga nada.

19. Dativo

Función que designa a la persona que recibe el daño o provecho de lo expresado en el verbo. Aunque guarda relación con el **complemento indirecto**, la función de dativo es más semántica que sintáctica ya que nunca es un complemento obligatorio, siempre está desempeñada por un pronombre personal átono y solo sirve para resaltar el papel de la persona designada en el mensaje.

Suele ser frecuente con **verbos transitivos** o en **construcciones medias**:

*Ya **me** he comido el bocadillo.*
*El teléfono de casa se **nos** ha estropeado.*

Al combinarse con un dativo, la construcción media adquiere uno de los siguientes matices:

1) involuntariedad, es decir, el dativo expresa que la acción descrita ocurre sin que la persona a la que hace referencia el dativo tenga implicación directa en la acción. Este dativo exculpa a la persona, es decir, muestra su falta de intencionalidad en la acción que se describe:

*Las puertas se **me** cerraron. (Es decir, se cerraron sin que yo hiciera nada)*

2) Involuntariedad/posesión:

*El vestido se **le** ha manchado. (Es decir, su vestido se ha manchado sin que ella hiciera nada)*

20. Enunciado

Unidad semántica autosuficiente y sintácticamente independiente. El enunciado es la unidad mínima en la comunicación verbal y la manifestación mínima de un acto comunicativo. Los enunciados pueden ser de dos tipos:

1) oracionales (contienen un verbo conjugado y se estructuran en torno a un **sujeto** y un **predicado**):

El perro de María se llama Lucas.
No sé si podré ayudarte.

2) no oracionales (aquellos que no cumplen con ninguna de las propiedades fundamentales de la oración o solo cumplen parcialmente con estas propiedades):

Buenas tardes.
¡Qué tontería!

Los enunciados pueden combinarse entre sí y formar una unidad comunicativa mayor, el **texto**.

21. Función sintáctica

Cada una de las propiedades gramaticales que, a partir de su relación con el **núcleo oracional**, adquieren las diferentes **unidades sintácticas** que forman la oración (por ejemplo, **complemento directo, complemento indirecto, complemento circunstancial**...).

22. Grupo oracional

Tipo de **oración compuesta** formada por varios predicados que son oraciones principales (grupo oracional por yuxtaposición o coordinación) o por un predicado que es una **oración principal** y otro que es una **oración subordinada** (grupo oracional por subordinación).

El grupo oracional es por yuxtaposición cuando varias oraciones principales se unen con ayuda de un **signo de puntuación** (por ejemplo, el punto, el punto y coma, la coma o los dos puntos):

Yo tomaré carne. Ella ensalada.
Oración principal Oración principal
Grupo oracional por yuxtaposición

El grupo oracional es por coordinación cuando las oraciones principales se unen mediante un nexo:

Aún no ha llegado Juan, **pero** *lo hará dentro de poco.*
Oración principal   nexo   Oración principal
         Grupo oracional por coordinación

A través de la relación semántica que, mediante el nexo, se establece entre las oraciones principales que forman un grupo oracional por coordinación, es posible establecer cinco tipos de coordinación:

1) copulativa, cuando las oraciones principales van unidas por los nexos *y* (*e*) o *ni* que indican la unión o suma de los significados expresados en las oraciones principales.

2) adversativa, cuando las oraciones principales van unidas por los nexos *pero* y *sino* (también *aunque* en algunos casos) y entre los significados de las oraciones se expresa una oposición.

3) disyuntiva, cuando los significados de las oraciones principales ofrecen, mediante los nexos *o* (*u*) y *o bien*, una alternancia que permite elegir entre varias posibilidades.

4) explicativa, cuando la oración principal introducida por un nexo como *es decir*, *o sea* y *esto es* sirve para explicar el significado de la otra oración principal.

5) **consecutiva**, cuando las oraciones principales van unidas por los nexos *luego*, *así que* o *conque* y el significado de la oración introducida por el nexo expresa la consecuencia de lo expresado en la otra oración.

El grupo oracional es por subordinación cuando el significado de una oración principal es modificado por una **oración subordinada**:

Debes seguir trabajando aunque estés cansado.
Oración principal   Oración subordinada
        Grupo oracional por subordinación

Ver también **oración compuesta**.

23. Impersonalidad

La impersonalidad está estrechamente relacionada con la función sintáctica de **sujeto** en la oración. Si comparamos los siguientes dos ejemplos, podemos hablar de dos tipos de tipos diferentes de sujeto y, consecuentemente, de dos tipos de impersonalidad:

Todavía hace calor.
Dicen que te casas en verano.

1) Hay oraciones que tienen un **sujeto cero**, es decir, no necesitan un sujeto sintáctico:

Todavía hace calor.

La impersonalidad en estos casos es sintáctica y estas oraciones reciben el nombre de **oraciones impersonales sintácticas**.

El sujeto sintáctico es el sujeto formal de la oración, es decir, el sintagma nominal que concuerda en persona y número con el núcleo del predicado y del que se dice algo en el predicado:

Todavía tengo calor. (Sujeto sintáctico *yo* > oración personal)
Todavía hace calor. (Sujeto sintáctico cero > oración impersonal sintáctica)

2) Hay oraciones que tienen sujeto sintáctico, pero este sujeto no coincide con el sujeto semántico. Es lo que ocurre con *dicen* en este ejemplo:

Dicen que te casas en verano.

La impersonalidad en estos casos es semántica y estas oraciones reciben el nombre de **oraciones impersonales semánticas**.

El sujeto semántico completa el significado del verbo aportando información exacta sobre la persona o personas afectadas por el verbo:

Iré al cine esta noche. (Sujeto sintáctico y semántico *yo* > oración personal)
Dicen que te casas. (Sujeto sintáctico *ellos*, pero sujeto semántico cero > oración impersonal semántica)

Como vemos, las oraciones impersonales pueden clasificarse de la siguiente manera:

1) Oración impersonal sintáctica: si en la oración no hay un sujeto sintáctico.

2) Oración impersonal semántica: si en la oración no hay un sujeto semántico.

24. Impersonal activa

También llamada impersonal sintáctica con *se*. Ver **construcciones con *se***.

25. Interrogativas parciales retóricas

Las interrogativas parciales, es decir, las que se construyen con interrogativo para que el hablante pueda obtener una información concreta sobre un aspecto determinado, pueden tener también un sentido retórico. En estos casos, se trata de preguntas que contienen su propia respuesta o en las que el hablante sugiere una respuesta determinada o su actitud ante una situación adversa:

¿Por qué habrá llamado?
¿Qué le habrán contado?

En contextos informales, y cuando el hablante desea expresar irritación, el interrogativo puede acompañarse de sustantivos como *leches, narices, diablos, demonios...* u otros términos malsonantes:

¿A dónde diablos iremos a parar?
¿Qué narices le habrán contado?

Las interrogativas totales pueden presentar también una variante próxima a las interrogativas retóricas cuando el hablante, más que obtener una confirmación, desea expresar su sorpresa o admiración sobre algún hecho:

¿Tu perro se llama Lucas?
¿Este libro está de oferta?

En estos casos, el sujeto ocupa la primera posición en la oración y es la entonación la que hace posible que estos enunciados se conciban como preguntas. Estas interrogativas pueden intensificarse semánticamente si se introducen con las conjunciones *que* o *conque*:

¿Que tu perro se llama Lucas?
¿Que este libro está de oferta?
¿Conque tu perro Lucas se ha comido el libro que estaba de oferta?

26. Juicio de valor con *ser*

El verbo *ser* puede combinarse con una serie de adjetivos o sustantivos para expresar un juicio de valor. Por ejemplo, adjetivos como *importante, necesario, justo, triste, divertido, fantástico, mejor, peor, raro, genial...* o sustantivos como *una pena, una alegría, un cliché, una buena/mala noticia, un orgullo...*

El resultado es una oración que expresa una opinión (*ser* + adj./sust.) del hablante sobre algo (el sujeto):

Es S.Adj /SN   +   algo (Proposición Sustantiva)
 Predicado   **Sujeto**
(Juicio de valor)

En estas oraciones copulativas, el verbo *ser* aparece siempre en 3ª persona del singular y el sujeto es una **proposición sustantiva** que lleva el verbo en subjuntivo cuando el juicio de valor es una opinión subjetiva del hablante:

Es una pena que no vengas a la fiesta.
Es verdad que Juan no vendrá a la fiesta.

También es posible utilizar el verbo *estar*, pero solo cuando utilizamos un adverbio de modo o un adjetivo. En estos casos, el juicio que expresamos no tiene un carácter general y solo hace referencia a una situación concreta:

Está genial/bien que ya hayas llamado.

Estas oraciones admiten una variante exclamativa en la que el verbo *ser* (o *estar*) no aparece explícito y el sustantivo o adjetivo (o adverbio) se intensifica con *qué*. Además, el verbo de la proposición aparece siempre en subjuntivo:

¡Qué alegría que la primavera haya llegado ya!
¡Qué bien que el invierno haya terminado ya!

27. Laísmo

Uso de las formas femeninas *la* y *las* como pronombres personales átonos de complemento indirecto en lugar de *le* y *les*. Uso no correcto:

*A María **la** dije que no llegara tarde.

28. Leísmo

Uso de *le* y *les* como formas del pronombre personal átono de complemento directo en lugar de utilizar *lo/la* o *los/las*. Es posible distinguir los siguientes tipos de leísmo:

1) leísmo de persona masculino: uso de *le* como complemento directo con sustantivos masculinos de persona. Tiene un uso muy extendido y es aceptado en singular (aunque su uso en plural es también frecuente):

A Juan le ayudé con estos ejercicios.
*A Juan y a Pedro les ayudé con estos ejercicios.

2) leísmo de persona femenino: uso de *le* como complemento directo con sustantivos femeninos de persona. Uso no aceptado:

*A María le ayudé con estos ejercicios.
*A María y a Lola les ayudé con estos ejercicios.

3) leísmo de cortesía: variante de los dos leísmos anteriores que consiste en concordar *le* con *usted*. Uso aceptado tanto con sustantivos masculinos o femeninos como en singular o plural:

Doña María, ¿le ayudo con estos ejercicios?
Don Juan y doña María, ¿les ayudo con estos ejercicios?

4) leísmo de cosa: uso de *le* como complemento directo con sustantivos de cosa. Uso no aceptado:

*Estos ejercicios les terminé hace tiempo.

29. Locución

Combinación invariable de palabras con un único significado. En la **oración**, las locuciones funcionan como una determinada **clase de palabra**. Así, es posible diferenciar los siguientes tipos de locuciones:

1) Adjetivas (las que funcionan como un adjetivo): *una verdad <u>como un templo</u>, una mujer <u>de bandera</u>*.

2) Adverbiales (las que funcionan como un adverbio): *todo salió <u>a las mil maravillas</u>, apareció <u>de repente</u>*.

3) Conjuntivas (las que funcionan como una conjunción): *así que, por más que*.

4) Determinativas (las que funcionan como un adjetivo determinativo): *<u>algún que otro</u> cigarrillo*.

5) Interjectiva (las que equivalen a una interjección): *¡santo cielo!, ¡Dios mío!, ¡ni modo!*

6) Nominales o sustantivas (las que equivalen a un sustantivo y funcionan como tal): *brazo de gitano* ('pastel de forma cilíndrica'), *ojo de buey* ('ventana circular').

7) Preposicionales (las que funcionan como una preposición): *acerca de, con vistas a, junto a, a pesar de*.

8) Pronominales (las que equivalen a un pronombre y funcionan como tal): *alguno que otro, cada uno*.

9) Verbales (las que equivalen a un verbo y funcionan como tal): *echar de menos, caer en la cuenta, hacer caso*.

A diferencia de las **perífrasis**, que se pueden construir con cualquier verbo (solo basta mantener el **verbo auxiliar** y utilizar una forma no personal del verbo que necesitemos), en las locuciones no es posible cambiar ninguna palabra. Sin embargo, el significado de la locución no es la combinación de los significados de cada una de las palabras que la componen. Cuando le decimos a alguien *Vete <u>a hacer puñetas</u>*, nadie espera que esta persona se ponga coserle los puños a camisas de época medieval.

Resumiendo: las locuciones son expresiones fijas que funcionan en la oración como una determinada clase de palabra y cuyo significado se desprende del conjunto de sus elementos, no de la suma de significados de cada uno de sus componentes.

30. Loísmo

Uso de las formas masculinas *lo* y *los* como pronombres personales átonos de complemento indirecto en lugar de *le* y *les*. Uso no correcto:

*A Carlos no lo dieron todo el tiempo que necesitaba.

31. Marcadores discursivos

Tipo de **adjunto externo** que se caracteriza por formar una unidad independiente en el mensaje. También reciben el nombre de partículas discursivas y conectores discursivos.

A partir de su función, los marcadores discursivos pueden clasificarse en estructuradores y en conversacionales:

1) son estructuradores cuando sirven para crear mayor cohesión entre las diferentes partes del discurso. Es decir, cuando guían y estructuran la información con el objeto de que resulte más clara: *para empezar, en primer lugar, a continuación, por consiguiente, por tanto, por otra parte, dicho de otro modo, por ejemplo, de hecho...*

2) son conversacionales cuando se emplean, sobre todo, en contextos orales o informales (por ejemplo, iniciar la conversación, llamar la atención del oyente, enfatizar, ganar tiempo, mostrar acuerdo o sorpresa...) y aportan mayor expresividad al discurso: *mira, ¿sabes qué?, hombre, claro que sí, no faltaría más, por supuesto, ¿verdad?, ¿me sigues?, a ver...*

32. Modificador

El **modificador** es la función que está desempeñada por un sintagma adjetivo o por una estructura adjetival (por ejemplo, una proposición o un sintagma adjetivo por transposición) y sirve para complementar el significado del núcleo de un **sintagma nominal** (sustantivo, pronombre o infinitivo).

*Un **despertar** <u>tranquilo</u>*
*El **pan** <u>de esta tienda</u> es muy bueno.*
*El **concierto** <u>al que iremos</u>*

Si la información del modificador amplía el significado del núcleo, es decir, refuerza una característica inherente al núcleo, el modificador es explicativo. Si, por el contrario, delimita el significado del núcleo, es decir, añade significados que no son inherentes al núcleo, el modificador es especificativo.

*El **jersey** <u>que compré ayer</u> me gusta mucho.*
    modificador especificativo

*Este **jersey**, <u>que es de lana pura</u>, me gusta mucho.*
    modificador explicativo

Una característica especial del modificador es que puede sustantivarse (ver **actualiz**ador).

33. Núcleo oracional

Elemento de la **oración** que selecciona las **unidades sintácticas** necesarias para que la oración sea gramatical.

En algunas oraciones, el núcleo oracional es siempre un verbo:

*Los estudiantes **escribirán** una narración.*
*Los estudiantes **reirán**.*

Los verbos que son núcleo oracional se denominan **verbos predicativos**, ya que dicen (predican) algo del sujeto y siempre están contenidos en un predicado verbal. Estas oraciones se llaman **oraciones predicativas**.

En otras oraciones, el núcleo oracional no es solo un verbo:

*Los estudiantes de este año **son muy trabajadores**.*
*El agua de este grifo **es potable**.*

En este último tipo de oraciones, el núcleo oracional está compartido entre un núcleo sintáctico (un **verbo copulativo** o **semicopulativo**) y un núcleo semántico (el **atributo**). Ambos núcleos aparecen siempre en un predicado nominal que, a su vez, forma parte de una **oración copulativa**.

34. Oración

Unidad sintáctica que siempre contiene un verbo conjugado y normalmente se estructura en torno a un **sujeto** y un **predicado**. La oración es la estructura más frecuente entre los **enunciados**.

El coche que quiero comprarme | *está de oferta ahora.*
      Sujeto | Predicado
                    Oración

Por el número de predicados, las oraciones pueden clasificarse en simples (si solo contienen un predicado) o compuestas (si contienen más de un predicado):

Este libro tiene muchas páginas. (Oración simple)
Este libro que compré hace años y que aún conservo tiene muchas páginas. (Oración compuesta).

35. Oración compuesta

Oración que contiene más de un **predicado**. Las oraciones compuestas pueden ser complejas o grupos oracionales:

1) Son complejas cuando uno de sus **predicados** es una **proposición**:

Me gusta <u>comer sushi</u>.
　　　　　Proposición sustantiva

La casa <u>que ha comprado</u> necesita una reparación.
　　　　Proposición adjetiva

<u>Cuando tenga tiempo</u> iré a México.
Proposición adverbial

2) Son **grupos oracionales** cuando sus predicados son oraciones principales (grupo oracional por yuxtaposición o coordinación) o uno de sus predicados es una **oración principal** y otro una **oración subordinada** (grupo oracional por subordinación):

<u>Yo tomaré carne</u>. <u>Ella ensalada.</u>
　Oración principal　Oración principal
　　Grupo oracional por yuxtaposición

<u>Aún no ha llegado Juan</u>, **pero** <u>lo hará dentro de poco</u>.
　　Oración principal　　nexo　Oración principal
　　　　Grupo oracional por coordinación

<u>Debes seguir trabajando</u> <u>aunque estés cansado</u>.
　　Oración principal　　Oración subordinada
　　　Grupo oracional por subordinación

36. Oración compuesta compleja

Ver **proposición** y **oración compuesta**.

37. Oración copulativa

Oración cuyo núcleo oracional está contenido en un predicado nominal.

Ver **núcleo oracional** y **predicado**.

38. Oración predicativa

Oración cuyo núcleo oracional está contenido en un predicado verbal.

Ver **núcleo oracional** y **predicado**.

39. Oración principal

Oración que, en un **grupo oracional**, contiene el significado principal.

Ver **grupo oracional**.

40. Oración subordinada

Oración que, en un **grupo oracional** por subordinación, modifica el significado de la **oración principal**.

A partir del significado que aportan a la oración principal, es posible establecer los siguientes tipos de oraciones subordinadas:

1) causales, si indican la causa de lo expresado en la oración principal:

Como ya es la hora, podemos empezar.
Oración subordinada causal

2) finales, si expresan la finalidad de lo expresado en la oración principal:

Tu sobrino ha venido para que le des el regalo.
Oración subordinada final

3) condicionales, si dicen algo sobre las condiciones necesarias para que se cumpla lo expresado en la oración principal:

Si no ha llamado todavía, por algo será.
Oración subordinada condicional

4) concesivas, si expresan alguna dificultad para que se realice lo expresado en oración principal:

Me gustaría ver el partido, aunque ya sepa el resultado.
Oración subordinada concesiva

Consultar la nuez-39 par ver los nexos que introducen las diferentes oraciones subordinadas.

41. Oraciones impersonales semánticas

Ver **impersonalidad**.

42. Oraciones impersonales sintácticas

Ver **impersonalidad**.

43. Orden sintáctico

Posición que ocupan las diferentes **funciones sintácticas** en la **oración**. El orden sintáctico puede ser no marcado o marcado.

Una oración sigue un orden sintáctico no marcado cuando no se resalta de manera especial ninguna **función sintáctica** y cada una de ellas aparece en el lugar que, en principio, le está reservado en la **oración**. Es decir, cada función sintáctica es, semánticamente, igual de importante:

Vi a tu amigo ayer junto a la parada del autobús.

El orden sintáctico de una oración es marcado cuando se resalta intencionadamente alguna **función sintáctica** para producir una alteración en el significado de la **oración**. Es decir, en la oración hay una o varias funciones sintácticas que, semánticamente, son más importantes que otras:

A tu amigo, junto a la parada del autobús, lo vi ayer.

El orden sintáctico no marcado más frecuente en español es SV(O), es decir, sujeto + verbo + complementos:

Mi madre preparó este pastel ayer por la noche.
  Sujeto   Verbo C. directo C. circunstancial

María está jugando en el parque con otros niños.
Sujeto   Verbo   C. circunstancial C. circunstancial

Sin embargo, con verbos que exigen un sujeto con la función semántica de paciente, el orden no marcado suele ser VS:

Me fascina <u>su manera de ser</u>.
      Sujeto

Es importante <u>que leáis ese libro</u>.
            Sujeto

44. Palabra derivada

Palabra creada mediante un prefijo o un sufijo. Ver **afijo**.

45. Pasiva

La pasiva es un recurso semántico y sintáctico que solo es posible con los **verbos transitivos** que expresan acción. La finalidad con la pasiva es dar mayor importancia semántica al paciente del verbo transitivo y menos importancia al agente:

<u>*El profesor* explicó *este tema*</u>. > <u>*Este tema* fue explicado *por el profesor*</u>.
 Agente   Paciente   Paciente   Agente
    Oración activa   Oración pasiva

En las construcciones pasivas, el paciente de la acción expresada (**complemento directo** en la oración activa) pasa siempre a ser el **sujeto**.

La pasiva puede tener dos representaciones:

1) pasiva perifrástica o analítica: está formada con *ser* + participio y siempre describe una acción.

Estas plantas fueron regadas hace unos días.

Con *estar* + participio se presenta siempre un estado y no un proceso en el que interviene un agente. Esta es la principal razón por la que no existe unanimidad a la hora de considerar estas oraciones como pasivas, aunque algunos gramáticos hablan de pasiva de estado en casos como los siguientes:

El almuerzo está servido.
La casa está rodeada por la policía.

2) **pasiva refleja**: está formada con el morfema oracional *se* y no se da información sobre el agente (por eso es un tipo de oración impersonal semántica). El verbo solo puede aparecer en 3ª persona singular o plural:

Aquí se trabaja mucho.
Aquí se venden libros antiguos.

(Ver también **construcciones con *se***).

46. Pasiva perifrástica

Ver **pasiva**.

47. Pasiva refleja

Ver **pasiva** y **construcciones con *se***.

48. Perífrasis verbal

Combinación sintáctica entre un **verbo auxiliar** y un **verbo principal** que siempre aparece en infinitivo, gerundio o participio. A partir del matiz que añade el verbo auxiliar al verbo principal, las perífrasis pueden ser de dos tipos:

1) aspectuales, si puntualizan, matizan o subrayan el aspecto perfectivo o imperfectivo de la acción verbal (por ejemplo, expresando el momento en el que comienza o termina la acción, si la acción se repite...):

Voy a salir esta noche.
Acabamos de llegar a casa.
Solemos cenar viendo las noticias.

2) modales, si expresan un matiz relacionado con la actitud del hablante respecto a la acción verbal (por ejemplo, obligación, probabilidad, capacitación...):

¿Puedes venir a las cinco?
Tienes que ser más prudente.
El viaje vendrá a costar más de lo que habíamos calculado.

49. Predicado

Parte de la **oración** que contiene el **núcleo oracional** y dice algo del **sujeto**. El predicado puede ser nominal o verbal.

El predicado es nominal cuando contiene un núcleo sintáctico (un **verbo copulativo** o **semicopulativo**) y un núcleo semántico (el **atributo**) que, juntos, forman el núcleo oracional:

Tu amiga   *es*   *muy simpática.*
             Núcleo sintáctico   Núcleo semántico
   Sujeto   Predicado nominal

El predicado es verbal cuando contiene un **verbo predicativo** que es el núcleo oracional, es decir, un verbo que dice o predica algo del sujeto.

Tu amiga tan simpática   *saluda* *a todos los compañeros de clase.*
                       Núcleo sintáctico y semántico
     Sujeto   Predicado verbal

Ver también **verbos copulativos** y **verbos predicativo**s.

50. Prefijo

Ver **afijo**.

51. Préstamo lingüístico

Palabra o significado que se toma de otra lengua. Así, es posible establecer la siguiente clasificación:

1) préstamo léxico (cuando se toma una palabra de otra lengua):
   a) adaptado (cuando la palabra se ha ajustado a la ortografía y la morfología de la nueva lengua. Ejemplo: *cruasán*);
   b) extranjerismo (cuando la palabra mantiene su forma y morfología originales o ha experimentado cambios mínimos. Ejemplo: *web*).

2) préstamo semántico (cuando a una palabra se le añade el significado que una palabra equivalente tiene en otra lengua, es decir, cuando se produce un calco semántico. Ejemplo: *ratón de ordenador*).

3) calco léxico (cuando una palabra tomada de otra lengua se traduce literalmente. Ejemplo: *hora feliz < happy hour*).

52. Proposición

Estructura oracional que funciona como un sustantivo, un adjetivo o un adverbio. Las oraciones que contienen una proposición se denominan **oraciones compuestas complejas**.

53. PROPOSICIÓN SUSTANTIVA

Una proposición es sustantiva cuando funciona en la oración como un sustantivo (ver también **proposición sustantiva**):

Me gusta comer sushi.
Me dijo que llamaría más tarde.

La proposición es adjetiva cuando modifica a un sustantivo:

*La **casa** que ha comprado necesita una reparación.*
*Las **casas** diseñadas por ese arquitecto son poco prácticas.*

La proposición es modificadora cuando modifica a un adverbio (*tan/tanto, más/menos, mejor/peor*) para expresar comparación o consecuencia:

*Este coche es **más** rápido de lo que pensaba.*
*Estoy **tan** cansado que voy a acostarme ya.*

Y adverbial cuando complementa al verbo como si fuera un adverbio:

*Cuando tenga tiempo **iré** a México.*
***Solucioné** el problema enviando una carta.*

53. Proposición sustantiva

Estructura oracional que funciona en la oración como un sustantivo. Puede ser de dos tipos:

1) completiva, si va introducida por la conjunción *que*:

Que vayáis al teatro es una buena idea.
    Sujeto

Queremos que vayáis al teatro.
         C. directo

La proposición sustantiva completiva se emplea normalmente cuando el verbo principal de la oración y el verbo de la proposición no tienen como referencia a una misma persona.

2) de infinitivo:

Ir al teatro es siempre una experiencia.
Sujeto

Queremos ir al teatro.
　　　C. directo

La proposición sustantiva de infinitivo se utiliza como sujeto cuando el hablante quiere expresar un hecho o acción verbal de manera general.

También se utiliza (por ejemplo, como **complemento directo**) cuando lo que expresa el verbo principal de la oración y lo que expresa la proposición sustantiva están relacionados con una misma persona.

Sin embargo, con los verbos *creer* y *pensar* cuando tienen el significado de *estar convencido de algo* suelen emplearse una proposición sustantiva completiva:

Creo que iré al cine.
Pienso que aquí estaré bien.

Con los **verbos de influencia** es posible utilizar los dos tipos de proposición sustantiva:

Me han aconsejado que lo haga / hacerlo.

Una variante de las proposiciones completivas son las introducidas por la conjunción *si* o por un interrogativo (*qué, quién, por qué, cuándo...*):

No sé si tendré tiempo para ayudarte.
Me preguntó por qué no ha llamado todavía.

En estos casos, la proposición sustantiva equivale a una pregunta y es el **complemento directo** de verbos como *preguntar, saber, insistir, pensar, decir...*

54. Signos de puntuación

Marcas gráficas que ayudan a organizar un texto para facilitar su comprensión y lectura, por ejemplo, estableciendo la relación sintáctica y lógica entre las diferentes partes o señalando el carácter especial de determinadas palabras, oraciones o fragmentos.

Los signos de puntuación son la coma (,), el punto (.), el punto y coma (;), los dos puntos (:), el paréntesis ( ), los corchetes ([ ]), las comillas (" "), los puntos suspensivos (...), el guión (-), los signos de exclamación (¡!) y los signos de interrogación (¿?).

55. Sintagma

Unidad mínima con capacidad para desempeñar una **función sintáctica**. Puede estar formado por una sola palabra o por varias palabras que funcionan como una unidad. El sintagma recibe también el nombre de **grupo sintáctico**.

A partir de **clase de palabra** a la que pertenece su núcleo, un sintagma pueden ser:

1) verbal:
La sopa **está** <u>muy rica hoy</u>.

2) nominal:
<u>La</u> **sopa** está muy rica hoy.

3) adjetivo:
La sopa está <u>muy</u> **rica** hoy.

4) adverbial:
La sopa está muy rica <u>**hoy**</u>.

Los sintagmas que, en su conjunto, funcionan como un sustantivo, un adjetivo o un adverbio sin que su núcleo pertenezca a una de estas clases de palabra reciben el nombre de **sintagmas por transposición**. El sintagma por transposición presenta una de las siguientes estructuras:

1) artículo + adjetivo > Sintagma nominal por transposición.
Me gusta <u>lo bueno.</u>

2) preposición + sustantivo/Sintagma nominal > Sintagma adjetivo por transposición.
La teoría <u>de Einstein</u>. La teoría <u>de la relatividad</u>.

3) preposición + sintagma nominal > Sintagma adverbial por transposición.
Te llamaré <u>a la oficina</u>.

56. Sintagma por transposición

Ver **sintagma**.

57. Situación comunicativa

El conjunto de circunstancias (espaciales, temporales, sociales, personales…) en las que se desarrolla un acto comunicativo concreto.

Por ejemplo, a partir de la situación en la que tiene lugar el acto comunicativo podemos hablar de una situación comunicativa estándar (la que experimentamos normalmente), informal (la que suele darse entre amigos o en casa) o formal (cuando la situación nos impone elegir un uso más elaborado del lenguaje).

58. Sufijo

Ver **afijo**.

59. Sujeto

Parte de la oración de la que se dice algo en el **predicado**. Formalmente, el sujeto puede ser un **sintagma nominal**, una **proposición sustantiva** o una proposición adjetiva sustantivada:

El amigo de Juan tiene una bicicleta nueva.
Sintagma nominal (Sujeto)

Hacer deporte con frecuencia tiene efectos positivos para la salud.
Proposición sustantiva (Sujeto)

Me gusta más *el que te regalaron el año pasado*.
    Proposición adjetiva sustantivada (Sujeto)

El sujeto concuerda con el verbo ya que siempre está representado en el verbo mediante los morfemas de persona y número.

60. Sujeto cero

Término utilizado cuando un **verbo predicativo** no exige un **sujeto** sintáctico en la oración. Las oraciones con sujeto cero son siempre **oraciones impersonales sintácticas**. Por ejemplo:

No hay tiempo que perder.
Ya es tarde.
Ha llovido todo el día.

61. Sujeto implícito

Sujeto que no aparece de manera explícita en la oración pero que está reproducido en las desinencias del verbo y puede recuperarse por el contexto. Que el **sujeto** de una oración sea implícito o explícito depende, por tanto, de dos factores: que pueda ser o no reconocido por el oyente y que se quiera o no enfatizar.

Cuando no se quiere enfatizar, es frecuente que el sujeto aparezca de manera implícita en oraciones con el verbo en 1ª y 2ª persona singular (*yo, tú, vos, usted*) o a la 2ª persona plural (*vosotros, ustedes*):

Ya he leído el libro que me prestaste.
¿Vas a venir al cine con nosotros?
¿Queréis cenar pizza?

Sin embargo, cuando el sujeto hace referencia a la 3ª persona (singular o plural) o a la 1ª persona plural (es decir, el hablante y alguien más), solo aparece implícito cuando el oyente los reconoce a través del contexto (por ejemplo, porque ya han sido mencionados):

Elena me ha llamado. Viene esta noche.
Juan y Lola se han ido. Tienen que estudiar para el examen.
Maren y yo hemos hablado hoy. Hemos quedado para salir el sábado.

Cuando se quiere enfatizar, el sujeto aparece siempre explícito en la oración (independientemente de la persona y el número del verbo) ya que es una información que el hablante desea destacar de manera intencionada:

***Yo** cerraré las ventanas.*
***Tú** ven y calla.*
***Vosotros** no deberíais ir diciendo esas cosas por ahí.*

62. Sujeto semántico

Ver **impersonalidad**.

63. Texto

Unidad comunicativa formada por una serie indeterminada y ordenada de **enunciados** dotados de coherencia y sentido.

64. Tiempo verbal

Cada uno de los paradigmas cerrados subordinados a un modo en el que se organizan las diferentes formas verbales. Por ejemplo, las formas verbales de *cantar* pueden representarse de la siguiente manera:

1) Modo indicativo:

Tiempos simples: presente (*canto*), pretérito perfecto simple o pretérito indefinido (*canté*), pretérito imperfecto (*cantaba*), futuro simple (*cantaré*), condicional simple (*cantaría*).

Tiempos compuestos: pretérito perfecto compuesto (*he cantado*), pretérito pluscuamperfecto (*había cantado*), futuro compuesto (*habré cantado*), condicional compuesto (*habría cantado*).

2) Modo subjuntivo:

Tiempos simples: presente (*cante*), pretérito imperfecto (*cantara* o *cantase*).

Tiempos compuestos: pretérito perfecto compuesto (*haya cantado*), pretérito pluscuamperfecto (*hubiera* o *hubiese cantado*).

3) Modo imperativo:

canta

La conjugación se completa con tres tiempos verbales que tienen un uso muy reducido en la actualidad: pretérito anterior de indicativo (*hube cantado*), futuro simple de subjuntivo (*cantare*) y futuro compuesto de subjuntivo (*hubiere cantado*).

Cada verbo se conjuga en los diferentes tiempos verbales a partir de las categorías de persona (1ª, 2ª o 3ª) y número (singular o plural). A su vez, cada forma verbal (por ejemplo, *canto*) se describe a partir de la persona (1ª persona), el número (singular), el tiempo verbal (presente), el modo (indicativo) y el infinitivo (del verbo *cantar*).

65. Tilde

La tilde o acento gráfico (´) es un signo que siempre se coloca sobre una vocal y que puede tener una función prosódica o una función diacrítica. Con función prosódica, siempre se coloca sobre la vocal de la sílaba tónica cuando una palabra debe acentuarse (ver **acento**). Con función diacrítica, permite distinguir entre palabras que se escriben de la misma manera (ver **tilde diacrítica**).

66. Tilde diacrítica

Uso de la tilde o acento gráfico (´) con función diacrítica, es decir, para diferenciar entre palabras con la misma forma, pero con distinto significado.

La tilde diacrítica afecta sobre todo a palabras monosílabas: *qué/que*, *cuál/cual*, *quién/quien*, *él/el*, *sí/si*, *tú/tu*… También aparece en unas pocas palabras polisílabas, como en los interrogativos o exclamativos *cómo/como*, *cuándo/cuando*, *cuánto/cuanto*, *dónde/donde*.

En todos estos casos, la función de la tilde no es señalar cuál es la sílaba tónica de la palabra (función prosódica), sino indicar que la palabra que lleva la tilde no debe confundirse con otra palabra formalmente idéntica.

67. Unidad sintáctica

Cada una de las partes de una **oración** con contenido semántico (significado) y **función sintáctica**. Unidades sintácticas son las **oraciones**, los **sintagmas**, las **proposiciones** y las **oraciones subordinadas**.

68. Verbo principal

El verbo más importante sintáctica y semánticamente en un **predicado**. Puede aparecer solo o junto a un **verbo auxiliar**. En estos últimos casos, el verbo auxiliar aparece conjugado y el principal es siempre una forma no personal (infinitivo, gerundio o participio).

Una **locución** verbal puede tener también la función de un verbo principal en la oración.

69. Verbos copulativos

Verbos que no aportan un significado léxico a la **oración** y funcionan como enlace entre el **sujeto** y lo que se dice del sujeto (el **atributo**). Los verbos copulativos son *ser*, *estar* y *parecer*.

Las oraciones con un verbo copulativo se llaman copulativas y, semánticamente pueden ser:

1) de caracterización, si el atributo expresa una característica propia o adquirida del sujeto:

Hoy estamos muy cansados.
Maren es noruega y muy simpática.
Estas sillas son de plástico.
Rafa y Lydia están casados.

En estas oraciones, *parecer* reemplaza a *ser* y *estar* cuando el hablante quiere presentar una característica del sujeto de una manera más subjetiva o dudosa

2) de identificación, si el atributo es una estructura nominal determinada con la que se identifica el sujeto. El único verbo copulativo que puede emplearse es *ser*:

Rubén es <u>el hermano de Maxi</u>.
          Atributo

Las oraciones copulativas de identificación pueden servir para crear variantes enfáticas. En estas oraciones, la información que se desea realzar o intensificar debe tener la forma de una proposición adjetiva sustantivada:

El que es hermano de Maxi es Rubén.

En una oración con verbo copulativo, el **predicado** es siempre nominal ya que el verbo copulativo (núcleo sintáctico) y el atributo (núcleo semántico) forman juntos el **núcleo oracional**. Es decir, el verbo solo aporta los rasgos de la flexión verbal (aspecto, tiempo, modo, persona y número) y el atributo aporta el significado principal de la oración.

70. Verbos de afección psíquica

Verbos intransitivos como *gustar* que normalmente se construyen con un sujeto que provoca el estímulo expresado en el verbo y un complemento indirecto que expresa la persona que se ve afectada por el estímulo y para la que es válido lo que expresa el verbo.

En las oraciones con un verbo de este tipo, el sujeto aparece pospuesto al verbo cuando el **orden sintáctico** es no marcado:

<u>Me</u> gustan <u>las películas de miedo</u>
   C. Indirecto   Sujeto
(experimentador) (lo que provoca el estímulo)

Cuando el sujeto es una **proposición sustantiva**, el verbo de afección psíquica aparece siempre en 3ª persona del singular y el verbo de la proposición en subjuntivo (cuando no es un infinitivo):

<u>Me</u> **gusta** <u>**que** quieras ver esta película de miedo conmigo.</u>
   C. Indirecto   Sujeto
(experimentador) (lo que provoca el estímulo)

Otros verbos de afección psíquica son *agradar, disgustar, asombrar, encantar, apasionar, complacer, doler, aburrir, irritar, alegrar, enojar, fascinar, enloquecer, extrañar, molestar, fastidiar, satisfacer, importar, indignar, ofender, parecer, preocupar, sorprender…*

71. Verbos de cambio de estado

Verbos que expresan una transformación que sufre o experimenta el **sujeto** de la **oración**. Pueden ser predicativos (*adelgazar, crecer, alegrarse…*) o semicopulativos si necesitan un **atributo** para completar su significado. Verbos semicopulativos que expresan cambio de estado son:

1) *Volverse*: indica cambios definitivos y el atributo puede ser un adjetivo o un sintagma nominal con o sin preposición:

Te has vuelto <u>muy generoso</u>.

2) *Hacerse*: también señala cambios definitivos, pero a diferencia de *volverse*, los cambios se llevan a cabo con la voluntad o esfuerzo del sujeto. El atributo puede ser también un sustantivo:

Con tantas experiencias negativas, se ha hecho <u>más cauta</u>.

3) *Ponerse*: indica cambios accidentales, pasajeros, no definitivos y el atributo es siempre un adjetivo:

Con la emoción, nos pusimos <u>muy nerviosos</u>.

4) *Quedarse*: señala cambios accidentales pero estables y el atributo solo puede ser un adjetivo:

Cuando lo vimos, nos quedamos <u>atónitos</u>.

72. Verbos de influencia

Verbos como *aconsejar, prohibir, recomendar, pedir, permitir...* en los que alguien (sujeto en la oración) ejerce influencia sobre la persona expresada en el complemento indirecto de la oración. Sintácticamente, estos verbos permiten que su complemento directo pueda ser cualquier tipo de **proposición sustantiva**:

Me han pedido <u>que vaya a hablar con el jefe</u>.
Proposición sustantiva completiva

Me han pedido <u>ir a hablar con el jefe</u>.
Proposición sustantiva de infinitivo

El empleo de un tipo u otro de proposición sustantiva no supone un cambio de significado y ambas soluciones son igual de frecuentes.

73. Verbos ditransitivos

Ver **verbos predicativos**.

74. Verbos intransitivos

Ver **verbos predicativos**.

75. Verbos predicativos

Verbos que siempre son núcleo sintáctico y semántico de un **predicado verbal** y **núcleo oracional** ya que tienen significado léxico y seleccionan el resto de elementos de la oración. Pueden clasificarse en tres grupos:

1) transitivos, si exigen un **complemento directo**:

Pedro cantó una canción.
Esta casa la construyeron mis abuelos.

En algunos casos, el verbo transitivo puede exigir además otro complemento obligatorio (por ejemplo, **un complemento de régimen**, un **complemento circunstancial** o un **complemento predicativo**):

Confundes el valor con la temeridad.
   C. directo   C. de régimen

Quita los pies de la mesa.
   C. directo   C. circunstancial

Has dejado las ventanas abiertas.
   C. directo   C. predicativo

2) ditransitivos, si exigen un complemento directo y un **complemento indirecto** que representa al destinatario o beneficiario del proceso verbal. Son ditransitivos los verbos predicativos que expresan cambio de posesión del objeto (*entregar, dar, llevar, enseñar, enviar, prestar...*) y los verbos de comunicación (*relatar, decir, preguntar, contar...*):

Entregó el billete al conductor.
   C. directo C. indirecto

Conté a Juan todo lo que había pasado.
   C. indirecto   C. directo

3) intransitivos, si nunca exigen un complemento directo. Por ejemplo:

a) los verbos que describen una acción o actividad que tiene su origen y recae al mismo tiempo sobre el sujeto. Algunos de estos verbos pueden ser también pronominales y exigir un complemento de régimen:

Juan corre todas las tardes.
No me arrepiento de lo que dije ayer.

b) los verbos de afección psíquica:

No me gusta lo que habéis hecho.
Me fascina su modo de ser.

c) *ser* y *estar* predicativos:

La cena es a las siete.
Las tijeras están en la cocina.

76. Verbos pronominales

Verbos intransitivos que siempre necesitan un morfema verbal (*me, te, se, nos, os, se*) en su conjugación. Pueden ser de dos tipos:

1) puros: cuando no entran en alternancia con una forma no pronominal (por ejemplo, *quejarse, desmayarse, fugarse, arrepentirse, abalanzarse, atreverse, abstenerse, extralimitarse, suicidarse,* etc.). Un rasgo sintáctico de estos verbos es que suelen exigir un complemento de régimen, además de un sujeto animado que nunca es agente:

*No **me arrepiento** <u>de nada</u>.*
*¿**Te atreves** <u>a saltar desde la ventana</u>?*

2) impuros: cuando alternan con una forma no pronominal (por ejemplo, *ir/irse, subir/subirse, caer/caerse, despedir/despedirse, dormir/dormirse, burlar/burlarse*...). Entre ambas formas puede existir diferencias sintácticas y semánticas:

Iré a la fiesta el sábado.
Me voy a la fiesta.

77. Verbos semicopulativos

Verbos que, aunque puedan tener cierto contenido semántico, necesitan un **atributo** al igual que un **verbo copulativo** para que la **oración** tenga un sentido completo.

Algunos verbos son siempre semicopulativos (por ejemplo, los que expresan cambio de estado):

Se puso muy contento cuando se lo conté.
Tu amigo se ha vuelto un charlatán.
Te has quedado boquiabierto al verla.
Siempre se hace el sueco cuando se lo recuerdo.

Otros verbos solo son semicopulativos en determinados contextos:

La cena en tu casa resultó muy divertida.
Viven muy felices desde que se cambiaron de casa.
Últimamente andas muy triste.

78. Verbos transitivos

Ver **verbos predicativos**

SOLUCIONES A LAS NUECES

Nuez-1:

a) ja*món*, cara*col*, *lápiz*, *mesa*, mur*cié*lago, re*gá*lanoslo. b) Agudas: *jamón, caracol*; llanas: *lápiz, mesa*; esdrújula: *murciélago*; sobresdrújula: *regálanoslo*. c) Las que terminan en vocal, -*n* o -*s*. d) Las que no terminan en vocal, -*n* o -*s*. e) Siempre. f) *María, hindúes, búho, púa, caída*. g) El empleo de la tilde o acento gráfico para diferenciar palabras que se escriben de la misma manera. h) *Papelería* debe acentuarse porque hay un hiato y la vocal *i* es tónica.

Nuez-2:

a) **Príncipe de Torrealta:**
Entrego mi amor al príncipe de Torrealta. No al conde de Aguafresca. Tampoco, jamás, estaré enamorada del duque de Vallehermoso. De ningún modo, de mi doncella Belinda. Profundamente, desde lo más hondo de mi corazón, Trenzarrubia

b) **Conde de Aguafresca:**
¿Entrego mi amor al príncipe de Torrealta? No. ¡Al conde de Aguafresca! Tampoco, jamás, estaré enamorada del duque de Vallehermoso. De ningún modo, de mi doncella Belinda. Profundamente, desde lo más hondo de mi corazón, Trenzarrubia

c) **Duque de Vallehermoso:**
¿Entrego mi amor al príncipe de Torrealta? No. ¿Al conde de Aguafresca? Tampoco, jamás. Estaré enamorada del duque de Vallehermoso. De ningún modo, de mi doncella Belinda. Profundamente, desde lo más hondo de mi corazón, Trenzarrubia

Nuez-3:

a) Para escribir el título de los diferentes libros y capítulos. b) Todos los nombres propios y la primera letra de cada título. c) Esdrújulas: POLÍTICA, ÚLTIMOS, SÍNTOMAS, TRÁNSITO; llanas: JIMÉNEZ, IBÁÑEZ, DÍAS, ZALDÍVAR; agudas: ACLARACIÓN, TRANSACCIÓN, CONVENCIÓN, MANIFESTACIÓN, FRONTÓN, JULIÁN. d) La tilde debe emplearse también con las palabras escritas en mayúscula. e) *Jiménez, Ibáñez* y *Zaldívar* son palabras llanas que no acaban en vocal, -*n* o -*s*. La palabra *días* se acentúa porque hay un hiato y la vocal *i* es tónica. **f)** Los números romanos sirven para enumerar los diferentes capítulos. **g)** La cursiva está justificada porque se trata del nombre de un periódico. **h)** Sería incorrecto porque los nombres de novelas (por ejemplo, *La sombra del Caudillo*) también deben escribirse en cursiva.

Nuez-4:

a) Cada parte de la oración con significado y función sintáctica. **b)** A, B, C y E son sintagmas. **c)** D. **d)** La estructura. Las proposiciones tienen siempre estructura oracional. **e)** Por ejemplo: *Mi amigo de Noruega que estudia español vendrá esta tarde porque quiere practicar conmigo*. **f)** Las oraciones subordinadas siempre modifican el significado de una oración principal.

Nuez-5:

a) Son estructuras oracionales. **b)** Al sustantivo *libro*. **c)** A la oración principal *Me lo han recomendado*. **d)** Porque funciona como un adjetivo ya que dice algo de un sustantivo. **e)** Proposiciones sustantivas y proposiciones adverbiales. **f)** Porque indica la causa de lo expresado en la oración principal. **g)** Condicionales, finales y concesivas.

Nuez-6:

a) Porque se comporta como un sustantivo. **b)** Un sintagma adjetivo. **c)** Porque su núcleo (*móvil*) es un sustantivo. **d)** Porque modifica al sustantivo *cobertura*. **e)** No. El sintagma *el viejo* se comporta como un sustantivo. **f)** El sintagma *del móvil* sería un sintagma adjetivo por transposición y *el viejo*, un sintagma nominal por transposición. **g)** Sintagmas que se definen por su función y no por la clase de palabra a la que pertenece su núcleo.

Nuez-7:

a) *Las jugadoras que aparecen en la fotografía*. **b)** Un sintagma nominal. **c)** Una proposición adjetiva. **d)** *de manera afectuosa*. La sustitución es posible porque en ambos casos tenemos un sintagma adverbial que expresa modo. **e)** *cuando son cambiadas*. La sustitución es posible porque ambas unidades (la proposición adverbial y el sintagma adverbial) expresan tiempo. **f)** Por ejemplo: *Cuando son cambiadas, las jugadoras que aparecen en la fotografía se saludan de manera afectuosa. De manera afectuosa, cuando son cambiadas, se saludan las jugadoras que aparecen en la fotografía. Las jugadoras que aparecen en la fotografía, cuando son cambiadas, se saludan de manera afectuosa.*

Nuez-8:

a) Los determinativos. b) Presentar al núcleo. c) Sintagma adjetivo (*inolvidable*), proposición adjetiva (*que ganó tres Premios Óscar*) y sintagma adjetivo por transposición (*de origen británico*). d) Añadir más información sobre el núcleo. e) Información que delimita el significado del núcleo. f) Información que refuerza una característica inherente del núcleo. g) Anteponer el modificador al núcleo cuando es un sintagma adjetivo o colocar el modificador entre comas cuando es un sintagma adjetivo por transposición o una proposición adjetiva. h) 1: el pronombre; 2: el infinitivo; 3: el pronombre; 4: el pronombre.

Nuez-9:

a) *ciel-* + *-ito* = *cielito*. b) No, también expresa cariño o aprecio hacia una persona. c) *disco-* + *-teca* = *discoteca*. d) Prefijo *super-* + *hombre* = *superhombre*. e) Por fusión de dos palabras (*rompecorazones, aguafiestas*) y por unión de dos palabras (*caja fuerte, hombre rana*).

Nuez-10:

a) *yuppies, fashion, frikis, blazer, scooter, babysitter, estrés, overbooking, file, back-up*. b) jóvenes ejecutivos > *yuppies*; modernos > *fashion*; fanáticos > *frikis*; ciclomotor > *scooter*; niñera > *babysitter*; sobreventa > *overbooking*; archivo > *file*; plan alternativo > *back-up*. c) No, solo aquellos que no tienen un equivalente en español. d) Los que no aportan ningún significado nuevo (aunque a veces estos préstamos pueden servir para dar mayor expresividad a un texto).

Nuez-11:

a) El libro. b) Los dos niños. c) *Ese libro* y *A mí*.

1: a) *Lo ha traído. Se lo he entregado.* b) *Cómelo. Préstaselos.* c) *¿Puedes abrirla?/¿La puedes abrir? Debes hacerlos./Los debes hacer. Acabó diciéndola./La acabó diciendo. Estoy estudiándolo./Lo estoy estudiando. Quiero escucharlo./Lo quiero escuchar. ¿Sabes prepararla?/¿La sabes preparar?*

2: a) *A María la vi en la estación. Este libro lo he leído ya. A Juan le regalé una bufanda. A mí me gusta el helado de fresa.* b) *Le han pedido a ella que lo diga. (Le) he entregado el libro a María. Présta(le) los cómics a tu hermana.*

Nuez-12:

a) *Juan* y *partido* para *lo*; *Juan* y *Miguel* y *partidos* para *los*. b) *María* y *canción* para *la*; *María* y *Pepa* y *canciones* para *las*. c) No distinguen entre persona y cosa. d) *Juan, televisor, María* y *ventana* para *le*; *Juan* y *Miguel, televisores, María* y *Pepa* y *ventanas* para *les*. e) No distinguen entre el masculino y el femenino. f) Utilizar *le* en lugar de *lo* para referirse a una cosa (*el vino*). g) Leísmo de cosa. h) Aquí *la* funciona como complemento indirecto femenino. i) Laísmo. j) *Dilo que ya has llegado.*

Nuez-13:

1: a) *Alguno* puede alternar con *ningún* cuando aparece la preposición *sin*.

2: a) *Algo* y *alguien* pueden alternar con *nada* y *nadie* cuando en la oración aparecen dos marcadores de negación (por ejemplo, *jamás… sin*).

3: a) *Algo* y *alguien* también pueden alternar con *nada* y *nadie* en oraciones interrogativas negativas.

4: a) *Algo, alguien* y *alguno* pueden alternar con *nada, nadie* y *ninguno* en oraciones imperativas negativas construidas con la perífrasis verbal *ir a* + infinitivo.

Nuez-14:

1: a) Pronombre personal átono. b) Complemento directo. c) Reproducir en la oración un referente que puede ser persona o cosa.

2: a) No. Son formas del artículo. b) Actualizar a un modificador, es decir, sustantivarlo. c) La forma *lo* se emplea cuando no hay un referente exacto y aporta al modificador un sentido abstracto y general.

3: a) Al segundo porque también sustantiva a un modificador. b) Forma neutra del artículo que sustantiva una proposición adjetiva.

4: a) Con el adjetivo y con el adverbio. b) El artículo debe concordar en género y número con el sustantivo.

Nuez-15:

Punto 1:

a) La película *que vi ayer* me gustó mucho. La película *en la **que** siempre pienso* es "Stars War". Juan es la persona *en **quien** más confío*. El motivo *por **el cual** te llamo* es que no podré asistir a la reunión. Mi amigo, *que se llama Pedro*, es de Jaén. Ayer vino una amiga, *la **cual** nos contó lo que había pasado*. Desde aquí puedo ver todo **cuanto** ocurre. En un lugar de La Mancha, *de **cuyo** nombre no quiero acordarme*, no... Tomó **cuantas** medidas *creyó necesarias*. Esa es la cafetería **donde** nos conocimos. Está ahí, en el lugar **donde** tú lo *dejaste*. Los meses, *cuando viví en el extranjero*, no se me olvidarán nunca. El año *cuando Sevilla organizó la Exposición Universal* fue 1992. Debes hacerlo de la manera **como** dicen *las instrucciones*. Intento retrasar la decisión todo **cuanto** puedo.

b) Son proposiciones adjetivas porque en todos los casos modifican a un sustantivo.

c) película; película; persona; motivo; amigo; amiga; todo; lugar; medidas; cafetería; lugar; meses; año; manera; todo. d) Esta palabra se llama antecedente.

Punto 2: a) Ejemplos, 5, 6, 8, 11 y 12. b) Las proposiciones explicativas van siempre entre signos de puntuación.

Punto 3: a) Pronombres: *que, quien, el cual, cuanto*. Adjetivos: *cuyo, cuanto*. Adverbios: *cuando, como, donde, cuanto*. b) *quienes*. c) *el cual, la cual, los cuales, las cuales; cuanto, cuanta, cuantos, cuantas*. d) *cuyo, cuya, cuyos, cuyas; cuanto, cuanta, cuantos, cuantas*. e) *que, cuando, como y donde*.

Punto 4: a) *pensar* (2), *confiar* (3), *llamar* (4) y *acordarse* (8). b) preposición + artículo + relativo *que*.

Nuez-16:

1: a) persona, *quien/el cual/que*, ; cosa, *que/el cual*, b) *que*. c) persona preposición + *quien/el cual/ el que* ; cosa preposición + *el cual/el que*, d) *que*.

2: a) *Tomó cuantas medidas creyó necesarias. Visitó cuantas tiendas de zapatos había en la ciudad.* b) *todo* + sustantivo + *que*.

3: a) Lugar, tiempo o modo + adverbio relativo o preposición + *el cual/el que*. b) *que*.

4: a) *Le pidió que llorara todo cuanto quisiera. Fue a visitarla todo cuanto pudo.* **b)** *todo lo que.*

5: El relativo *que.*

Nuez-17:

a) *Los **estudiantes** que quieran pueden entregar sus ejercicios. Las **chicas** a quienes más les gusta esta música son bastante jóvenes. Dale **todo** cuanto te pida. La vi en el **momento** cuando lanzó la piedra. Fueron hasta la **casa** donde mi abuela vivía. Se quedará **así** como está.* **b)** La palabra marcada en negrita es el antecedente del relativo. **c)** Proposición adjetiva. **d)** Pronombres: *que, quienes, cuanto.* Adverbios: *cuando, donde, como.* Proposición: adjetiva. **e)** *Los que quieran pueden entregar sus ejercicios. A quienes más les gusta esta música son bastante jóvenes. Dale cuanto te pida. La vi cuando lanzó la piedra. Fueron hasta donde mi abuela vivía. Se quedará como está.* **f)** Con los relativos *que, quienes* y *cuanto.* **g)** Con los relativos *cuando, donde* y *como.* **h)** El relativo *que.* **i)** Pronombres: *que, quienes, cuanto.* Adverbios: *cuando, donde, como.* Proposición con antecedente: adjetiva. Proposición sin antecedente: sustantiva / adverbial. **j)** Porque el resto de relativos siempre se utilizan con un antecedente, es decir, en proposiciones adjetivas. **k)** Un significado más general y amplio.

Nuez-18:

a) Por ejemplo: *Paloma come pipas en su dormitorio.*

b) *Paloma come pipas en su dormitorio.*
　　　　　　　　　S.Nominal　S.Adverbial por transposición.
S. Nominal　　　　S. Verbal

c) El verbo debe aparecer conjugado, es decir, debe concordar en persona y número con el sujeto. **d)** *Paloma.* **e)** *Come pipas en su dormitorio.* **f)** La oración contiene un verbo conjugado y se organiza normalmente en torno a un sujeto y un predicado. **g)** Sujeto que está reproducido en las desinencias del verbo y que puede recuperarse por el contexto.

Nuez-19:

a) En la primera se utiliza un interrogativo para preguntar por una información concreta. En la segunda no aparece un interrogativo porque solo se quiere confirmar una información. **b)** La primera expresa admiración y la segunda, deseo. **c)** Oraciones enunciativas; oraciones interrogativas; oraciones exclamativas.

Nuez-20:

a) 2: ¿Qué? Unos gritos. 3: ¿Quién? El director de *Los otros*. 4: ¿Quién? Mi vecino. 5: ¿Quién? [yo]; 6: ¿Qué? Esa fábrica; 7: ¿Qué? La pelota. b) Debemos utilizar más de un interrogativo y hay oraciones en las que podemos obtener dos respuestas con el interrogativo *quién*. c) 1: *El vecino* escuchó unos gritos. 2: *Se escuchó un grito*. 3: *Los directores de "Los otros"* son Amenábar y alguien más. 4: *Mis vecinos* son unos genios. 5: [nosotros] Compramos un disco de un grupo inglés. 6: *Esas fábricas* explotaron el año pasado. 7: *Las pelotas* han entrado por la ventana. d) Porque el sujeto y el verbo de la oración concuerdan en persona y número.

Nuez-21:

a) *Hoy no hace tanto frío. Ya es de noche. Se vive bien en Oslo.* b) Oraciones impersonales sintácticas. c) *Ya han vendido la casa que tanto te gustaba. En esa película se dicen muchas tonterías. Uno está siempre agotado después de clase.* d) Porque el sujeto sintáctico con coincide con el sujeto semántico. e) Por ejemplo: *La inmobiliaria ya ha vendido la casa que tanto te gustaba. En esa película los actores dicen muchas tonterías. El profesor está siempre agotado después de clase.* f) Son personales, pero con sujeto implícito. g) 1: impersonales; 2: sujeto sintáctico; 3: sujeto sintáctico; 4: semánticas.

Nuez-22:

a) *Las arañas **tienen** ocho patas.* b) Porque predican o dicen algo del sujeto. c) *La araña no **es** un insecto.* d) El verbo. e) Porque unen el sujeto con el núcleo semántico del predicado. f) Atributo. g) Un predicado con un verbo que es núcleo sintáctico y semántico al mismo tiempo, es decir, con un verbo predicativo. h) Un predicado con un verbo que solo es núcleo sintáctico (es decir, un verbo copulativo) y un núcleo semántico (es decir, un atributo).

Nuez-23:

a) *La cena en tu casa resultó muy divertida. Viven muy felices desde que se cambiaron de casa. Últimamente andas muy triste. Se puso muy contento cuando se lo conté. Tu amigo se ha vuelto un charlatán. Te has quedado boquiabierto al verla. Siempre se hace el sueco cuando se lo recuerdo.* b) Predicado nominal. c) Porque no están completamente vacíos de significado léxico. d) *La oruga se ha vuelto una mariposa.* e) El sujeto expresa la persona, animal o cosa que sufre o experimenta una transformación. f) El atributo expresa la transformación que sufre o experimenta el sujeto. g) Porque describen una transformación, es decir, un cambio de estado del sujeto.

Nuez-24:

a) El complemento directo es la función sintáctica que exigen algunos verbos predicativos para completar su significado. b) ¿Has dado el regalo *a María*? El niño metió la pelota *en el salón*. Ya han informado a los periodistas *de la decisión*. Habéis dejado *encendidas* todas las luces de la casa. c) Complemento indirecto. Complemento circunstancial. Complemento de régimen. Complemento predicativo. d) ¿Has dado *el regalo a María*? Los verbos ditransitivos son los verbos transitivos que también exigen un complemento indirecto.

Nuez-25:

a) Expresan una acción o actividad que tiene su origen y recae al mismo tiempo sobre el sujeto. b) El sujeto expresa el estímulo que provoca lo expresado en el verbo y el complemento indirecto expresa la persona que se ve afectada por este estímulo y para la que es válido lo que expresa el verbo. Estos verbos se llaman de verbos de afección psíquica. c) Tanto el complemento de régimen como el complemento directo completan el significado de un verbo predicativo. d) El verbo *ser* predicativo expresa la locación de eventos en el espacio y el tiempo y el verbo *estar* predicativo expresa la locación en el espacio de objetos, lugares y personas. e) Por ejemplo: *Amarás al prójimo*. f) No. El verbo *amar* es siempre transitivo.

Nuez-26:

a) *Siempre discuten temas de política internacional. Pudimos burlar a la policía. Juan lee todo el tiempo el libro que le regalé.* b) *Siempre discuten de/sobre temas de política internacional. Pudimos burlarnos de la policía. Juan lee todo el tiempo.* c) 1: *leer* 2: *discutir* 3: *burlarse*.

Nuez-27:

a) Falso. El verbo puede aparecer en un tiempo compuesto, una perífrasis verbal o una locución verbal. b) Falso. En los predicados con un verbo copulativo, el atributo es el núcleo semántico. c) Verdadero. Es posible distinguir entre un predicado verbal y un predicado nominal. d) Falso. Hay oraciones con sujeto cero, es decir, oraciones impersonales sintácticas.

Nuez-28:

1: a) *Las ballenas son unos mamíferos muy inteligentes. Este chico es muy simpático y amable. La mesa que compré es de madera de roble. Juan y yo estamos muy cansados hoy.*

María está en forma. Mis padres están bien, gracias. **b)** Sintagma nominal indeterminado; sintagma adjetivo; sintagma nominal introducido por preposición; sintagma adjetivo; sintagma nominal introducido por preposición; sintagma adverbial. **c)** Sujeto + *ser* + sintagma nominal indeterminado/sintagma adjetivo/sintagma nominal introducido por preposición. Atributos que expresan cualidades permanentes del sujeto. **d)** Sujeto + *estar* + sintagma adjetivo; sintagma nominal introducido por preposición; sintagma adverbial. Atributos que expresan cualidades pasajeras del sujeto. **e)** Sujeto + *ser/estar* + sintagma adjetivo/sintagma nominal introducido por preposición. **f)** *Ser*. **g)** *Estar*.

2: a) *Es genial que vengáis a la fiesta. Es una mala idea llamarla ahora. Es asombroso que quieras ir a visitar esas ruinas. Está bien poder votar desde el extranjero.* **b)** Una proposición sustantiva (completiva o de infinitivo). **c)** Una valoración del hablante sobre el sujeto. **d)** Cuando el atributo es un adverbio. **e)** Con *estar*, la valoración del hablante sobre el sujeto tiene un carácter menos general y se reduce a una situación concreta. **f)** Predicado (*ser* + adjetivo/sustantivo; *estar* + adverbio) + Sujeto (proposición sustantiva completiva o de infinitivo).

Nuez-29:

a) *Rubén es el profesor de ciencias políticas/el amigo de Iván y Sandra/el hermano de Güido/ el tío de Glauka.* **b)** *¿Quién es el profesor de ciencias políticas/el amigo de Iván y Sandra/el hermano de Güido/el tío de Glauka?* **c)** Porque el sujeto se identifica con el atributo. **d)** Ser. **e)** Porque se resalta una información determinada. **f)** *El hermano de Güido es Rubén. Yo me voy de vacaciones. Miguel viene esta tarde. Pedro y yo queremos ir al cine.* **g)** Proposición adjetiva sustantivada + *ser* + sintagma nominal; sintagma nominal + *ser* + proposición adjetiva sustantivada; *Ser* + sintagma nominal + proposición adjetiva sustantivada. **h)** Tiempo; lugar; modo. **i)** Una proposición adverbial sin antecedente. **j)** Mediante la proposición, se enfatiza información sobre el tiempo, el lugar o el modo presentados en el elemento 1.

Nuez-30:

a) Objetos: *el libro, mis gafas*. Lugares: *el bar, el cine*. Personas: *mi hermano, Juan*. Eventos: *su cumpleaños, la fiesta*. Espacio: *aquí, en mi casa*. Tiempo: *mañana, dentro de unos días*. **b)** encontrarse, hallarse o permanecer. **c)** *suceder* o *tener lugar*. **d)** Existencia. **e)** *Había/existía*.

Nuez-31:

a) El núcleo está formado por un verbo auxiliar y un verbo principal, es decir, una perífrasis verbal. **b)** *Poder* + infinitivo (perífrasis modal de capacitación); *ir a* + infinitivo (perífrasis aspectual incoativa). **c)** Para poder expresar unos matices que no poseen los tiempos verbales. **d)** No, porque desear no es un verbo auxiliar, sino un verbo predicativo transitivo. En este caso el infinitivo sería su complemento directo.

Nuez-32:

a) *Poner en marcha.* **b)** Por ejemplo: *tener.* **c)** Las locuciones siempre aportan mayor expresividad. **d)** *poner en marcha un impuesto por usar bolsas de plástico.* **e)** Una oración compuesta compleja, ya que este complemento directo es una proposición sustantiva de infinitivo. **f)** Porque *querer* no es un verbo auxiliar, sino un verbo predicativo transitivo. **g)** *va a poner en marcha.* **h)** Las perífrasis siempre están formadas por un verbo auxiliar y un verbo principal. Las locuciones son siempre estructuras fijas en las que no es posible cambiar ninguno de sus elementos.

Nuez-33:

a) 1. Puntual: *El árbitro señala un penalti.* 2. Progresivo: *Estate quieto que me haces daño. Te lo juro.* 3. Generalizador: *Dos y dos son cuatro. Las clases de piano comienzan siempre a las diez.* 4. Mandato: *¡No pongas los pies encima de la mesa! Tú te callas.* 5. Retrospectivo: *Colón llega a América en 1492.* 6. Prospectivo: *El próximo verano lo pasamos en la montaña.* 7. Futuro en el subjuntivo: *No creo que nos llame esta noche.* **b)** Progresivo. **c)** *Estate quieto que me estás haciendo daño. Te lo estoy jurando.*

Nuez-34:

a) Pretérito imperfecto y Pretérito perfecto simple. **b)** *Presentación Campos **salió** a la puerta y **dejó** correr los ojos por todos los colores claros del paisaje. Los perros **vinieron** ladrando regocijadamente a lamerle las manos. **Respiró** profundamente y **se sintió** poderoso. A lo lejos **pasaban** grandes carretas arrastradas por bueyes. **Comenzó** a caminar distraídamente.* **c)** Las oraciones que llevan el peso de la narración y hacen que ésta avance. **d)** Crear el marco de la acción y describir las circunstancias en las que sucede la narración. **e)** Pretérito perfecto compuesto. Pretérito perfecto simple. Pretérito imperfecto. Pretérito pluscuamperfecto.

Nuez-35:

a) 1. Futuro simple. *Ma̅ ̅ ̅ ̅ ̅ ̅ ̅ ̅ mos al cine. El Madrid **ganará** esta noche. Ya nos **veremos** por ahí.* 2. Futuro compuesto. *No sé dónde **habrá ido**. ¿**Habrá llegado** ya tu amigo ese día?*

3. Condicional simple. *¿Qué te **comprarías** si te tocara la lotería? Para no tener problemas, **deberías** estudiar más. Me **gustaría** verte de nuevo.* 4. Condicional compuesto. *Te **habría ayudado**, pero no tuve tiempo. Si no te ayudó es porque **habría estado** muy ocupado.*

Nuez-36:

a) La oración que solo contiene un predicado. b) La oración con más de un predicado. c) Cunado contiene una proposición. d) Cuando varias oraciones principales se unen mediante un nexo. e) Cuando varias oraciones principales se unen mediante un signo de puntuación. f) Cuando una oración subordinada modifica el significado de una oración principal.

Nuez-37:

1) **Proposiciones adjetivas:**
a) *Ya está en la biblioteca el libro del que te hablé.*
b) *Los coches fabricados en Asia son muy económicos.*
c) *La vi tomando el sol en el jardín.*
d) *Un espejo es un aparato de crear sueños.*
e) *Juan está hoy que trina.*

2) **Proposiciones modificadoras:**
a) *Ese sofá me gustó tanto que lo voy a comprar. Estoy tan cansado que mañana me quedaré en casa.*
b) *Esta tele es menos cara de lo que piensas. Mi bici es más rápida que la tuya.*

3) **Proposiciones sustantivas:**
a) *Es mejor que lo hagas ahora. Me haría feliz que me visitaras alguna vez.*
b) *Ir al cine es muy entretenido. Quiero vender estos libros.*
c) *Me preguntó si estaba interesado en ese trabajo. No sé dónde se habrá metido.*
d) *Trae lo que quieras. No ha venido quien tú sabes.*

4) **Proposiciones adverbiales:**
a) *Avisa antes de venir. Mientras esperas, puedes leer estas revistas. Te visitaré cuando tenga tiempo.*
b) *Os pondréis bien tomando estas medicinas.*
c) *Acabada la cena, los invitados pasaron al salón.*
d) *Saldremos al anochecer.*
e) *Hazlo como te han enseñado. Lo encontré donde me dijiste.*

Nuez-38:

a) Grupo 1: <u>No me des más disgustos</u>, <u>hazme feliz</u>. <u>Las bicicletas son para el verano</u>, <u>no para el invierno</u>. <u>No me llames Dolores</u>, <u>llámame Lola</u>. Grupo 2: <u>Los dos árboles son altos</u> y <u>tienen adornos</u>. <u>Se lo conté</u>, pero <u>no se lo creyó</u>. <u>¿Estudias</u> o <u>trabajas</u>? <u>Me gusta el fútbol</u>, es decir, <u>veo muchos partidos</u>. <u>Yo lo haré</u>, así que <u>no te preocupes</u>. **b)** Porque las oraciones principales van unidas mediante un signo de puntuación. **c)** Porque las oraciones principales van unidas mediante un nexo. **d)** 1: copulativa. 2: adversativa. 3: disyuntiva. 4: explicativa. 5: consecutiva.

Nuez-39:

a) 1a. <u>Como últimamente solo tomo ensaladas</u>, he adelgazado mucho. 2a. Me echó una mano <u>para que terminara antes</u>. 3a. Puedes ir a la excursión, <u>siempre y cuando te comportes bien</u>. 4a. <u>Por muy contento que estés</u>, deberías cantar más bajo. **b)** Porque modifican el significado de una oración principal. **c)** Es causal en 1a ya que se indica la causa de lo expresado en la oración principal. **d)** Es final en 2a porque se señala la finalidad de lo expresado en la oración principal. **e)** Es condicional en 3a ya que se dice una condición necesaria para que pueda cumplirse lo expresado en la oración principal. **f)** Es concesiva en 4a porque se formula una dificultad para que se lleve a cabo lo expresado en la oración principal. **g)** 1b. Causal: <u>Cansado de que nadie le hiciera caso</u>, abandonó la reunión. 2b. Final: Debes hacerlo de esta manera <u>para terminar antes</u>. 3b. Condicional: <u>Visto de esa manera</u>, todo parece más fácil. 4b. Concesiva: Me llamó <u>aun sabiendo que ya no estaba en el despacho</u>. **h)** En todos los casos, la oración subordinada no está introducida por un nexo y el verbo aparece en una forma no personal. **i)** Introducidas por un nexo o con el verbo en una forma no personal. **j)** Porque también dependen plenamente de alguien (en este caso de una oración principal) para poder existir.

Nuez-40:

Ejemplos:

1) Busco a alguien <u>que **pueda** ayudarme</u>. 2) El móvil estará en el cajón <u>donde **estén** las llaves</u>.

1) Pídeme <u>lo **que** necesites</u>. 2) Se lo entregaré <u>al que **venga** primero</u>. 3) <u>Quien **quiera** participar</u> puede inscribirse ahora.

1) *Espero que lo **llames** cuanto antes*. 2) *Me alegro de que **cambiaras** de opinión*. 3) *Estamos contentos de que **hayáis aceptado** la invitación*. 4) *Me gusta que **vengáis** preparados a clase*. 5) *Dile que **venga** ahora mismo*.

1) *Es divertido que **queráis ir** al zoo*. 2) *Está bien que todavía no lo **hayáis hecho**.*

1) *Visitaré a mi abuela cuando **tenga** oportunidad*. 2) *Puedes llamarme siempre que te **apetezca**.*

1) *Adiviné el acertijo sin que me **ayudaran**.* 2) *Hazlo como te **hayan contado**.* 3) *Reaccionó como si **estuviera** enfadado*. 4) *Iremos donde **quieras**.*

1) *Busco a **alguien** que **pueda** ayudarme. El móvil estará en el **cajón** donde **estén** las llaves.*

2) *Pídeme lo que **necesites**. Se lo entregaré al que **venga** primero. Quien **quiera** participar puede inscribirse ahora.*

3) **a)** *Espero que lo **llames** cuanto antes. Dile que **venga** ahora mismo. Me alegro de que **cambiaras** de opinión. Me gusta que **vengáis** preparados a clase. Estamos contentos de que **hayáis aceptado** la invitación.* **b)** *Es divertido que **queráis ir** al zoo. Está bien que todavía no lo **hayáis hecho**.*

4) **a)** *Visitaré a mi abuela cuando **tenga** oportunidad. Puedes llamarme siempre que te **apetezca**.* **b)** *Adiviné el acertijo sin que me **ayudaran**. Hazlo como te **hayan contado**. Reaccionó como si **estuviera** enfadado. Iremos donde **quieras**.*

Nuez-41:

1) **a)** Una causa que está negada. **b)** Una causa con valor concesivo.

2) **a)** El subjuntivo.

3) **a)** Siempre exigen indicativo las condiciones reales. La condición real con *si* no puede combinarse nunca con el futuro simple y el condicional simple. **b)** El presente y el futuro. El pasado.

4) **a)** *Si bien.* **b)** *Por muy* + adjetivo/adverbio + *que.* **c)** El subjuntivo. **d)** Con el indicativo, la información de la subordinada concesiva no es conocida para el oyente. Con el subjuntivo, la información de la subordinada concesiva es conocida para el oyente.

Nuez-42:

a) *Ojalá* (*que*) + subjuntivo. **b)** No dependen de una palabra o una oración principal. Son oraciones independientes. **c)** *Tal vez* + subjuntivo (duda). *Ojalá* (*que*) + subjuntivo (deseo). *Que* + subjuntivo (deseo). *Quien* + subjuntivo (deseo). *No* + presente de subjuntivo (imperativo).

Nuez-43:

a) *Tus amigos <u>me vieron desde el balcón con María</u>.* **b)** *Tus amigos me **vieron** desde el balcón con María.* **c)** *Tus amigos <u>me</u> vieron desde el balcón con María.* **d)** Complementos no obligatorios del núcleo oracional en el predicado. **e)** Complementos circunstanciales. **f)** La *webcam* que está colocada sobre la pantalla.

Nuez-44:

1) Internos.

1a) Complemento circunstancial: *El ladrón abrió la puerta <u>con una palanca</u>. María terminó el trabajo <u>sin ninguna dificultad</u>. Juan y Rafa nadan <u>muy rápido</u>.*

2) Externos.

2a) Marcadores discursivos: *<u>En primer lugar</u>, me gustaría decir unas palabras. <u>Oye</u>, ¿ha salido el autobús? Ese asunto, <u>vamos a ver</u>, es bastante delicado.*

2b) Complemento circunstancial de la enunciación: *<u>De verdad</u>, no sé qué hacer con este problema. <u>Sinceramente</u>, espero que ese chico me vuelva a llamar.*

2c) Oración subordinada: *<u>Aunque estemos cansados</u>, debemos terminar estos ejercicios. Este año tendremos una buena cosecha <u>si llueve en abril</u>. Ocultaron el suceso <u>para que no cundiera el pánico</u>. Se comporta mal <u>porque está enfadado</u>.*

Nuez-45:

a) *En los campeonatos de esquí, <u>los noruegos</u> siempre ganan medallas. En esta ocasión, <u>el Comité Organizador</u> entregó las medallas en el centro de Oslo. <u>El público</u> pasa muchas horas de pie en el bosque esperando a los participantes. <u>Los esquiadores</u> entrenan con mucha intensidad antes de cada mundial. Durante dos semanas, <u>la gente</u> solo hablaba de este campeonato. Aquellos días, <u>todo el mundo</u> era feliz delante del televisor.* En todos los ejemplos, el sujeto sintáctico es también sujeto semántico. b) *En los campeonatos de esquí, siempre se ganan medallas. En esta ocasión, se entregaron las medallas en el centro de Oslo. Se pasan muchas horas de pie en el bosque esperando a los participantes. Se entrena con mucha intensidad antes de cada mundial. Durante dos semanas, solo se hablaba de este campeonato. Aquellos días, se era feliz delante del televisor.* c) Porque o el sujeto sintáctico no coincide con el sujeto semántico, o no tienen sujeto sintáctico. d) Pasivas reflejas (si tienen sujeto sintáctico) e impersonales activas (si tienen sujeto cero). e) Para obtener oraciones impersonales semánticas. f) *En esta ocasión, se entregaron las medallas en el centro de Oslo. > En esta ocasión, las medallas fueron entregadas en el centro de Oslo.* g) Una pasiva refleja (el relativo *que* es el sujeto sintáctico). Se ha utilizado para no dar información sobre el agente y presentar el mensaje como algo universal. Puede alternar con una pasiva con *ser*: *que fue celebrado en febrero de 2011 en Oslo.*

Nuez-46:

a) El sujeto de las primeras oraciones es agente, es decir, da información sobre la persona que realiza la acción del verbo. En las oraciones del segundo grupo, el sujeto es experimentador, es decir, es una cosa que experimenta un cambio sin que sea necesaria la intervención de un agente (al sujeto le ocurre algo sin que nadie haga nada). b) El verbo (*romper*, *manchar* y *perder*) expresa una acción. c) El sujeto expresa la persona que realiza la acción del verbo, es decir, es un sujeto agente. d) Un complemento directo. e) El complemento directo pasa a ser sujeto experimentador en la construcción media y desaparece la información sobre el agente. f) La construcción media expresa siempre que al sujeto le ocurre algo sin que nadie haga nada. En este ejemplo, con el dativo se expresa también involuntariedad y posesión (es decir, mi móvil se ha roto sin que yo hiciera nada).

Nuez-47:

a) No es impersonal semántica porque el sujeto de la oración (*el árbitro*) es el agente del núcleo oracional (*anuló*). b) *Durante el partido, se anuló un gol al Real Madrid.* c) Porque el verbo (*arrepentirse*) es pronominal y en la oración no pueden aparecer dos *se*. d) *Uno debería arrepentirse de las cosas que hizo mal.* e) *Dicen que el Real Madrid necesitará un nuevo entrenador pronto. El gol fue anulado de forma injusta. Habrá que seguir sufriendo lo que queda de temporada. La gente va diciendo cosas del árbitro del partido. Un pajarito me ha dicho que Messi quiere cambiar de equipo. Uno está pensando en cambiar de equipo para sufrir menos.* **f)** Cuando no aparece información sobre el agente o la persona o personas afectadas por el verbo.

Nuez-48:

a) 1: Sujeto. 2: Complemento directo. 3: Complemento circunstancial. **b)** SVO, es decir, sujeto + verbo + complementos. **c)** Cuando las funciones sintácticas aparecen en el lugar que, en principio, les está reservado en la oración. De esta manera, ninguna función queda resaltada semánticamente. **d)** Sujeto. **e)** VS, es decir, verbo + sujeto. **f)** Los verbos de afección psíquica, como *gustar*, y los juicios de valor con *ser*.

Nuez-49:

a) Complemento directo: <u>*Esta bicicleta la*</u> *vi en una calle de Tromsø.* Complemento circunstancial: <u>*En una calle de Tromsø*</u> *vi esta bicicleta.* **b)** *Vi esta bicicleta en una calle de Tromsø.* **c)** Cuando el hablante, intencionadamente altera el orden de los elementos en la oración para resaltar semánticamente alguno de ellos. **d)** La permutación. **e)** *No quisieron vendérmela. No me la quisieron vender.* **f)** No. La posición de los pronombres personales se debe a una cuestión sintáctica y no a la intención del hablante de resaltar una determinada información.

Nuez-50:

1) verbal; **2)** marcado; **3)** proposición; **4)** compleja; **5)** adjunto; **6)** finales; **7)** que; **8)** derivadas; **9)** histórico; **10)** copulativas; **11)** repaso; **12)** oración; **13)** nominal; **14)** media; **15)** coma; **16)** leísmo; **17)** perífrasis_verbal; **18)** sujeto.